MARKET WATCHING

마켓워칭

MARKET WATCHING 마켓워칭

초판 발행   2024년 1월 11일

지은이   김영호
펴낸이   우명희
발행처   도서출판 빨간코끼리
출판등록   2016년 10월 14일(제2016-000202호)
주소   경기도 고양시 덕양구 화정로 27
이메일   red-elephant@naver.com
블로그   blog.naver.com/red-elephant
전화번호   (031)969-8532

ISBN   979-11-959983-6-4 13320 (종이책)   979-11-959983-7-1 15320 (전자책)

30년 경력 대한민국 유통9단 김영호의 글로벌 마켓 관찰기

MARKET
WATCHING

마켓워칭

김영호 지음

큰돈을 벌고 싶다면
10년 내 다가올 세상의 큰 흐름을 읽어라!

빨간코끼리

나는 과연 이 포츈 쿠키의 미래 예측이 맞을까 하는 호기심 반, 뉴욕에 온 기념 반으로 해당 메시지 종이를 지금까지 간직하고 있었다. 그런데 신기하게도 이 포츈 쿠키의 미래 예측형 메시지는 내 인생을 그대로 맞춘 셈이다. 지금까지 42개국, 106개 도시 마켓 서베이를 완수했으니 말이다. 그래서 이 종이를 다시 봐도 정말 신기하다.

1999년 8월, 미국 배낭여행 중 뉴욕 중국식 레스토랑 후식인 포츈 쿠키에서 나온 메시지

1989년, 대한민국은 최초로 모든 국민들에게 해외여행을 자유롭게 할 수 있도록 문호를 개방했다. 나는 그토록 기다렸던 해외여행을 위해 만사를 제쳐놓고 유럽 배낭여행을 떠났다. 그 이후 거의 매년 일회 이상 해외여행을 하려고 노력했다. 단순히 해당 도시의 명승지나 유적지를 찾아가는 것보다 해당 도시의 시민들이 주로 가는 핫플레이스 위주로 동선을 잡았다. 아무래도 과거 역사의 현장보다는 세상의 흐름이 빨리 움직이는 곳, 사람들이 몰리는 장소, 앞으로 변화가 발생할 미래의 현장이 나를 끌었던 것은 사실이다. 어렸을 적부터 미지의 세계를 동경했고, 새로운 것을 알기 위해 남들보다 상당히 먼저 체험을 하려고 노력했다. 초등학교 시절부터 버스를 타고 서울 시내 및 중심지를 관찰하는 것을 즐겼던 습관이 지금 세계 여행하는 나를 만들었다고 확신한다.

무엇이 해당 도시 시민들과 관광객들을 모이게 하는 것일까?
주로 어떤 신상품이 매대 앞에 진열되어 있는가?
어떤 디자인으로 건축된 시설물에 많은 사람들을 모이게 하고, 소비하게 만드는가?
이 도시에 새로 등장한 핫플레이스(Hot Place)는 어디인가? 등등

30년이 넘도록 해외 선진국, 선진 도시의 변화를 몸으로, 가슴으로 체험하면서 많은 것을 배웠다. 내게 인생과 비즈니스를 진정 가르치고 성장시킨 주역은 강의실 선생님 혹은 교수님이 아니라 100여 개 도시의 다양한 길과 장소 그리고 길에서 만난 사람들이었다. 길거리에서, 식당에서, 스토어에서, 쇼핑몰에서, 대자연 속에서, 수많은 사람 틈 속에서 세상의 변화를 알게 되었다. 해외에

서 만나는 다양한 직업군의 각계각층 사람들로부터 삶을 배웠고, 인생도 배웠고, 경영도 배웠다.

지금까지 너무 많은 정보를 입수했고, 계속 정리 정돈을 했고, 순차적으로 책이라는 결과물을 만들어 냈다. 나의 해외 비즈니스 여행 결과물 1탄은 2012년, 〈머니 트렌드 인 도쿄〉, 이어 2탄은 2014년, 〈세계의 도시에서 장사를 배우다〉의 출간으로 이어졌다. 대한민국에서 최초로 비즈니스 여행을 통한 마켓 현장의 따끈따끈한 정보 관련 책을 소개했다. 당연히 독자들로부터 많은 호평을 받았던 기억도 있다.

이제 유통9단 김영호의 세계 비즈니스 여행 결정판, 제3탄, 〈마켓워칭〉을 책으로 출간하게 되었다. 이 책을 제대로 완성하기 위해 약 30여 년이 필요했다. 그동안 내 청춘과 시간과 적지 않은 예산을 투여한 결과물이기에 귀한 땀과 노력의 결정체라 생각하면 고맙겠고, 이 책의 가치를 제대로 평가해 주면 고맙겠다.

10년, 앞으로 진행될 유통의 미래, 소비의 미래에 대한 가이드라인이라 생각하면 좋겠다. 이 책에는 미래 소비자의 트렌드와 변화할 행동을 예측할 수 있는 콘텐츠가 많으니 유의해서 보기를 바란다. 미래를 예측하는 것은 쉬운 일은 아니다. 하지만 30여 년간 글로벌 세계여행을 한 결과, 앞으로 10년 후 소비자의 소비행위가 눈에 들어오기 시작한다.

이 책은 간략히 2부로 구성된다. 1부는 앞으로 10년간 지속될 5가지 마켓 기회를 사례 위주로 설명했다. 향후 10년간은 AI와 로봇의 도움을 통해 유통환경의 많은 변화가 올 것이고, 전 세계 소비자들의 라이프 스타일과 소비의 패턴에도 적지 않은 변화가 올 것이다. 그래서 지금까지의 의식주에 대한 기존 프레임이 바뀔 것이고 향후 품격커머스와 공유경제로의 발전이 예상된다. 특히 사라지는 오프라인 매장에 대한 11가지 솔루션에서는 선진 도시에서 전개되고 있는 앞선 리테일 현장 중에서 향후 오프라인 매장의 주요 방향을 제시했다. 품격 있는 앞선 인생을 살아가려면 어떤 사회 시스템을 갖추어야 하는지에 대한 대안도 소개한다. 먹방에서 탈출한 품격 있는 식사 문화, 안 본 눈으로 세상을 새롭게 보는 법, 품격 높은 각국의 공공서비스 사례, 그리고 지구를 살리는 ESG 경영 등을 설명한다. 하나뿐인 지구에서 인간답게 살아가는 방법을 추구하는 현대인들의 미래 소비패턴의 향방을 알고 미리 준비하는 자에게만 큰 기회가 오리라 예상된다.

2부에서는 대륙별(북미, 유럽, 아시아, 오세아니아)로 커다란 마켓의 변화를 나라별, 도시별로 유통9단만의 남다른 접근 방식에서 배운 점을 정리 정돈했다. 선진 도시에서 전개되는 신사업의 형태와 대륙별 차이점도 비교해 볼 수 있을 것이다. 잘 사는 나라, 선진국은 무엇이 다르기에 세계에서 앞서가는 국가를, 도시를 만들고 있는지. 나아가 왜 살고 싶은 도시라는 좋은 명성을 얻게 되는지에 대한 이유를 파헤친다. 마지막으로 앞으로 전개될 변화한 삶의 양식을 미리 알게 될 것이다.

그래서 이 책을 꼭 읽어 주었으면 하는 독자층이 있다.
첫 번째는 대한민국 243개 지방자치단체 리더 및 실무자들이다. 이분들이 부디 이 책을 통해 많은 인사이트를 받아, 대한민국

각 지자체를 선진 도시급으로 만들어 주신다면 좋겠다. 그렇게 된다면 자연히 지역주민들의 가계소득이 늘어나게 될 것이고, 대도시의 많은 사람들이 즐겨 찾게 될 것이다. 특색있는 지방 도시로의 여행 혹은 한 달 살기 체험도 가능할 것이다.

두 번째 독자층은 신세계, 롯데, 현대 등 유통 대기업 실무자들과 유통, 도소매, 서비스, 리테일, 커머스에 종사하는 소상공인분들이다. 이분들이 이 책에 나오는 선진 유통 기법을 배워 매출과 수익은 늘리고, 비용은 절감할 수 있는 미래 경영 기법을 배웠으면 좋겠다. 오프라인 매장의 올바른 방향성을 이해하고, 온라인 매장과의 옴니 채널 방식의 일대일 맞춤형 고객 응대로의 접근에 한 걸음 나아갔으면 좋겠다. 유통을 미시경제로 좁게만 보면 안 되는 이유를 이해하리라 생각한다. 거시경제의 일환인 유통을 제대로 알아야 시대에 맞는 전략과 기획이 가능하기 때문이다. 나아가 항상 고객과 소통이 가능한 채널을 만들어 즉각적인 대응이 가능한 시스템을 갖추기를 희망한다.

세 번째 독자층은 매년 연말이면 출간되는 언어유희가 넘치는 트렌드 관련 책 속에서 전혀 현장감과 현실감을 못 느끼고 실망했던 분들이다. 이 책을 통해 현실적 실무 인사이트를 받아 갔으면 좋겠다. 선진 도시 현장에서 전개되는 새로운 비즈니스의 빈틈을 잘 찾길 바란다. 나아가 트렌드는 일 년마다 바뀌는 단기성 추세가 아님을 기억하는 계기가 되기를 희망한다.

그리고 마지막으로 대한민국 도전하는 젊은 MZ 독자분들의 건

투를 빌고 싶다. 좁디좁은 대한민국 땅덩어리에 국한되지 않고, 세계를 상대로 도전하는 포효하는 호랑이같이 멋진 글로벌 비즈니스맨으로 재탄생하기를 바란다. 지금까지 30여 년간 마켓의 변화, 마켓의 흐름을 먼저 알고자 노력한 결과를 정리해서 알려주는 이 책을 통해 새로운 비즈니스, 새로운 창업 아이템을 찾아냈으면 좋겠다. 그래서 개인의 부를 제대로 만든 후, 후세를 위해 아낌없이 기부하는 멋진 부자가 되기를 바란다. 진심이다. 이제부터 미래는 당신의 것이다.

고양시 덕양구 화정동 연구실에서

유통9단 김영호

CHAPTER 2
글로벌 마켓 현장에서 배운 '다름'

당신의 눈은 하늘 위로,
꿈은 전 세계로 향하라!

세상의 흐름을 알았으니
이제부터 내 인생은 내가 만들어 간다!

MARKET

CHAPTER 1

10년, 앞으로 지속될
5가지 마켓 기회

WATCHING

사라지는 오프라인 매장에 대한
11가지 솔루션

글로벌 유통이 빠르게 변화하고 있다. 모바일 세상이 중심이 되면서 온라인 쇼핑 시장은 나날이 커지고, 업체 간 배송 전쟁은 점점 더 치열해지고 있다. 불시에 찾아온 코로나19는 이런 변화를 더욱 가속화했다. 당연히 가장 큰 변화를 맞이한 건 오프라인 매장이다. 소비자들은 모바일 쇼핑의 즐거움과 편안함을 몸으로 느끼고 습관화하기 시작했다. 이로 인해 경쟁력 없는 오프라인 매장은 하나둘씩 사라지고 있다. 앞으로 어떤 형태의 오프라인만이 생존하고 번영할 것인지에 대한 대안을 철저히 고민해야 할 때가 온 것이다. 즉, 자신만의 독특한 캐릭터를 지니지 못한 오프라인 매장은 곧이어 존재감을 잃게 되고, 시장으로부터 퇴출을 받게 되는 수순을 밟게 될 것이라는 결론에 이른다. 물론 온라인과의 옴니 채널의 구축과 실시간 고객과의 소통 채널의 구축은 당연하다.

필자가 2017년 말 저술한 책 〈무배격(無配格)〉에서 강력하게 밝힌바, 오프라인 유통 경영의 주요 3요소인 '매장' '상품재고' '판매원'이 사라지고 있다. 그동안 필자는 유통 경영의 3요소가 머지않아 사라질 것이라고 주장해왔다. 더불어 '마케팅 불변의 법칙'을 잊으라고 주장했다. 불과 얼마 전까지만 해도 나의 이런 주장에 많은 사람들이 "그럴 수도 있지"라고 마뜩잖게 반응했던 게 사실이다. 하지만 코로나19 사태를 겪으면서 "맞아, 그렇게 될 거야"라는 확신에 찬 반응들로 바뀌고 있다. 향후 10년간 기존 오프라인 매장 중에 경쟁력 없는 매장은 사라질 것이고, 가장 안전하고 빠른 배송시스템을 갖추지 못한 유통업체는 시장에서 퇴출을 맞이할 것이고, 나아가 품격 있는 쇼핑시스템을 갖추지 못한 기업들은 새로운 경쟁자들에게 자신의 자리를 내주어야 할 것이다.

코로나19로 많은 것들이 사라졌고, 많은 것들이 새롭게 등장하고 있다. 우리가 겪어야 할 변화들이 코로나19로 조금 빠르게 찾아온 셈이다. 코로나가 발생하지 않았어도 필자가 주장한 '무배격'의 세상이 올 것임에 틀림없었다. 누군가에게 이런 시기가 위기일 수 있겠지만 또 다른 누군가에겐 엄청난 부를 만들 기회일 수도 있다. 그동안 유통 시장을 지배했던 오프라인이 그렇다. 코로나를 통해 어떻게 대응하느냐에 따라 명맥이 이어질 수도, 끊길 수도 있다. 포스트 코로나 시대에서 오프라인 세계는 재편에 재편을 거듭할 것이고, 새로운 세계 마켓에 닥친 위기와 기회를 가장 먼저 이해한 업체, 브랜드만이 일등의 지위를 차지할 것이다. 그렇다고 오프라인 매장이 모조리 사라진다는 건 아니다. 시장에 경쟁력 없는 매장은 당연히 사라질 거란 얘기다.

새롭게 변화하는 유통 시장에서 온라인 시대, 나아가 AI 시대에 걸맞은 비즈니스를 갖추지 못하면 생존 자체가 위태로워질 수 있다. 여전히 20세기 과거에 머물러 있는 오프라인 매장들은 경쟁에서 뒤처져 사라질 수밖에 없다는 것이 필자의 주장이다. 그마저도 우리가 생각하는 것보다 더 빠른 속도로 사라질 것이다. 생존하는 오프라인 매장은 더 이상 전통적인 역할을 하진 못할 것이다. 그래서 하루빨리 자체 생존 전략, 나아가 번영의 오프라인 매장 전략을 만들기 위한 솔루션을 제안한다.

향후 10년간 AI가 모든 산업에 침투하여 업무자동화를 이끌 것이며, 이를 통해 기업의 고급 인력의 감소를 가져올 것이다. 동시에 각 산업에 등장하는 로봇으로 인해 블루칼라의 인력이 필요치 않은 세상으로 변해가리라 예상된다. 이를 통해 세상은 새로운 직업과 새로운 서비스가 지속적으로 등장할 것이고, 새로운 변화에 둔감한 업종은 사라지게 될 것이다. 그래서 AI 시대에 생존을 넘어 번영하는 오프라인 매장의 대안 11가지를 유통9단이 제안하니 실무에 적용토록 많이 참고하기를 바란다.

AI 시대 챗GPT를 이용한 디지털 미러(Mirror) 방식

2023년 들어서면서 전 세계는 '챗GPT'가 큰 화두가 되었다. 마이크로소프트가 발표한 새로운 생성형 챗GPT는 온 세상을 바꿀 동력을 보여준다. 생성형 AI는 지금까지와는 한 차원 다른 활용방안들을 제시한다. 그래서 누구나 아주 손쉬운 접근 방식으로 시작이 가능하다. 심지어 초등학교 학생들까지 챗GPT를 가지고 논다. 향후 AI가 기존 산업과 기업 비즈니스에 미치는 영향력은 점점 더 커지리라 예상된다. 특히, 유통 부문에서 AI는 온·오프라인을 뛰어넘어 소비자의 이용 편의성과 매장 운영의 효율성 증대에 엄청난 큰 힘을 발휘하고 있는 중이다.

우리가 익히 알고 있는 4차 혁명의 다양한 기반 기술인 AI, ML(기계학습), 빅데이터, 사물인터넷(IoT) 등이 산업 전방위에 본격적으로 활용되고 있다. 한 예로 **약 10만 곳 이상의 공급업체를 보유한 미국의 월마트는 공급업체와의 초기 협상을 바이어가 아닌 AI를 통해 진행하는 시험을 시작했다.** 수백만 개의 아이템에 대한 입점 협상의 조건을 10만 개 이상의 공급업체와 입점 조건을 협상에 투입되는 인력 및 비용 절감을 위해 AI 기반 소프트웨어 기업인 팩텀 AI(Pactum AI)에서 개발한 AI 챗봇을 이용하기 시작한 것이다. 이처럼 **AI를 사업에 잘 적용한 기업들의 존재감은 더 커질 것이고, 반대의 기업들은 역사 속으로 사라질지도 모른다.**

이렇게 우리가 느끼지 못할 정도로 빠르게 AI 세상으로 진입을 한 셈이다. 당연히 기존 쇼핑의 방식에도 수정, 보완이 불가피해 보인다. 특히 오프라인 매장을 가지지 못한 온라인 유통 채널들은 앞다투어 생성형 AI를 활용하여 고객을 응대하고, 상품 검색을 통한 상품 추천과 결제까지 끊임없이 쇼핑을 종결시키도록 시스템을 설계 중이다. 여기에 다양한 맞춤형 콘텐츠를 제공하여 해당 고객만을 위한 온리원(Only One) 서비스를 제공하고자 노력 중이다.

사례 1 월마트의 가상피팅룸 서비스

AI의 발전 속도가 너무 빠르다. 미국 오프라인의 강자인 '월마트'가 2021년, 가상 피팅룸 스타트업을 인수했다. 패션 사업을 적극적으로 추진하기 위해 가상 피팅룸 스타트업 '지킷(Zeekit)'을 인수한 것이다. 향후 '지킷'이 보유한 실시간 이미지 기술, 컴퓨터 비전과 인공 지능과 같은 기능 등을 월마트 패션 부문의 다양한 사업으로 확장할 계획이다. 이로써 고객들은 매장을 방문하지 않고서 옷을 착용하는 경험이 가능해졌다.

사례 2 잘란도의 가상 패션 비서 서비스

영국의 패션 온라인쇼핑몰 '잘란도(Zalando)'는 2023년 4월, 세계에서 가장 먼저 챗GPT와 연동되는 '가상 패션 비서(Virtual Fashion Assistant)' 서비스를 시작했다. 이 서비스는 패션제품 구매 희망자가 챗GPT에게 자신만의 상황을 설명하고 솔루션을 질의하면 바로 답변과 함께 여러 대안을 제공한다.

재미있는 점은 구매 희망자가 질문 시, 패션 전문용어를 사용하지 않아도 된다는 점이다. TPO 관련해서 자신의 개인적 상황을 설명만 해도 정보탐색이 가능하다. '가상 패션 비서(Virtual Fashion Assistant)'가 아주 똑똑하게 추천을 해준다. 평소 질의하는 고객이 선호하는 브랜드와 스타일, 사이즈를 모두 기억하고 있는 정보를 이용해서 맞춤형 정보제공이 가능한 것이다. 당연히 구매 버튼을 누를 수밖에 없지 않겠는가!

이처럼 챗GPT가 더욱 강력해진 이유 중 하나가 바로 플러그인 기능 때문이다. 참고로 플러그인 기능은 사용자가 챗GPT를 통해 원하는 정보를 얻은 뒤 API로 연결된 타사 서비스를 이용할 수 있는 기능을 말한다. 즉, 챗GPT 안에서 검색부터 쇼핑, 예약, 결제까지 다양한 기능을 한꺼번에 막힘없이 수행할 수 있게 된다. 이미 익스피디아, 인스타카트, 쇼피파이 등 이미 80여 개 기업들이 챗GPT와 플러그인 파트너십을 맺은 상태다.

사례 3 구글 쇼핑의 '가상 입어보기(Virtual try-on·VTO)' 서비스

구글이 생성형 AI를 활용한 '가상 입어보기(Virtual try - on·VTO·사진)' 서비스를 23년 6월에 도입했다. 구글 쇼핑은 패션의류를 검색하는 쇼핑 고객을 위한 새로운 AI 기반 가상 입어보기 옵션을 출시한 것이다. 가상 입어보기 옵션은 우선 미국에서만 제공되는 서비스로서 우선 H&M 및 LOFT 등 몇 개의 브랜드 여성용 상의 검색 및 구매에만 적용된다.

예상 구매자가 선택한 옷을 생성형 AI가 만든 모델이 착용하는 방식이다. 가상 모델은 다양한 자세를 취하면서 옷의 주름, 늘어남, 접힘 등을 정확하게 표현한다. 무엇보다 다양한 인종, 체형, 모발 형태 등도 선택할 수 있는 기능을 갖추고 있다. 이제부터 관심 있는 아이템을 선택만 하면 AI의 도움으로 착용 이후 자신의 모습을 볼 수 있게 된다. 그야말로 나만의 가상 옷장을 갖는 효과와 동일하다. 앞으로 이러한 AI 도움으로 검색 후 바로 구매로 전환할 확률이 점점 높아진다.

사례 4 스마트 피트니스 홈트의 대세, 미러(Mirror) 서비스

'요가복 업계의 샤넬'로 통하는 '룰루레몬'이 스마트 피트니스 업체인 '미러(Mirror)'를 전격 인수했다. 이 '미러'라는 회사는 원격 운동 지원 스타트업으로서 코로나19로 전 세계에서 각광받는 '홈트(홈 트레이닝)' 업체 중의 하나인데, 코로나로 인해 집에서도 운동하고 싶어 하는 고객을 위해 스마트 거울을 보면서 수업에 참여할 수 있도록 인터넷 연결 지원 스크린을 제조하는 스타트업이다.

'미러'라는 거울 모양의 스크린을 판매하거나 혹은 월 회원제 운영으로 수익을 올렸다. 요가, 복싱, 명상까지 다양한 운동을 집에서 유명 강사를 선별해서 따라 할 수 있도록 장비와 회원제도를 지원하는 사업 구조의 회사였기에 '룰루레몬'이 매입한 것이다. 유명 강사의 방송을 실시간으로 보며 집에서 운동할 수 있어서 기존 홈트의 대명사인 함께 스피닝을 할 수 있는 '피트니스계의 넷플릭스'로 유명한 스타트업 '펠로톤'의 명성을 누르면서 주목받는 중이다.

위 4가지 사례를 보는 여러분은 무슨 생각이 드는가?

그렇다!

오프라인 유통업체들은 하루빨리 미러형 디지털 기기를 매장에 설치해야 할 것이다. 그곳에서 소비자는 실물로 보여지는 피팅룸 서비스를 통해 일부러 탈의실에 들어가는 번거로움을 탈피시켜 주어야 한다. 그야말로 '쇼퍼테인먼트'를 제공해야 할 것이다.

가상 피팅룸 서비스가 아닌 실제 피팅룸 서비스가 진행되도록 하여 오프라인 쇼핑의 즐거움을 선물해야 할 것이다.

사실 탈의실(피팅룸)에 들어가 옷을 벗고 구입하고자 하는 옷을 갈아입는 동작과 과정은 그렇게 유쾌하지 않은 소비자들이 너무 많기 때문이다. 이처럼 매장에 구비된 '미러'를 보면서 같이 쇼핑에 나온 친구, 연인에게 바로 현장에서 자신이 구입하려는 옷에 대한 평가를 즉각적으로 알 수 있게 된다. **오프라인 매장에서 진행되는 AI 가상 입어보기 서비스는 구매 희망자뿐만 아니라 동행한 지인들과 아주 유쾌한 경험을 선사할 것임에 틀림없다. 쇼핑 행위 자체가 즐거움과 재미까지 제공하게 만드는 전략이다.**

이때, 유의할 점도 있어 보인다.

챗GPT의 도움을 받아 개인별 맞춤형 패션 정보의 대안을 3~5개 내외에서 보이도록 만들어야 한다. 너무 많은 대안을 준다면, 소비자에게 더 머리 아프게 할 확률이 높기 때문에 쇼핑이 괴로운 과정이 될 수 있다. 그런 후, '좀 더 밝은 옷을 추천해줘' 같은 추가 명령에도 즉각 반응을 하도록 설계되어야 한다. 그 가운데 하나를 선택해 누르면 바로 피팅된 구매자의 모습으로 변신하게 된다. 당연히 구매

결정은 현장에서 혹은 앱으로도 가능하게 설계되어야 한다. 즉, 강력한 큐레이션으로 짧은 구매 결정의 환경을 만들어 주어야 한다는 이야기다.

고객이 참여하는 체험형 매장

이제부터 기존 오프라인 매장 방식, 즉 그저 제품만 진열하는 장소로 여겨졌던 고정관념에 혁신의 바람이 불고 있다. 바로 고객 참여형 매장으로의 변신이다. 특히 팬데믹 이후 혼자 할 수 있는 스포츠 분야의 약진이 두드러진다. 예를 들면 스케이트보드와 서핑, 스포츠 클라이밍, 폴댄스, 크로스핏, 등산, 바이크, 프리다이빙, 러닝 등 일상적으로 즐기는 스포츠가 점점 다양해지고 있다.

사람들은 코로나로 인해 움츠렸던 몸과 마음을 적극적으로 펼칠 수 있는 스포츠를 선호하게 되었다. 나아가 오프라인 매장에서 그저 눈으로 보기만 했던 수동적 소비자로부터 직접 체험하고 참여하는 적극적 소비자로 변신을 한 것이다. 이제는 다양한 스포츠를 체험형 매장에서 직접 경험하기를 원한다. 컴퓨터 앞에서 많은 시간을 보내거나 스마트폰에 빠져 있던 젊은 사람들에게 직접 참여해서 운동까지 할 수 있는 여건을 만들어주려는 매장으로 변신 중인 것이 메가트렌드다. 이런 참여형 매장에서 상품을 구입하건

하지 않건 그건 문제 되지 않는다.

애슬레틱 매장 방식

기존 제품 진열 위주 오프라인 매장의 생존을 위한 몸부림은 **애슬레틱 브랜드인 나이키, 아디다스 그리고 룰루레몬을 중심으로 먼저 시작되**었다.

① 나이키는 2016년, 뉴욕 맨해튼 매장에 천장 높이 7m가 넘는 농구 코트와 첨단 피팅룸 등 직접 체험할 수 있는 시설을 설치했다. 나이키 농구화를 신고 슛을 해볼 수 있는 공간이기 때문에 청소년을 주축으로 이 매장을 찾는 소비자가 늘고 있다. 이렇게 매장에서 함께 모여 운동을 하는 '머슬남' '머슬녀'들이 늘면서 자연스럽게 동호회가 형성된다. 무료로 운동도 배우고, 자신의 몸매도 경쟁적으로 가꾸려는 소비자들을 매장으로 끌어모으는 효과가 대단해 보인다. 당연히 운동도 배우고 제품도 체험할 수 있는 복합문화 공간이 대세다. 일종의 스포츠+커뮤니티 공간으로 변신 중인 것이다.

② 아디다스도 뉴욕 매장에 축구화를 테스트할 수 있게끔 축구공을 차볼 수 있도록 골대와 인조 잔디를 설치했다. 축구에 열광하는 청소년을 중심으로 본 매장에 와서 직접 인조 잔디에서 드리블도 해보고, 슛도 날려 볼 수 있는 체험을 하려는 미래 소비자들이 점점 늘어나고 있다. 이로 인해 축구를 즐

기는 사람들이 모이는 커뮤니티 효과까지 발생했다. 이런 긍정적 효과에 힘입어 자연스럽게 지역 핫스팟으로 등장하게 된다. 미래 소비자가 자발적으로 참여할 수 있도록 자연스럽게 커뮤니티를 만들어 주는 기회를 주고, 동료 간 유대관계를 형성하게 만들어줌으로써 오랫동안 브랜드 충성고객의 길을 열어 주는 효과까지 발생한다.

③ 요가복의 샤넬로 불리는 '룰루레몬' 매장은 그야말로 체험형 매장의 원조라 할 수 있다. '룰루레몬'이 오프라인을 매장을 개점할 때 가장 중요하게 생각하는 것은 제품을 어떻게 배치해 많이 판매할 것인가가 아니라 어떻게 하면 고객을 모이게 할 것이며, 모인 고객들을 어떻게 하면 즐겁게 오랫동안 머무를 수 있도록 만들 것인가에 초점을 맞춘다. 고객들을 모여 즐겁게 만들 매력적인 커뮤니티 공간으로 오프라인 매장을 운영할 전략을 수립하는 것에 집중한다. 그래서 신규 매장을 개장하기 전에 해당 지역의 유명한 요가 강사, 필라테스 강사, 요리사 등을 섭외하는 데 많은 시간과 노력을 투자한다. 이것이 바로 향후 오프라인 매장, 특히 스포츠 관련 매장이 지향해야 할 종착점이다. **브랜드와 고객들 간의 돈독한 커뮤니티를 구축하는 일**, 바로 새로운 오프라인 매장 운영 관련업의 개념이다.

세계 스포츠를 선도하는 브랜드들의 새로운 매장은 그야말로 스포츠 현장을 매장으로 옮겨놓은 듯하다. 넓디넓은 매장과 대중 스포츠로 가장 인기 있는 농구, 축구, 러닝 혹은 필라테스를 직접 할 수 있도록 만든 것이다. 신발을 사러 가는 것이 아니라 옷을 구매하러 가는 것이 아니라 매장에서 운동하고 체험하기 위해 방문하라고 만든 매장으로 변신해야 한다. 이러한 일류 애슬레저 브랜드, 일류 스포츠 브랜드들의 오프라인 매장 변신으로 인해 기존 미국을 대표했던 의류 브랜드인 갭(GAP), 바나나리퍼블릭, 빅토리아 시크릿, 아베크롬비 앤 피치(A&F) 등이 경쟁력 상실로 인해 오프라인에서 하나둘씩 사라지고 있는 중이다.

이제부터 대부분 소비자의 구매 행위는 AI 도움을 받아 상당 부분 e커머스, 모바일 커머스, 메타버스 가상현실 커머스로 전환되고 있다. **바로 해당 브랜드 이미지를 현장에서, 구매 시점에서 구축해 놓는 일이 중요하다. 현장에서 소비자와 실시간으로 커뮤니케이션하는 역할에 중점을 둬야 하는 세상으로 가고 있다.**

솔루션 03

높은 가성비로 승부하라

2020년 미국에선 신규 소매업체가 3,300개 개점했고, 2021년에는 4,000개가 개점했다. 2년 동안 7,300개의 신규 매장 중 3,150개, 즉 신규 매장의 43%가 어느 소매업체에 의해 개점되었다. 어느 업체의 어느 브랜드인지 아는가? 바로 '달러스토어' 이야기다. 오프라인 매장 개점의 위축에도 불구하고 '달러스토어'는 매장이 계속 늘어나고 있다. 이는 무엇을 의미할까?

아마존이 온라인 유통을 장악하면서 월마트와 타깃, 베스트바이 등 기존의 초대형 오프라인 유통업체들이 어려운 시기를 겪을 때도 '달러제너럴'은 무려 31년 연속 매장 판매 성장이라는 놀라운 기록을 세웠다. 심지어 역사상 최악의 경기 침체 기간이자 오프라인 스토어들에게는 악몽과도 같았던 팬데믹이 있던 2020년에도 성장을 보이는 '달러스토어'의 경쟁력은 무엇일까?

필자가 이미 새로운 업태인 미국 달러스토어와 관련하여 〈세계의 도시에서 장사를 배우다(2014)〉에 아주 자세히 설명한 바 있다. 그 당시 자료를 잠깐 들여다본다. "금융대란 이후 미국인들은 조금이라도 더 저렴한 상품을 구입하기 위해 알뜰 쇼핑을 생활화하고 있다. 1달러숍에 가면 주로 중국이나 남미에서 온 굉장히 저렴한 상품들이 빼곡하게 진열되어 있다. 월마트 같은 일반 매장에 비해 워낙 값이 싸다 보니 소비자들은 1달러숍에 가면 거부감 없이 쇼핑을 즐기고 대량의 상품을 한꺼번에 구입하는 경향을 보인다. 소비자 입장에서 공급자의 입장으로 관점을 바꾸어 생각해보면 이런 트렌드는 얼마든지 새로운 기회 요소가 될 수 있다."

즉, 시장성이 확실히 검증되었기 때문에 무슨 제품이 되었든 1달러숍, 즉 천원숍에 납품할 수 있는 제품을 대량으로 안정적으로 생산, 배송 해낼 수만 있다면 승산이 있다. 미국의 1달러숍은 크게 '달러제너럴'과 '패밀리달러스토어'라는 양대 브랜드로 나누어지고 그 뒤를 '99센트 스토어'가 추격하고 있는 형국이다. 생활 속 친구 같은 달러스토어들이 팬데믹 시절에 더욱 번창하고 있다는 통계가 계속 나오고 있다. 코로나로 인해 부자와 가난한 가구의 격차는 더 심화되었지만, 달러스토어의 고객층은 젊은 층 고객 및 부자들의 이용객이 거꾸로 증가하게 되었고, 다양한 인종이 골고루 찾는 사랑받는 업체가 되었다. 그 증거로는 이들 달러스토어가 시장의 마켓쉐어(Market Share)를 점차 늘리고 있다.

① 달러제너럴(Dollar General): 2020년 1,000개 오픈, 2021년 1,050개 오픈
② 달러트리(Dollar Tree): 2020년 500개, 2021년 600개 오픈

'패밀리달러' 매장과 '달러트리' 매장이 복합적으로 운영되는 매장[1]

 2020년, 미국에서 경쟁력이 떨어지는 25,000개의 매장이 영구적으로 문을 닫았다. 그런데 달러스토어들은 계속 개점하고 있다. 그럼에도 불구하고 달러스토어들은 경쟁력을 더욱 강화하기 위해서 매장에 신선식품 등을 보강하기 시작했다.

 여기에 달러트리와 패밀리달러(Dollar Tree, Family Dollar) 콤보매장이 계속 개장 중에 있다. **인구 3~4천 명의 소규모 마을에 콤보매장을 개점하는 전략 진행 중이다.** 패밀리 달러 단독 매장과 비교 시 평균 20% 이상 매출 상승 중이라 하니 달러스토어의 콤보 전략은 적중하는 중이다.

 다시 정리해 보자.

 미국에는 달러스토어라 불리는 1달러숍들이 약 34,000개로, 월마트, 스타벅스, 맥도날드의 스토어 합(合)보다 더 많다. 우리가 알고 있던 미국

---

1   사진 출처: https://www.familydollar.com/combostores

대표 리테일 브랜드인 '월마트 매장 수+스타벅스 매장 수+맥도날드의 미국 내 매장 수의 합'보다 '달러스토어 매장의 숫자'가 더 많다는 사실을 통해 앞으로 달러스토어의 시장 지배력을 예측하게 된다. 달러스토어에서 취급 초코바, 음료수, 물, 과자 등 간식뿐 아니라 빵, 설탕과 같은 일반 식료품도 코스트코(Costco), 월마트(Walmart) 등과 비교해 20%에서 40% 이상 저렴한 것으로 알려졌다.

달러스토어의 판매가격이 할인마트에 비해 저렴한 이유는 단순하다. 브랜드 제품은 상대적으로 마진을 적게 붙이고, 브랜드 이외의 1달러 제품에서 이윤을 많이 남기는 가격 정책을 진행하기 때문이다. 달러스토어는 어린아이들이 책이나 초콜릿, 공책, 장난감 등을 저렴하게 살 수 있을 곳일 뿐 아니라 1달러의 소중함을 가르칠 수 있는 최적의 교육 장소로도 활용되고 있어 더욱 인기리에 애용되고 있다.

팬데믹으로 '달러스토어' 마켓은 더욱 성업 중이다

미국에서 1달러숍이 이토록 눈에 띄게 급성장하는 이유가 뭘까?
불과 얼마 전까지만 해도 저소득층의 전유물처럼 인식되었던 1달러숍에 연 소득 7만 달러 이상의 중산층 소비자들이 몰려들면서 나타난 현상으로 볼 수 있다. 여기에는 2008년 미국을 강타한 서브프라임 사태 이후 생겨난 중산층의 경제적 위기감과 2020년 팬데믹이 한몫을 한 덕분이라고 판단된다. 달러스토어 중에서 '달러제너럴'이 온라인과 오프라인 유통 공룡들과의 경쟁에서 여전

히 우위를 잡고 성장을 지속할 수 있었던 이유는 무엇일까 알아
보자.

(1) 소규모 매장을 통한 빠른 기동력 있는 경영

달러제너럴은 매장을 소유하지 않는다. 이는 다른 대형 유통업자들이
부동산을 매입해 건물을 짓고 막대한 금액을 들여 매장을 오픈하
는 것과 차이를 보인다. 달러제너럴의 매장은 월마트 매장 평균
크기의 10분의 1 수준인 7,000~1만 제곱피트(200~280평)다. 매장
이 작고, 인테리어 역시 철제 선반을 놓는 수준에 불과하기 때문
에 새로운 매장을 오픈하는데 소요되는 비용은 일반 리테일러와
차이가 난다. 이는 대형 프랜차이즈 스토어와 비교해도 막대한 차
이가 있다. 이것이 가능한 이유는 달러제너럴이 소비자에게 다양
하고 완벽한 수준의 쇼핑 경험, 즉 색다른 체험을 선사하는 스토
어가 아니기 때문이다. 달러제너럴을 방문하는 소비자들은 무엇
을 구입하는지를 정확히 알고 가기 때문에 **스토어에 체류하는 시간도
평균 10분 내외로 짧다.** 부동산을 소유하지 않는 경영 전략으로 인해
비즈니스적으로 성과가 없을 경우, 큰 손해 없이 빠르게 철수하고
새로운 지역으로 이동할 수 있다. 이런 **빠른 기동력은 다른 대형 리테
일러와 비교해 훨씬 유연하게 사업을 운영할 수 있다.**

(2) 저렴하고 좋은 제품 판매에 집중하는 전략

달러제너럴은 '우리는 모든 브랜드를 취급하는 것이 아니라 가장 인기 있는 제품만을 취급한다'라고 자신 있게 말한다. 실제로 월마트가 일반적으로 6만 개의 제품을 한 매장에서 취급할 때 달러제너럴은 1만여 개 정도의 제품만을 취급하고 있다. 이는 소비자가 달러제너럴에서 구매 할 만한 제품만을 집중적으로 판매한다는 것을 알 수 있다.

(3) 비용 절감을 위한 노력

다른 대형마트와는 다르게 인력도 최소화한다. 달러제너럴은 월마트나 타깃처럼 인사하는 직원도 혹은 물건을 찾을 때 도움을 받을 수 있는 직원들도 찾기 어렵다. 달러제너럴은 오직 저렴하고 좋은 제품을 판매하는 데에 중점을 둔다. 소비자들 또한 달러제너럴에서 모든 것을 만족하는 다양한 쇼핑 경험을 추구하지 않는다. 생각보다 좋은 제품이 저렴한 비용으로 판매되는 있다는 것에 만족하고 제품 구매에만 초점을 두고 쇼핑에 나선다. 좋은 제품을 조금이라도 저렴한 가격에 확보하는 것이 비즈니스의 생존과 닿아있는 문제인 만큼 비용을 절감할 수 있는 부분을 끊임없이 찾고 있다.

또 공급망에서 발생할 수 있는 비용 절감 및 배송 시간을 관리하고 배달경로를 효율적으로 관리하기 위해 **물류센터와 자사 트럭을 직접 운용**함으로써 타사 운송업체에 서비스를 의뢰할 시 발생할 수 있는 가격변동성과 노출을 줄이고 있다.

코로나19 사태 이후 미국 소비 시장은 뚜렷한 양극화 현상을 보이면서 프리미엄 시장과 초저가 유통 채널들이 주목받고 있지만, '미국판 다이소'라고 할 수 있는 달러스토어들의 성장세가 두드러지는 이유다. 이중 '달러제너럴'은 초저가 유통 채널 중 1위 기업이고, 수익성이 개선되어 영업이익률이 10%를 넘어섰다. 미국인의 75%가 5마일 이내에 '달러제너럴'을 볼 수 있을 만큼 압도적인 수준을 자랑하고 있다.

그렇다면 대한민국도 현재 도전할 수 있는 새로운 시장이 바로 달러스토어라는 결론에 이른다. 현재 '다이소'가 독점적으로 운영 중인 1달러 시장처럼 신선식품을 앞세운 새로운 한국형 달러스토어가 충분히 나타날 수도 있는 시장임을 알 수 있다. 미국 '달러제너럴'이 최근 가장 어려운 유통 분야인 신선식품 사업에 심혈을 기울이고 있다는 사실에 주목해 보자. 이는 코로나19 사태 이후 외식이 확연히 줄고, 집에서 음식을 하는 비중이 더 커지고 있기 때문이다. 대한민국도 마찬가지다. 소비자는 앞으로 다이소 말고 또 다른 유통업체가 신선식품 위주의 초저가 유통 채널에 입성하길 원하고 있는 중이다. 필자가 볼 때, 이런 노다지 시장을 외면하고 있는 국내 대형업체들이 좀 이상해 보일 정도다.

한정판 한정 고객용 드랍(Drop) 전략

한정판 마케팅 전략을 주로 사용하는 브랜드는 고가 브랜드들이다. 온라인 리셀(Resell) 시장이 폭풍 성장하니까, 온라인 마케팅에 강한 젊은 소비자들을 중심으로 한정판 '재테크'에 나서게 되었다. 소장 가치가 있는 한정판이면서 브랜드 고유 정체성을 지닌 고가 브랜드를 중심으로 전개되는 마케팅이 대중화되면서 샤넬 가방을 되팔아 재테크를 한다는 뜻의 '샤테크', 운동화로 수익을 내는 '슈테크', 롤렉스 시계로 돈을 버는 '롤테크'란 말이 조성된 것이다. 이 중에서 고급 브랜드로서 한정판으로 출시된 제품군 중심으로 충성 고객들의 환호는 계속된다.

MZ세대의 쇼핑 트렌드와 스니커테크

불황과 상관없이 꾸준히 커지는 마켓인 '희귀 한정판 브랜드 제품'만을 판매하는 스니커테크 스토어 비즈니스를 알아보자. MZ세대의 색다른 쇼핑 트렌드인 스니커테크가 요즘 가장 핫한 리셀 시장이다.

MZ세대는 한정판이나 희귀 아이템이 나오면 오프라인 혹은 온라인을 불문하고, 가격이 비싸거나 구입 절차가 까다로워도 날밤을 새우는 것에 조금의 망설임도 없다. 그야말로 차세대 소비자인 MZ세대의 쇼핑 트렌드를 보여주는 단면이다. 짧은 기간에 주식, 부동산보다 훨씬 높은 수익률을 낼 수 있으니 신종 재테크라 불릴 만하다. 이런 제품류는 거의 대부분 판매 시점과 판매 개수를 미리 알려주는 마케팅을 전개한다.

이 마니아층 사람들은 오랜 시간 기다리는 수고를 정말 즐기는 듯해 보인다. 특히 날씨가 안 좋거나 추운 겨울 날씨임에도 불구하고 몇 날 며칠을 먼저 와서 줄을 만들고 기다리는 사람들을 보면 보통 사람들은 이해를 하지 못한다. 그래서 불황기에 접어든 세계 유통업체들은 한정 상품 마케팅에 어울리는 아이템 찾기에 혈안이다. 대부분 이런 **진귀한 한정판 아이템은 우선 '신발'이라는 아이템에서 전개되는 경향이다.**

필자는 이미 십여 년 전에 한정판 마케팅을 직접 미국 LA에서 체험한 바 있고, 이를 칼럼으로 책(세계의 도시에서 장사를 배우다)으로 알려드렸었다. 2015년, 당시 미국 여행 중, 아들의 부탁으로 나이키 에어조단 시리즈 중에 하나를 구입하기 위해 한정판 나이키 신발만을 파는 스토어를 방문하면서 알게 된 트렌드인 '한정판 한정 고객용 드랍 전략'을 말이다.

한정판 나이키 신발만을 팔던 오프라인 매장에서 나이키 조던 신발을 구입하기 위해 그들만이 만들어 놓은 구매 시스템을 배웠던 경험이었다. 나이키 '조던' 시리즈 농구화의 출고 가격은 15만 ~20만 원이었지만 재판매되는 스토어에서 판매되는 가격은 거의 부르는 것이 판매가였다. 수요자 중심의 마켓이 아니라 이곳은 색다른 공급자 중심의 마켓이었던 것이다. 이곳에서 필자는 나이키 에어조던 신발 시리즈의 위력을 몸으로 느꼈다. 그리고 미국에만 있는 독특한 한정판 아이템 판매 매장의 위력을 몸으로 느꼈던 경험을 했다.

한정판이기 때문에 마니아층에게는 밤을 새워 줄 서서 구입하고 싶은 아주 귀중한 보물이 된다. 한정판 신발만 판매하는 이런 한정 스토어에 희귀 아이템을 맨 처음 구입한 사람이 자신의 보물(?)을 비싼 가격에 팔아달라고 맡긴다. 업주는 팔고자 하는 희망 가격에 자신들의 수수료를 붙여서 판매하는 독특한 형태의 상점이 있다는 것을 미국 현지에서 처음 알았다. 이런 상점은 나이키 직매장도 아니고 가맹점도 아닌 자생적으로 탄생한 독립형 매장으로서 대한민국에서는 보기 힘든 매장 형태다. 하지만 이런 한정판 고급 브랜드 매장은 대한민국에서도 곧 자생적으로 탄생하리라 예상했었다.

나이키와 에어조던, 한정판 신발의 위력

마이클 조던! 농구에 전혀 관심 없는 여성들도 '마이클 조던'이라는 이름은 알 것 같다. 왜냐하면 마이클 조던은 스포츠 선수를 넘어 90년대의 뜨거운 아이콘이자 문화 그 자체였기 때문이다. 미국 NBA에서 활약하면서 '농구 황제'라 불렸던 마이클 조던은 살아있는 농구계의 전설이다.

필자가 판단하건대, **나이키가 지금까지 전 세계 1위 신발 브랜드로 되는 첫걸음이 바로 '에어조던' 시리즈의 성공**에 있다고 본다. '나이키'가 지금까지 부동의 1위 자리를 내주지 않는 그 이유는 **'에어조던'의 성공적 런칭과 스토리텔링**에 있었다고 단언하고 싶다.

마이클 조던이 이토록 전 세계적으로 큰 인기를 끈 이유에는 여러 가지가 있겠지만, 그중 그의 영원한 조력자 나이키를 빼놓을 수 없을 것이다. 그 이유는 마이클 조던만큼이나 유명한 것이 바로 나이키의 '에어조던' 시리즈이기 때문이다. 에어조던 시리즈는 **1985년 1탄 발매부터 2008년 23탄에 이르기까지** 전 세계 남성들의 마음을 사로잡았던 농구화 시리즈다. 필자는 이러한 문화를 보면서 세계적인 신발 디자인의 과거 - 현재 - 미래를 그려본다.

그런데 이런 인기가 아직 현재진행형이란 점이 특이하다. 조던이 은퇴한 지 상당한 시간이 흘렀지만, 에어조던 시리즈 인기는 점점 증폭되고 있다. 그 이유는 이런 현상이 신발을 넘어선 하나의 문화 아이콘이 되었기 때문이다. **우리는 이런 현상을 '레전드'라고 부른다.** 인간과 제품의 콜라보레이션을 통해 제품은 영혼을 담은 상품이 되고, 사람들은 그 영혼 담긴 상품을 소유하기 위해 열광한다. 그것도 시리즈로 계속 이어져 간다면 브랜드의 파괴력은 상상을 초월하게 된다.

그래서 필자는 단언컨대 이렇게 결론을 내고 싶다.

'나이키 에어조던 시리즈는 아직 끝나지 않은 현재진행형이다'라고 말이다. 그야말로 레전드! 앞으로도 영원할 것이며, 새로운 시리즈는 계속될 것으로 예상된다. **상상력이 살아있는 한 제품은 제품 그 이상의 영혼이 된다.**

한정판 판매 원칙을 지켜온 슈프림 파워

사례 2018년 8월 13일, 월요일 아침, 미국 뉴욕의 가판대는 '뉴욕 포스트(Newyork Post)'를 사려는 사람들로 인해서 인산인해였다. 하루 23만 부 인쇄되는 신문이 출근길에 벌써 완판되었다.

여러분 중 '슈프림'이라는 브랜드를 잘 안다면 트렌드를 어느 정도 아는 분, 모르시면 MZ세대를 이해하지 못한 분으로 분류하고 싶다. 좀 전에 이야기한 '뉴욕포스트' 신문 1면 제호 아래엔 하얀 전면에 '슈프림'이란 패션 브랜드의 로고만 덩그러니 찍혀 있는 신문 때문에 사람들은 앞다투어 구매했다. 사람들이 앞다투어 구매하는 이유는 신문 앞면에 실린 빨간색 직사각형에 흰색의 푸투라(Futura) 폰트로 쓰인 'Supreme' 때문이다. 이번 '슈프림'과 '뉴욕포스트'의 콜라보레이션은 2018년에 가장 뛰어난 사례라고 시사평론가가 평가했을 정도다. '뉴욕포스트'는 '슈프림'의 팬심을 겨냥해 젊은 독자층을 늘리려 했고, '슈프림'은 나이 많은 기성세대를 향한 브랜드 홍보 효과를 위해 손을 잡았던 것이다.

'스트리트 패션의 샤넬'로 불리는 '슈프림'은 젊은 마니아층으로부터 엄청난 사랑을 받고 있다. 1994년 뉴욕에서 스케이트보더용 의류와 액세서리를 만들기 시작한 패션업체인 '슈프림(Supreme)'은 '한정판'이라는 마케팅 전략에 힘입어 이 회사의 로고가 박힌 벽돌도 구입할 정도로 소비자층이 두텁다. 대부분 한번 만들 때 400점만 만들고 품절 되면 다시 출시하지 않는 전략을 고수한다. 그래서 신상품이 나오자마자 동나기 일쑤다. 당연히 중고 사이트인 '이베이'에서는 최초 소비자 가격의 몇 배로 거래되는 실정이다.

'슈프림'을 알려면 먼저 창립자를 이해해야 할 것이다. 설립자인 '제임스 제비아'는 미국에서 태어났지만 19살까지 영국에서 살았다. '슈프림'이 영국과도 관련이 깊은 이유다. 미국으로 돌아온 그는 뉴욕에 있는 스케이트보드 숍에서 일을 하면서 돈을 모으기 시작한다. 우여곡절 끝에 1994년 그만의 매장이 첫선을 보이게 된다. 지금은 라이프 스타일 브랜드지만 런칭 당시는 스케이트보드 전문점이었다. 스케이트 보더들에게 슈프림 1호점인 뉴욕점을 놀이터로 내줬다.

매장 내에 스케이트 보더들이 스케이트를 탈 수 있게 만든 것이다. 그들이 제품을 사든 말든 신경 쓰지 않고 마음껏 놀도록 내버려 둔 것이 슈프림이 뉴욕에서 가장 핫한 스토어가 되는 계기가 된다. **매장을 그가 만든 브랜드를 체험하는 장소로 이용한 첫 번째 마켓 도전자인 셈이다.** 이처럼 '슈프림'은 시작부터 반항, 힙합, 펑크록, 반체제 등 젊음과 자유분방함을 상징하게 되었다.

'슈프림'이 성공 브랜드로 포지셔닝하게 된 또 다른 영향력 있는 키워드가 바로 '드롭데이'다. '슈프림'은 새로운 제품을 발매하는 날을 드롭데이(Drop Day)라고 표현한다. 그래서 최근 전 세계 패션·유통업계에서는 '드롭(Drop)'이라고 부르는 상품 판매 방식이 널리 퍼지고 있는 중이다. '신제품을 갑자기 떨군다'는 의미인 드롭은 소량 한정 생산한 제품을 기습·일시적으로 판매하는 방식이다.

MZ세대를 중심으로 전개되는 드랍 패션문화는 충성고객의 의미를 재해석하게 만들었고, 이들이 만들어 내는 소셜미디어의 '인증 문화'가 맞물리면서 한정판의 인기는 더욱더 자리매김하는 중이다. '슈프림'은 앞으로도 계속 대법원(슈프림 코트, Supreme Court)

을 넘어서는 브랜드 파워를 보여 줄 것이다.

이처럼 한정판 대박 상품의 성공법칙을 보면 간단해 보인다. **한정판 상품의 마케팅 효과는 대부분 다른 사람들 동향에 관심이 높아서 일명 '사회적 비교지수'가 상대적으로 높은 문화에서 열광하는 경향이 커 보인다.** 그래서 '덕후' 집단에서 더욱더 이런 현상이 발견되곤 한다. 어떤 아이템이나 문화에 열광하는 집단에 속한 소비자는 해당 집단에 속한 사람들이 갖고 있는 같은 관심거리에 가장 신경을 쓰게 마련이다. 여기에 '사회적 이슈'까지 더해준다면 한정판 상품의 가치는 더욱더 높아질 것이고, 당연히 이들만이 가질 수 있는 상징적인 필수품은 대박 상품이 될 수밖에 없게 된다. 그야말로 **포모(FOMO) 트렌드를 제대로 이용하는 것이다.**

없어도 있는 것처럼
가치 전달

계속되는 불경기로 오프라인의 유명 매장도 속속 철수하는 상황 속에서 거꾸로 최고의 실적을 올리고 있는 매장에 대해 이야기 할까 한다. 필자는 세계 선진 도시에 가면 으레 방문하는 스토어가 있다. 바로 애플 스토어다. 그곳에 가면 기존 스마트폰을 판매하는 매장과 상당히 다른 느낌을 받게 된다. 과연 무엇이 번창하는 애플 스토어로 만들었는지 오프라인 매장 운영에 관한 배울 점을 알아보자.

애플이 만든 '애플 스토어'가 2001년, 처음 소비자에게 선을 보였을 때, 미국의 유명 신문인 '블룸버그'의 한 논평기사에서 상당한 혹평을 했던 경우가 있었다. 하지만 애플 스토어는 전 세계적으로 500여 개가 아직 건재하고 5만여 명의 직원들이 매일같이 100만 명의 소비자를 만나고 있다.

애플 스토어는 애플을 좋아하는 소비자뿐만 아니라 일반 소비자에게도 기존에 갖고 있던 매장에 대한 개념을 완전히 바꿔 주었다. 지금까지 대부분의 기존 소매점을 개점하려는 경영진은 이런 생각을 한다. "어떻게 하면 우리가 새로운 매장을 개점해서 경쟁점을 이기고 매출을 최고로 나오도록 만들까?"라고 말이다. 오로지 '매출'만이 그들 경영진의 머릿속에 있다.

하지만 애플은 다른 접근을 했다. 애플의 경영진은 매출보다는 소비자의 삶에 더 초점을 맞추는 전략을 채택했다. 애플 스토어의 슬로건을 보면 알게 된다. 바로 'Enriching Lives', 즉, 삶을 풍요롭게다. 그래서 애플 스토어에서 일하는 직원들의 직무는 주로 고객과의 소통에 맞추어져 있다. 즉, 매장 내 판매 사원이 할 일은 고객과 우호적인 관계를 유지하며 고객을 행복하게 하는 일에 집중하도록 했다. 매장 내 판매 사원의 실적을 오로지 판매실적만으로 관리하지 않는다는 이야기다. 설령 매장에 고객들을 많이 오게 만들어 매출을 극대화시키고자 하더라도, 겉으로는 고상한 슬로건인 '고객의 삶을 풍요롭게'라고 사용하는 것이 없어도 있는 것처럼 가치를 전달하려는 전략이다.

소비자가 모든 제품을 갖추고 할인까지 해주는 월마트나 아마존을 놔두고 군이 애플 스토어에서 정가로 구매하는 이유다. '스티브 잡스'와 애플의 혁신적인 '제품', '디자인'에만 주목해서는 절대 애플 스토어처럼 성공할 수 없다고 생각된다. **애플처럼 오프라인 매장을 성공시키고 싶다면 먼저 애플 스토어가 제공하는 '고객 경험'에 주목해야 한다.**

애플 스토어에서 우리는 무엇을 배워야 할까?

애플은 '삶을 풍요롭게'라는 스토어의 비전에 걸맞게, 고객에게 최고의 경험을 선사하려고 완벽한 무대를 준비했다. 매장 외관, 매장 내 인테리어, 테이블과 의자, 얼룩 하나 없는 유리벽, 제품 아이디어부터 제작, 판매 과정까지. 애플은 이 모든 것이 '고객 경험'과 이어져 있고 나아가 '고객 충성도'와 직결된다는 것을 일찌감치 깨달은 듯싶다. 그 이유는 애플 스토어 1호점이 문을 열었을 때 고(故) 스티브 잡스는 **애플의 모든 제품을 전시하는 데 매장 공간의 25%를 사용한다고 자랑스럽게 밝힌 바 있기 때문이다. 그만큼 혁신적인 애플 매장 디자인을 위해 '단순함'과 '깔끔함'에 중점을 두었다.**

고(故) 스티브 잡스가 애플 스토어를 구상할 때 벤치마킹한 업체가 어디인지 아는가? 일반적인 휴대폰 매장이 아니라 세계적인 고급 호텔 매장에서 정답을 찾았다. 바로 세계 최고의 고가 호텔 브랜드이자 글로벌 대기업 계열사 특1급 호텔인 '포시즌스(Four Seasons)'호텔에서 벤치마킹을 한 것이다.

아시는 분은 아시겠지만 '포시즌스' 호텔의 독보적이면서 창조적으로 만든 업계 최초의 서비스 사례는 참 많다. 첫 번째 욕실에 있는 여행자용 샴푸다. 비즈니스 여행을 하는 여행객을 위한 배려인 여행자용 샴푸를 호텔업계에서는 첫 번째로 시작했다. 두 번째는 호텔 내 피트니스 센터 가동이다. 여행을 하면서도 운동을 게을리하지 않는 분들을 위한 배려다. 세 번째는 가장 안락하고 편안한 침대 제공이다. 네 번째는 풀 서비스 스파다. 이외에도 금연층, 저지방 저염식 고급 요리, 헤어드라이어, 화장 거울, 목욕가운 그리고 '컨시어지' 서비스까지 처음으로 도입했다. 여기에 여행객의 여독을 풀어주는 '바(Bar)'까지 설치했다. 애플 스토어는 이를 바로 본떠 '지니어스 바(Genius Bar)'를 설치한다. 물론 상표등록까지 완료했다.

이처럼 호텔업계의 센세이션을 불러일으킨 '포시즌스'의 여러 서비스를 벤치마킹을 한 애플 스토어는 기존 소비자 매장과의 파격적인 차이점을 만들어 낸다. 그리고 또 다른 서비스 벤치마킹 업체로는 **리츠칼튼 호텔과 러쉬, 스타벅스** 등이 있다. 해당 업계 일등 브랜드의 핵심만을 벤치마킹함으로써 애플 스토어를 새로운 제안을 전달하는 매장으로 포지셔닝한다.

그리고 애플은 그들이 만든 비전을 몸으로 실천할 애플 스토어 판매직원을 선발할 때, 남다른 선발 전략으로 접근한다. 예를 들어, 입사 면접 시 이런 질문을 한다. "당신은 친절한가요?"라고 묻는다. 그런 후, 응시자의 반응과 답변을 유심히 살핀다. 그리고 고용조건을 구체적으로 솔직하게 공개한다. 이들이 찾는 인물은 모든 답을 아는 사람이 아니라 자신의 견해를 지키면서도 필요할 때 부끄러워하지 않고 도움을 요청할 줄 아는 사람을 요구한다.

애플은 친절하면서도 문제를 책임지고 해결하는 주인 정신을 가진 용감한 사람을 직원으로 고용하려 노력한다. 이곳에서는 매니저가 매장 직원에게 다가와 고객과 이야기를 끝내라고 요구하는 경우가 거의 없다. 진심으로 사람을 좋아하고 관계를 쌓는 일에 열정적인 친절한 사원을 고용한다. 그리고 애플 스토어에서는 판매 사원에게 별도의 판매수당이 따로 없기 때문에 고객에게 절대로 구매를 강요하지 않는다. 하여 그들은 제품이 아닌 취미생활에 관련해서 고객과 수다를 떨기도 한다. 고객은 애플 스토어에서 제품을 사지 않아도 편하게 드나들 수 있는 것이 이러한 이유 때문일 것이다.

여기에 애플 스토어에서 일하는 판매 사원에게 월급보다 더 좋은 부(富)를 만들 수 있는 제도가 있는데, 그것이 바로 애플 스토어만의 독특한 **스톡옵션 제도**다. 애플 주식을 저렴하게 살 수 있는 기회인데, 그 방식이 독특하다. 우선 애플 주식을 사겠다고 얘기하면 그 돈이 월급에서 빠져나간다. 그리고 6개월 후에 애플 주식을 받게 되는데, 주식 가격은 지난 6개월 동안 가장 낮았던 가격에서 15%가 더 낮게 구입을 할 수 있다. 즉, 주식을 받은 다음 날 15% 이상의 보너스를 받게 되는 셈이다. 다만 너무나 좋은 보너스이기에 자신의 월급 한도 내에서 1년에 딱 두 번만 주식 구입이 가능하다.

필자는 세계 대도시에 있는 다양한 애플 매장을 여러 군데 가 본 경험이 있다. 그중에서 미국 샌프란시스코 애플 스토어에서 체험한 경험은 독특했다. 나이가 참 많이 들어 보이는 시니어 판매 사원이 필자가 묻는 제품 관련 질문에 아주 친절하게 대답해 주면서 동시에 여행객으로 보인 필자에게 이런저런 질문도 많이 한다. 물론 프라이버시를 건드리는 질문은 아니었다. 긴 시간 나이 든 시니어 판매 사원과의 대화 후에 기념사진을 함께 촬영한 행복한 경험을 해서 그런지 아직도 애플 스토어에 대한 기억은 상당히 우호적이다.

물론 애플 스토어에서 유쾌한 경험을 겪지 못한 소비자도 있겠지만, 고객의 삶을 풍요롭게 만들기 위한 그들만의 독특한 영업 전략은 사라져가는 오프라인 매장이 생존하고 번창할 수 있는 매력임을 알게 만든다.

매장에는 샘플용 재고와
휴게공간만 준비

오프라인 매장이 위태롭다. 하지만 오프라인 매장이 모조리 사라진다는 건 아니다. 경쟁력 없는 매장이 사라질 거란 얘기다. 생존하는 오프라인 매장도 더 이상 전통적인 역할을 하진 않을 것이다. 오프라인 매장은 온라인 쇼핑몰의 상품을 눈으로 확인하는 일종의 신뢰 제공의 공간 또는 물류배송을 위한 공간으로 탈바꿈할 가능성도 높아 보인다. 오프라인 매장이 온라인을 확인하는 공간으로 존재하면 매장엔 재고가 많이 필요하지 않다. 샘플 몇 개만 있으면 된다. 만약에 기존 매장의 개념(재고판매가 가능한 매장 형태)에서 탈피할 수만 있다면 나머지 공간은 고객을 위한 휴게공간이나 정보를 주고받는 공간 등으로 바꿀 수 있다. '노드스트롬 로컬(Nordstrom Local)'처럼 말이다.

재고 없는 실험적 매장의 돌풍

'노드스트롬 로컬'은 미국 백화점 체인인 노드스트롬이 2017년 실험적으로 실시한 재고 없는 매장 브랜드다. 이곳엔 탈의실 8개만 있다. 옷을 입어볼 수는 있지만 현장에서 바로 구입하진 못한다. 이때, 매장에 상주하는 스타일리스트들의 도움을 통해 최종 구매에 도움을 받는다. 고객들이 그곳에서 할 수 있는 건 온라인으로 주문한 상품을 받거나, 맘에 들지 않는 상품을 반품하는 일이다. 매장에서 옷을 직접 살 순 없지만 대신 고객들은 그곳에서 네일아트 서비스를 받거나 매장에 있는 바에서 와인이나 커피를 마실 수도 있다.

2020년 현재, 노드스트롬 로컬 매장은 미국 로스앤젤레스에 3개, 뉴욕에 2개 등 총 5개 매장을 운영 중이라 한다. 온라인 주문에 대한 픽업서비스, 교환 및 환불 관련 서비스 그리고 수선 서비스와 스타일링 컨설팅 서비스를 받을 수 있게 된다. 샘플용 재고만 보유한 새로운 형태의 매장이 지금까지 진행되고 있는 이유는 간단하다. 오프라인 매장에서 색다른 체험을 제공하는 동시에 이커머스를 접목시킨 이유다. 온라인에서 주문하고, 오프라인에서 픽업할 수 있도록 O2O 서비스를 제대로 작동시킨 이유다.

더 자세히 말한다면, 구매방식의 새로운 도전인 셈이다. 즉, '쇼루밍(매장에서 제품을 살펴본 뒤 실제 구매는 온라인에서 하는 것)' 방식을 적극 접목한 것이다. 기대효과는 세 가지다. 무엇보다 온라인 구매에 익숙한 소비자를 매장에 끌어들일 수 있다. 새로운 판매 방식으로 도입하면서도 매장 공간을 최대한 작게 만들 수 있다. 무재고를 채택해 매장 효율을 끌어올릴 수도 있다.

향후 패션 제품군뿐만 아니라 식품 제품군까지 넓힐 가능성도 보인다. 도심에 위치한 소형 백화점 안에서 온·오프라인 쇼핑 경험을 동시에 즐길 수 있도록 시스템을 구축할 수도 있다. 여기에 가장 빠른 배송시스템을 덧붙인다면 굳이 매장에 재고를 가져갈 이유가 하나도 없게 된다. 매장 안에서 샘플만으로 구매를 확정한 후에 고객이 원하는 장소(집, 사무실 혹은 매장)로 빠르고 안전한 배송을 하게 되면 되기 때문이다. 그야말로 온·오프라인 통합 플랫폼 사업으로 성장이 가능해 보인다. 하이테크와 하이터치를 결합한 전략으로 보인다. 이를 통해 '노드스트롬'이 고급 브랜드로 더욱 성장하는 데 도움을 주리라 예상된다. 새로운 공간 커머스 전략이다.

다시 정리해 본다. 오프라인 매장에 새로운 역할을 부여하는 동시에 디지털 기술을 융합해 매장이라는 공간을 재정의해 본다. 동시에 고객 경험을 강화하는 등 다양한 공간 비즈니스 전략을 전개하는 것이다.

오프라인 매장에 IT 기술을 도입해 소비자의 오프라인 고객 경험을 향상시키는 '피지컬 리테일(Physical Retail)' 방식의 하나로 샘플만 제공하는 매장을 선보이는 것이다. 여기에 최근 중요 개념으로 부각되고 있는 **라스트 마일 딜리버리(Last Mile Delivery)에 방점을 찍게 시스템을 구축하면 된다.** 고객 경험의 마지막 단계라 할 수 있는 빠르고 안전한 배송시스템 구축이 관건인데, 재고 없는 매장 방식은 이에 대한 대안이 될 수 있어 보인다.

솔루션 07

IT + 인간적 접근 방식

여러분이 미니멀 라이프를 지향하는 삶을 살기를 원한다면 가장 먼저 집안을 정리 정돈 해야 할 것이다. 당연히 수납용품이 필요 할 것이고, 아마 정리 컨설턴트의 도움이 필요할지도 모른다. 지 구상에서 가장 정리 정돈을 잘하는 나라는 아마 일본일지 모른다. 그런데 수납용품 대표 브랜드는 미국에 따로 있다.

오프라인에서 유통을 처음 배운 필자로서는 항상 소비자 친화 적이면서, 구매 시 특별한 경험을 주는 미래형 스토어에 대해 궁 금해했다. 그래서 미래형 스토어를 찾고자 여러 나라를 가서 시장 조사를 참 많이 한 편이다. 미래형 스토어가 갖추어야 할 3가지 경영 요소가 바로 '특별한 경험, 여유, 편리함'이기 때문이다.

오프라인의 인간적 요소를 가미한 미래형 스토어

필자가 이런 특별한 미래형 스토어로 추천하고 싶은 점포가 있으니 바로 '컨테이너 스토어(The Container Store)'다. 이 기업은 두 가지를 유념해서 살펴보기를 바란다. 첫 번째가 사회공헌에 헌신하려는 기업이라는 점, 두 번째는 고객친화형 구매시스템을 갖추려고 노력한다는 점이다.

이 회사는 1978년 7월 1일, 미국 댈러스에 작은 규모(약 45평)의 수납용품 전문점을 개점했다. 킵 틴델(Kip Tindell)은 친구 2명과 함께 사람들이 단순한 삶을 사는 데 일조하기 위해 도움을 줄 수 있는 다양한 제품들을 제공하는 소매점을 열었다. '컨테이너 스토어' 덕분에 모든 온라인 쇼핑몰 카테고리 내에 새로운 범주인 '스토리지 및 오가나이저(Storage & Organization)'라는 카테고리가 탄생하게 되었다.

그러다 보니 이케아(IKEA), 크레이트 앤 베럴(Crate&Barrel), 베드 베스 앤 비욘드(Bed Bath&Beyond), 타깃(Target) 등과 비슷한 소비자군을 대상으로 수납용품 및 정리용품 전문 카테고리 킬러형 매장을 운영 중에 있다. 현재 미국에 80개 여의 매장을 운영 중이면서 약 11,000개 이상의 제품을 머천다이징하고 있다. '수납'이라는 컨셉을 주제로 매장을 꾸몄는데, 최근에는 수납 이외에 소가구, 중형가구 등 가정 내 실내에 필요한 모든 것, 실내 아이템 전부를 취급한다. 사실 수납용품 전문 스토어는 일본 주요 도시에 있는 여러 매장에서 자주 봐왔던 필자로서는 일본이 아닌 미국에서 수납용품 전문 스토어를 찾게 되어 상당히 고무된 것도 사실이다.

이 회사가 칭찬받는 이유는 동종업계와는 다른 인사관리 때문이다. 대부분의 가정용품을 다루는 회사가 주로 채택하는 비정규직 중년여성 위주의 종업원 채용 및 관리방식으로 비용을 줄이려는 데 반해 '컨테이너 스토어' 매장 직원들은 대부분 정직원으로 채용되고, 미국 소매판매 업계 평균 임금의 두 배 이상을 주는 것으로 유명하다. 또한 창업 초기부터 경쟁업체보다 높은 임금을 주고 재무정보를 직원들과 공유하는 문화를 지속하고 있다.

이 회사의 인사관리는 '원 그레이트 퍼슨 룰(One Great Person Rule)'이라는 원칙으로 진행되고 있다. 이는 '위대한 한 사람이 좋은 세 명의 사람만큼 중요하다'라는 원칙인데, 주변 동료에게 존경받는 사람이 되도록 노력하라는 것이 핵심이다. 이를 위해 신입직원은 연간 200여 시간 동안 고객 응대 요령부터 조직원 간 유대 그리고 회사 경영 철학까지 고객 중심 교육을 받아야 한다.

이러한 좋은 평판으로 인해 이 회사는 2000년 이래 무려 17년간 연속해서 '포춘'지가 선정한 '미국에서 가장 일하기 좋은 직장 100곳'에 선정되었다. 더욱이 2007년 글로벌 금융위기 때 거의 모든 경쟁사는 종업원을 감원했지만, '컨테이너 스토어'는 직원들과 고통 분담을 선택했고, 임금 동결과 퇴직연금 납입 유예 등 비용을 대폭 절감하는 고통분담정책을 채택해서 종업원들의 자발적인 애사심을 끌어올렸다.

이런 존경받을 만한 '컨테이너 스토어'가 2018년 6월, 새로운 미래스토어 개점에 관한 뉴스를 발표했다. 이 스토어에서는 소비자의 구매 선택에 도움을 주는 새로운 제도다. 새롭게 매장 운영에 도입한 두 가지 시스템은 '오가니제이션 스튜디오(Organization Studio)'라는 시스템과 '고객 맞춤형 옷장 스튜디오(Custom Closets Studio)'이다.

이는 '이케아(IKEA)'처럼 고객이 스스로 새로 구입할 가구와 위치 선택의 증강현실 쇼핑방식이 아닌 **오프라인 수납 전문가의 조언과 온라인 방식의 디지털 스크린 방식을 혼합한 방식**이다. 즉, 온라인의 장점과 오프라인의 장점을 합한 비즈니스 모델인 셈이다.

'오가니제이션 스튜디오(Organization Studio)' 제도는 소비자가 자신의 방이나 거실 등 가구 및 수납용품을 필요로 하는 공간을 사진을 미리 찍어 웹에 올려놓으면, 오프라인 매장에서 전문가와 일대일 미팅 예약을 하는 방식이다. 아무래도 수납 전문가의 조언을 받은 후에 구매결정을 하는 방식을 추천함으로서 오프라인 감성과 디지털 기술을 접목시키고 있다.

'고객 맞춤형 옷장 스튜디오(Custom Closets Studio)' 제도는 매장에 18개의 디지털 인터렉티브 스크린(Digital Interactive Screen)을 준비해 놓고, 소비자가 디지털 콘텐츠를 시청하거나, 제품을 검색하거나, 여러 가지로 다르게 수납용품 구조를 변경, 설계가 가능토록 하여 쇼핑객이 직접 저장하거나 인쇄할 수 있게 도움을 준다. 이렇게 되면 소비자가 미리 구입하고자 하는 수납가구의 디자인이 어떻게 구현되는지 미리 알 수 있게 된다.

이런 새로운 프로젝트를 선보임으로써 정작 소비자가 원하는 오프라인 매장에서 구매에 자신을 얻게 되는 것은 인간적 요소가 결합된 디지털 기술임을 알려준다. 이를 통해 '컨테이너 스토어'에 온 소비자는 맞춤형 옷장 시스템 제품군과 다양한 온라인 및 모바일 쇼핑 서비스를 경험하게 된다.

다시 정리하면, '컨테이너 스토어'는 수납전문가라는 인간적 요소를 가미한 디지털 기술을 선보이고 있는 미래형 매장의 한 형태다. 만약 여러분이 미국 대도시에 갈 기회가 있다면 꼭, '컨테이너 스토어'를 가서 새롭게 전개되는 미래형 매장을 체험해 보기를 바란다.

※ https://www.containerstore.com/welcome.htm

명품 프리미엄 식품 전문관 방식

일반 소비자에게 일상생활에서 불편한 것 중에 하나가 장 보러 마켓에 가야만 할 때이다. 주차부터 시작해서 많은 인파 속에서 우리 가족들이 먹을 식재료 및 공산품을 구매하러 마트 혹은 시장에 가는 일이 그렇게 즐겁지 않은 경험이 될 수도 있다는 점이다. 하지만 장 보는 행위가 즐거움이 될 수 있다면 오프라인 매장의 존재 의의가 아닐까 싶다. 그런 고급 식품관을 미래형 매장 방식의 일환으로 소개한다.

바로 프랑스 파리 서쪽에 있는 대표적 부촌 '16구 파시 가(Rue de Passy)'에 있는 고급 식품 전문점이다. 전면이 이끼로 뒤덮인 녹색 건물로 만들어진 바로 '라 그랑데 에피스리 드 파리(La Grande Epicerie de Paris)'라는 프리미엄 식품 전문 스토어다.

필자가 이 스토어를 미래 스토어의 대안 중 하나로 선택한 이유는 간단하다. 아시다시피 전 세계 거의 모든 도심에 있는 백화점들의 매출이 하향세로 있다. 즉, 차별화 안 된 일반 백화점 시대가 가고 전문 프리미엄 전문관이 그 자리를 차지할 수 있음을 알려주는 아주 좋은 사례이기 때문에 유심히 살펴볼 필요가 있어서 적극적으로 소개하는 것이다. 이제는 백화(百貨)를 파는 스토어로는 단일 점포로 생존할 가능성이 적다는 말이다. 그렇다면 그 대안으로 변신에 성공한 사례를 보면서 앞으로 다가올 미래 소비의 키워드를 잘 관통한 스토어의 핵심을 알아보자.

프리미엄 식품 전문관 방식(프랑스 파리)

'라 그랑데 에피스리 드 파리(La Grande Epicerie de Paris, Lagrandee-picerie.com)'. 이름이 긴 편이지만 이 식품 전문 프리미엄 스토어는 고가 패션 잡화 브랜드를 소유한 프랑스 그룹 LVMH(루이비통 모엣 헤네시)가 2013년 프랑스 파리에 개점한 프리미엄 식품관이다. 원래 이 건물은 LVMH가 소유한 백화점 '프랑크 앤 필스(Frank&Fils)'였는데, 새롭게 리노베이션하는 과정에서 새로운 전략으로 변경하게 되었다. 물론 고급 주택가에 존재하기 때문에 어떤 백화점이라도 그냥저냥 생존을 할 수 있었을 것이다. 하지만 LVMH가 선택한 전략은 달랐다. 즉, 이런저런 모든 제품을 파는 '백화(百貨)'를 버리고, 그룹 LVMH 차원에서 '프리미엄 식품'만 전문으로 하는 '선택과 집중' 전략으로 선회한 것이다.

매장은 각층의 내부 층고를 최대화해서 지하층을 포함 지상 3층 건물이지만 상당히 쾌적하고 고급스러운 매장 분위기를 만들어 냈다. 지하층은 와인과 치즈 보관소 역할로, 1층은 빵과 제과,

과일, 축산, 수산 코너로, 2층은 각종 식료품과 가공제품, 커피 등 음료와 간단한 음식을 즐길 만한 카페로, 3층에는 최상급 코스요리를 전문으로 하는 고급 레스토랑으로 구성되었다.

거의 모든 유통 건물의 지하층을 차지하고 있는 식품관과는 달리 전체 지상층을 식품으로 머천다이징했다는 점은 일류를 지향하는 업체의 아이덴티티를 보여준다. 그리고 건물 전체를 통유리창과 건물 천정을 유리 돔으로 설계함으로써 자연채광을 매장 안으로 끌어오는 효과와 쇼핑하는 소비자에게 최대 쾌적함을 선사한다. 그야말로 쇼핑객을 최고의 고객으로 여겨지도록 품격과 품위 있는 쇼핑을 제공하고 있다. 이런 매장 설계방식은 프랑스 고급백화점에서 자주 등장하는 방식이다.

이중 특색 있는 코너로는 지하 1층에 있는 18개월 동안 만든 저장 창고가 있는데, 이곳에는 와인과 치즈를 저장한다. 고급 와인과 위스키는 관계자만 입장 가능한 저장 창고에 둔다. 그리고 치즈 코너에는 지름이 1m나 되는 거대한 치즈 덩어리와 수십 종류의 치즈를 구비해 놓았다.

이곳은 식품관 속 식당이라 불리는 '그로서란트'라는 개념을 먼저 도입한 선두 주자라 보면 된다. 이 식품 전문점에서 식재료를 구입도 하고, 식사도 하고, 매장에서 장인에 의해 걸작이 만들어지는 과정까지 지켜볼 수 있는 즐거운 경험을 제공하고 있다. 고품격 그로서란트 개념의 매장은 전 세계적인 트렌드라 보면 무난하다. 그로서란트 개념을 처음 도입한 사례가 몇 개 더 있어 소개한다.

일본의 경우, 한큐백화점에서는 '한큐오아시스'라는 그로서란트 슈퍼마켓을 2019년에 개점했다. 식품을 눈앞에서 조리해 판매하는 그로서란트 매장을 넘어 고객에게 조리 기구를 대여해 매장에서 구매한 식재료를 바로 바비큐로 즐길 수 있는 새로운 체험 요소를 제공한다. 이 매장은 '천천히 즐기면서 현명하게 쇼핑할 수 있는 매장'을 콘셉으로 구성했다. 고객이 '한큐오아시스'에서 구매한 정육, 수산물 등 다양한 식품을 즉석에서 구워먹을 수 있게 만든 점도 세계적인 추세와 동일하다.

미국의 경우에도 시카고 지역 로컬 슈퍼마켓인 '주얼 오스코(Jewel Osco)'를 2018년 개점하면서 식(食)과 관련된 모든 소비자 니즈를 만족시키는 전략을 제공 중이다. 한층 더 세밀한 그로서란트형 매장을 선보이고 있는 중인데, 유기농 식품, 동서양을 아우르는 즉석조리식품 등 고객 니즈에 최적화된 식품 강화형 매장을 선보이고 있다.

이렇듯 그로서란트 개념은 백화점 식품관이든 아니면 식품 전문관이든 당연히 전개해야 할 세계적인 트렌드임에는 틀림없어 보인다. 하지만 전반적으로 고급스러운 매장 분위기를 연출할 능력이 있는 업체만이 채택이 가능해 보이는 전략임에는 틀림없다. 나아가 그냥저냥 일반적인 백화점을 경영하는 것보다는 식품 전문관, 특히 프리미엄 식품 전문관으로의 변신은 웰빙 시대의 당연한 결과라 생각된다.

특별한 작은 복합쇼핑몰 방식

아시다시피 대형 유통업체들은 앞다투어 대규모 '복합쇼핑몰' 건설에 힘을 쏟고 있다. 좁디좁은 땅덩어리지만 가장 큰 규모의 복합쇼핑몰 건립에 혈안이다. 그렇다! 복합쇼핑몰 사업은 아무나 할 수 있는 사업이 아님을 잘 알 것이다. 그렇다면 자본도 부족하고, 준비해 놓은 일정한 공간(땅)도 없는 일반 유통업체 혹은 제조업체 등은 손 놓고 기다려야만 할 것인가. 필자가 보기에 이러한 난제의 해법은 일본 도쿄 '지유가오카'에 있는 '라 비타(La Vita)'가 대안으로 잘 보여주고 있다. 중소기업 혹은 동병상련의 소상공인들이 힘을 모아 함께 색다른 복합쇼핑몰 비즈니스를 만들 수 있는 방법, 그 해법이 바로 이곳, '라 비타'에 있으니 자세히 보기를 바란다. **아무나 할 수 없는 대형 복합쇼핑몰 사업 대신에 소형 복합쇼핑몰 사업을 추진할 수 있는 사례**이기 때문에 아주 자세히 살펴 보는 것을 추천한다.

도쿄 '지유가오카'의 '라 비타(La Vita)'에서
'소형 복합쇼핑몰'의 미래를 보다

작은 복합쇼핑몰 사업을 전국으로도 확대할 수 있는 사업이라는 생각도 든다. 더욱이 아주 쉽게 전국 요지에 소형 복합쇼핑몰 비즈니스가 짧은 시간 내 전국 상권을 석권할 수 있을 지도 모른다. '라 비타'는 그야말로 작은 복합쇼핑몰이다. 곤돌라 등 이탈리아 베네치아를 벤치마킹해서 만든 아주 작은 복합쇼핑몰이다. 유럽 풍 갤러리, 유럽식 카페 등 작은 매장이 여럿이 옹기종기 모여 있다. 이렇게 많은 숍 덕분인지 '라 비타'는 쇼잉(Showing), 레스팅(Resting), 쇼핑(Shopping)이란 복합쇼핑몰에 필요한 요소를 모두 갖추고 있다. 소비자에게 이것저것을 보여줌(Showing)과 동시에 쉴 장소를 제공하고(Resting), 다양한 쇼핑거리(Shopping)도 제공한다.

큰돈 안 들이고도 복합쇼핑몰 기분을 낼 수 있는, 작지만 만족스러운 쇼핑 분위기를 만들어 주는 곳, 그곳이 바로 '라 비타'이다. 그래서 필자가 가장 집중해서 강조하는 향후 대한민국 등에서 발전시켜야 할 비즈니스 모델이라고 힘주어 말하고 싶다. 혼자 하기 어려우면 합심하여 투자하는 방식도 가능하리라 본다.

200~300평 규모의 소형 복합쇼핑몰을 통해 소비자에게 이것저것을 보기도 하고 쉬고도 하고 쇼핑도 가능하게 만들 수 있음을 알게 된다. 이곳에는 패션, 도기, 인테리어, 유리제품, 생활잡화, 애견용품 등을 파는 숍들이 입점 되어 있다. 이 소형 복합쇼핑몰은 이탈리아 베네치아를 모티브로 조성되어 그런지 쇼핑몰 중앙에는 20미터의 작은 운하와 곤돌라, 베네치아 다리, 시계탑, 정통 이탈리아 건축물 등이 있다. 이곳에는 가족 단위, 커플 단위 및 친

이탈리아 베네치아를 모티브로 만든 작은 복합쇼핑몰, 라 비타[2]

구들끼리 오는 여행객들이 정말 많다. 이곳에서 예쁜 추억을 촬영하기 위해 찾는 경우도 많아 보인다.

대한민국의 경우, 요즘같이 한 집 건너 카페가 포진하는 추세라면 더욱더 이러한 작은 소형 복합쇼핑몰이 대세로 자리매김할 수도 있다는 것이 필자의 주장이다. 작은 야외 쉼터에서 커피를 마시며 잔잔한 음악을 들으면서 친구와 수다를 떨거나 심각한 인생을 토로하기도 한다. 실내에만 있는 카페를 야외로 끄집어낼 수 있는 차별화된 야외 카페로도 손색이 없어 보인다. 커피도 마시고, 패션 상품이나 액세서리 상품도 구경하면서 즐거운 야외 시간을 가질 수 있다.

이곳 '라 비타'에는 수로(水路)가 있기 때문에 물과 빛의 향연을 충분히 보여줄 수 있다. 물에 비친 달빛과 본인 얼굴을 보면서 사

2 사진 출처: https://www.jiyugaoka-abc.com/

람들은 편안한 느낌을 받는다. 21세기 이벤트의 핵심은 '물'과 '불'의 향연이라는 것을 확연하게 연출하게끔 준비가 되어 있다. 물론 이 수로에서는 오리들이 여유롭게 놀고 있는 풍경을 보게 된다. 마치 어느 한적한 시골에 온 느낌을 받을 수도 있다. 이런 야외 환경은 소비자의 지갑을 편안히 열 수 있도록 만들어 주는 것은 아닐까. 소비자가 지갑을 순순히 열 수 있도록 만들어 주는 것이 최고 고수의 경영자가 해야 할 일이 아닌가!

필자가 강조하고 싶은 부분은 일본 지유가오카의 '라 비타'가 이탈리아 베네치아를 벤치마킹했다면, **세계 유명 도시를 테마로 색다른 소형 복합쇼핑몰 비즈니스가 가능하다는 것이다.** 파리, 런던, 뉴욕, 바르셀로나 등 테마로 가져올 도시는 정말 많지 않은가! **세계인들이 가도 싶은 도시를 테마로 작은 복합쇼핑몰을 기획, 구성하는 비즈니스를 고민하기를 바란다.** 이제 '라 비타'를 방문해서 쇼핑도 하고 예쁜 인생 사진도 찍고 난 후, 이제 슬슬 라 비타가 있는 지역인 '지유가오카'를 한번 산책을 해 보시기를 바란다. 지유가오카에서 자유로운 여행 그리고 상상을 현실로 만들 인사이트를 많이 가져가길 바란다.

유통9단 김영호의 도쿄 강력 추천 1번지

필자가 도쿄에서 '지유가오카'를 가장 먼저 추천하는 이유는 이 동네를 방문하면 쉽게 알 수 있으리라 본다. 하지만 이곳을 가장 먼저 추천하는 진정한 이유는 21세기 대한민국 유통 트렌드를 먼저 이해하기 위해 가장 적합한 장소라 생각되기 때문이다.

일본 짠돌이 소비자들 중에 패션 감각을 유지하고자 하는 소비

자들이 자주 찾는 곳이 바로 '지유가오카(自由ヶ丘)'라는 곳이다. 지유가오카(自由ヶ丘)는 일본 도쿄의 부자들이 몰려 살고 멋쟁이 고급 점포가 즐비한 대표적 부촌(富村)이다. 이 지역 곳곳에 예쁜 1,500여 개의 크고 작은 스토어가 있다. 그냥 작은 스토어들이 아니라 아기자기한 소품점, 잡화점, 인테리어점, 빈티지숍, 앤티크 숍 등이 고즈넉한 마을 사이사이에 숨어 있다. 그래서 이 예쁜 보물 같은 작은 점포들을 찾아가는 기분이 색다를 것이다. 마치 우리가 어렸을 적 술래잡기 놀이 혹은 보물찾기 놀이를 하듯 동네에 숨어 있는 숨겨진 보물 점포들을 잘 찾기를 바란다.

이 지역에는 여러분이 잘 아는 유명 체인형 잡화점들이 많이 포진하고 있어서 눈요기용 쇼핑하기에도 최적화된 환경이라 할 수 있다. 또한 유리 공예품을 전시하는 미술관 등 소규모 박물관도 군데군데 있어서 문화의 향기도 느껴볼 수 있다. 여기에 유명 디저트 가게들도 상당히 많이 포진하고 있다. 달콤한 디저트를 맛보기 위해 일본 전국에서 관광객들이 몰려온다.

아마 시끄럽지 않고 느긋한 분위기가 마음에 쏙 들 것이다. 도심 속의 시골 같은 느낌이랄까. 여기저기를 기웃거리다 보면 지친 몸을 이끌고 조그만 동네 카페에 들어가 야외 테라스에 앉아 지나가는 행인을 쳐다보며 커피 한잔을 해 보라. 이처럼 숍과 숍을 바깥으로 연결하면 소비자의 구매 저항이 현저하게 약해진다. 구매뿐만 아니라 가치소비를 했다는 만족감도 줄 수 있다. 대한민국 중소기업이나 소상공인들이 라 비타나 지유가오카를 통해 배웠으면 하는 것도 이 부분이다.

※ https://www.jiyugaoka--abc.com/

솔루션 10
'선택'과 '집중'으로 승부

필자는 '월마트를 능가하는 시스템은 과연 무엇일까' 하고 늘 생각을 해왔다. 미국의 월마트가 할인점이라는 유통업 형태를 개발한 이래 각국에 있는 거대 공룡인 백화점의 역할이 축소되고 시장을 할인점에 내주었기 때문이다. 물론 '아마존'이 탄생하면서 새로운 형태의 싸움이 진행되고 있지만, 오프라인에서 가장 강력한 유통 시스템을 개발하여, 새로운 시장을 포지셔닝하는 업체는 누구일까 계속 관찰 중에 있다. 그런데 새로운 유통 시스템을 구축하여 성공적인 브랜딩에 성공한 기업이 있다. 그들의 성공 전략을 한마디로 말한다면 '선택과 집중'이다. 그 사례 속으로 들어가 보자.

사례 1 **잘 팔리는 20%의 상품만 파는 숍, 랭킹 랭퀸(RanKing Ran Queen)**
여러분은 '80대 20 법칙' 또는 '2 대 8 법칙'이라고도 불리는 '파레토 법칙', 즉, 전체 결과의 80%가 전체 원인의 20%에서 일어나는 현상을 들어 본 적이 있을 것이다. 이 법칙을 유통 시스템에 적용한 업체가 있다.

도쿄 JR 신주쿠 역 구내에 위치한 '랭킹 랭퀸(RanKing RanQueen)'은 잘 팔리는 상품만 모아 파는 '랭킹숍'이다. 화장품 목욕용품 등 잡화류에서부터 과자, 소형 가전제품, 잡지, 책 등에 이르기까지 일상생활에서 자주 사게 되는 대부분 품목을 취급하고 있다. 이것이 바로 **큐레이션 커머스(Curation Commerce)다.**

가요 탑10과 비슷한 순위 스토어, 랭킹 랭퀸

품목별로 판매하는 상품의 수는 제한적이다. 품목별 베스트셀러 순위 1~5위, 또는 10위까지만 판매한다. 모든 진열대에는 순위 표시가 되어 있다. 이 순위는 제품에 따라 1주일 혹은 한 달 단위로 교체된다. 상품의 랭킹 집계는 외부 데이터를 활용, 객관적으로 하고 있다. 고정 품목들이 있지만 그때그때마다 특별한 품목을 만들기도 한다. 점포에서 취급하고 있는 카테고리 외에 고객들이 원하는 상품의 랭킹을 신설하기도 한다.

상품을 판다기보다는 '지금 이런 것이 유행하고 있다'는 정보를 실제 상품을 전시함으로써 알기 쉽게 제공하는 방식이다. '보는 것만으로도 트렌드를 알 수 있다'는 잡지적인 역할과 동시에 '모두가 선택하는 상품'을 알려주는 서비스도 하고 있는 셈이다.

점포 외관 디스플레이로 뉴스나 상품 관련 동영상, 랭킹정보 등도 보여 준다. 2001년 7월 처음 첫 점포를 오픈한 이래로 '랭킹 랭퀸'은 젊은 여성을 중심으로 인기를 모으고 있고 상품 기준으로 보면 '일반 소매점과 비교해서 15~30배' 정도의 매출을 올리고 있다. 사실 이 브랜드를 찾게 된 이유는 도쿄 트렌드 투어를 하고 있었는데, 신주쿠역 내에서 편의점보다 조금 큰 매장에 많은 여학생들이 모여 있어서 더욱 나의 발을 끌었기 때문에 발견한 매장이다.

TV에서 보았던 '가요 탑10' 프로그램을 매장 진열 방식과 상품 소싱 방식으로 가져온 개념인데, 항상 1등을 해야 한다는 강박관념에 사는 현대인에게 쉽게 와 닿는 숍이라는 생각이 든다. 혹은 선택장애를 앓는 현대 소비자들의 구매 결정 장애를 쉽게 해결해 줄 수도 있겠다는 생각도 들었다. 나아가 어떤 상품이 좋은지에 대한 정보가 부족한 외국 관광객에게도 매우 편리하게 이용할 수 있는 스토어다. 이런 개념 속에는 짧은 시간 내에 바쁘게 구매해야 하는 현대인들에게 시간을 단축시켜 주는 효과와 동시에 너무 많은 상품 중에서 구매를 해야 하는 현대 소비자들의 고민을 해결해 주는 일거양득의 효과도 있는 셈이다.

매주 인기상품의 순위를 달리 매긴다. 물론 여러 개의 카테고리를 만들어 놓았다. 이곳은 주로 여고생과 20대 초반의 여자들이 많은 편으로 보인다. 주머니 사정이 녹록지 않지만 양질의 디자인이 가미된 아기자기한 상품을 구입하려는 고객층이 대세이다.

그렇다!

21세기는 철저한 선택과 집중의 시대이다. 정해진 공간에 그 많은 제품을 진열할 수는 없다. 매출은 올려야 하고 매장 크기는 한정되어 있다면 당신은 어떻게 이 난관을 돌파할 것인가? 이 문제의 해법으로 상품들을 미리 서열을 매겨서 순서대로 진열하면 어떨까. 전체 결과의 80%가 전체 원인의 20%에서 발생하는 현상

일정 기간, 카테고리별 잘 팔리는 아이템별로 순서를 매겨 진열해 놓은 랭킹 랭퀸 매장

을 말하는 파레토 법칙을 적용한 일본의 '랭킹숍'은 잘 팔리는 상품 20%만 모아서 판다. 이런 선택된 아이템을 전시, 판매하는 방

식은 유명 서점에서도 쉽게 발견된다. 카테고리별 판매 순위 1위부터 5위 혹은 10위까지의 책을 전시해 놓는 방식이다. 동네 슈퍼마켓에도 인기 상품 순서대로 진열하고 번호표를 붙이면 어떨까 하는 생각도 해 본다.

그리고 대한민국 지하철 내에는 상가가 참 많다. 환승역의 경우는 더 많은 매장이 있지만, 특출난 매장은 잘 보이지 않는다. 지하철 내라 하지만 매장 임대료만 해도 만만치 않을 것이다. 제품군을 어느 정도 선정한 후에 잘 팔리는 상품만을 파는 상점 스타일로 새롭게 도전하는 것은 어떨까?

자. 여기서 얻을 수 있는 마케팅 노하우는 바로 '역을 최대한 이용한다'는 점이다. 필자가 주장하건대, 대한민국에서도 지하철을 이용하는 고객에게 상품 정보와 트렌드 정보를 전달하는 미디어 역할로 상점을 활용할 수 있다고 본다. 지하철을 이용한 상점을 프랜차이즈식으로 개설할 수 있다면 상당한 브랜드 파워를 가져갈 수 있으리라 본다. 일부 화장품 업체가 지하철 마케팅에 적극적인 경향이 있는데, 화장품 이외에 여성적인 취향의 상품을 판매하는 회사의 경우에는 적극적으로 **지하철 랭킹숍을 검토하기를 바란다.**

사례 2 차세대 월마트라는 할인점 '알디(Aldi)'

여러분은 유럽 여행 시, 독일의 최대 할인점 알디(Aldi)를 들어가 본 적이 있을 것이다. 아니면 리들(Lidl) 매장에 들어가 구매한 적이 있을 것이다. 이 두 브랜드는 유럽 대륙을 넘어 미국 시장마저 넘보면서 '제2의 월마트'로 급부상하고 있는 중이다.

'알디'는 칼 알브레히트와 테오 알브레히트 형제가 1948년 창업

한 하드 디스카운트 스토어로서 두 형제의 이름 첫 자인 '알'과 할 인점(디스카운트 스토어)의 첫 자인 '디'를 따서 만든 브랜드다. 현재 월마트와의 경쟁에서 밀려난 소매점들을 인수해 월마트와 정면 대결을 펼친다는 전략을 진행 중에 있다.

독일 양대 하드 디스카운트 스토어인 알디(Aldi)는 전 세계 20개 국가에 1만여 개, 리들(Lidl)은 30개 국가에 1만여 개 점포를 운영 하고 있을 정도로 해외 사업이 활발한 브랜드다. 두 기업은 형제 기업으로서 이미 오래전 해외 매출이 자국 내 매출을 넘어섰다. '알디'는 은행 부채를 쓰지 않고 현금만을 동원해 매장을 늘려가며 양질의 상품을 초저가로 판매하는 독특한 기업문화를 만들었다. '알디'는 직원 채용과 광고를 최대한 자제해 비용을 줄이는 대신 상품가격은 저렴하게 책정하고 있다.

하드 디스카운터의 가장 중요한 핵심인 제한된 상품구색 정책 을 철저하게 유지하고 있다. 또한 최소한의 인력으로도 점포를 운 영하고 있다. 실제로 해외 알디 매장에 가서 계산대 근무자를 포 함해 3명 이상의 직원을 발견하기가 쉽지 않을 것이다. 영업시간 중간에 보충 진열을 하는 직원을 거의 찾아볼 수 없을 정도로 정 확한 수요 예측과 빠른 상품 회전이 특징이다. 그만큼 점포 운영 의 단순화를 통해 수익을 실현 중에 있다.

'알디'의 매장을 둘러보면 우선 그 가격에 놀라게 된다. 생산업 자와의 직거래를 통해 들어온 상품에 자체 브랜드를 부착해 가격 을 최대한 낮추고 있는 것이다. 월마트가 15만 종류의 상품을 판 매하는 것에 비해 '알디'는 700여 가지 상품만 판매한다. 제품 종 류를 줄여 그만큼 가격과 품질을 완벽히 통제하고 있다. 알디와 리들은 내셔널 브랜드(NB) 취급 비중이 전체 상품의 10%를 밑돈다. 미국 알디의 경우, 전체 취급 품목의 90%를 자체상품(PB)으로 구성한다. 참고로 미국 월마트 PB 비중은 38% 정도다.

'알디'의 성공 비결은 한마디로 정리하면, '선택과 집중' 전략이라 할 수 있다. 자체상품(PB)의 비중을 90% 이상으로 하여 이익을 높이면서, 각 매장 면적도 평균 1,100제곱미터(약 330평)를 유지함으로써 관리비용을 최소화하였고, 각종 서비스를 생략하여 지출되는 불필요한 경비를 최소화함으로써 세계 최고의 할인점 브랜드로 등극하게 되었다.

'알디'의 일반 할인점 등에서 볼 수 있는 풍경에서 생략한 서비스로는 다음과 같다. ① 포장하는 직원, ② 포장 봉투, ③ 매장 내 배경음악, ④ 행사 매대, ⑤ 각종 프로모션, ⑥ 시식코너, ⑦ 1+1 쿠폰 행사, ⑧ 신용카드 결제 대신 현금 혹은 체크카드만을 결제하도록 유도하는 등 일반 대형 할인점에서 진행하는 각종 마케팅 전략과 전술들을 포기함으로써 오프라인 매장에서 최소한의 비용만 지출되도록 만든 시스템에 성공했다.

자, 이제부터라도 정신 바짝 차리고 불황을 헤쳐 나가 보자. 그러기 위해선 일반적인 유통 전략이 아닌 '선택과 집중' 전략을 수립해야 한다. 잘 팔리는 상품, 잘 팔릴 만한 상품만을 선택해서 순위를 만들어 진열한다든지 아니면 PB 제품만을 공급하든지, 최고의 매장 효율이 나오도록 큐레이션 시스템을 새롭게 구축하여 새롭게 도전해 보자!

디자인과 아트(Design + Art)의 콜라보 방식

아시아권에서 트렌드가 가장 많이 발생하는 2개의 도시를 내게 꼽으라 하면 필자는 단연코 일본의 도쿄와 홍콩을 지목한다. 그만큼 두 도시는 내게 큰 울림을 주는 도시들이다. 하지만 홍콩의 경우, 2019년 홍콩 민주화 운동 이후 중국 영향력이 더 커져서 방문 자체를 조금은 주저하게 만든 도시였다. 그래서 홍콩을 가야 할 이유가 거의 없어 보였는데, 필자로 하여금 홍콩을 다시 찾도록 만든 가장 큰 뉴스가 바로 K11 MUSEA 개점 뉴스였다. 홍콩의 K11 MUSEA가 영향력을 행사한 유통 분야를 비롯하여 과연 일반적인 리테일 발전 이후의 세상을 보여주는 대안 중의 하나로 여겨진다.

쇼핑을 넘어서면 아트가 보인다,
홍콩의 새로운 복합 문화 공간. K11 MUSEA 그리고 M+

홍콩은 문화와 아트산업을 육성하기 위해 2015년까지 1차로 대규모 인프라를 건설하고 동시에 시민들의 문화 소양을 높일 수 있는 각종 프로그램을 적극 개발했다. 2031년까지 2차 계획을 마련해 명실공히 세계 최고의 문화 인프라를 갖춘 도시로 만들겠다는 게 홍콩 정부의 장기 계획이다.

일차적으로 개발할 지역은 홍콩섬과 마주 보고 있는 주룽(九龍)반도 서부지역(73만㎡)이다. 홍콩 정부는 8년 동안 이곳에 192억 홍콩달러(약 2조 2,900억 원)를 투입해 공연장, 전시장, 박물관 등 모두 15개의 문화시설을 짓고 있다. 공간 개발을 총괄할 전문기구도 만들어 홍콩이 금융만이 아니라 문화산업에서도 세계적 수준에 도달하도록 전폭적으로 지원한다는 방침이다.

주룽 서부지역 문화공간이 개발되면 향후 30년 동안 4만여 명을 고용하고 매년 37억 홍콩달러(약 4,420억 원)를 벌어들이는 효과를 거둘 것으로 보고 있다. 이렇듯 문화시설을 한 곳에 집중적으로 건설해 금융과 물류 등 홍콩을 대표하는 산업과 서로 시너지 효과를 내도록 하여 홍콩의 도시경쟁력을 높이는 전략을 지속적으로 유지할 계획이다. 이 사업의 일환으로 탄생한 K11 MUSEA는 2019년 10월에 개관했다. 필자가 홍콩에 오면 늘 방문했던 아트백화점 K11이 또 다른 새로운 형태의 백화점을 개관한 것이다.

"A MUSE BY THE SEA"

K11 MUSEA의 슬로건이다. 기존 백화점이나 복합쇼핑몰과의 차별점을 표현한다. 이 복합쇼핑몰을 기획한 사람은 홍콩의 기업인 애드리언 청이다. 그는 홍콩 굴지의 부동산 개발회사 뉴월드 그룹 창립자의 손자이다. 문화기업가이자 사회사업가, 그리고 슈퍼 컬렉터로 세상에 잘 알려진 인물이다.

이곳은 단순한 쇼핑몰이 아닌 동시대 예술을 경험하고 함께 즐길 수 있는 혁신적인 문화공간으로 기획했다. 전 세계의 밀레니얼 세대가 함께 모여, 영감을 주고받으며 변화를 시도할 수 있는 기반이 되는 공간을 창조하는 것이 목표라 한다. 그래서 그런지 쇼핑몰 입장과 동시에 시선을 사로잡는 것은 웅장한 규모와 인테리어에 입이 벌어질 것이다. 중앙에 자리한 '골드 볼'과 수백 개의 조명은 우주와 빅뱅에서 영감을 받아 탄생한 디자인이라 한다. 그뿐만 아니라 이 쇼핑몰은 마치 개미굴처럼 상당히 재미있게 구성되어 있다. 일반 백화점처럼 만든 간단한 동선이 아닌 듯싶다.

K11 MUSEA가 홍콩의 수많은 쇼핑 공간과 차별화되는 이유는 단 하나! 쇼핑을 하면서 저절로 '예술'과 '문화'를 즐길 수 있다는 점이다. 리테일숍과 뮤지엄의 경계를 허물기 위해 수십 점이 넘는 고가의 예술품들이 곳곳에 전시되어 있다. 그래서 이곳이 쇼핑몰인지 뮤지엄인지 잠시 헷갈릴 수도 있다.

또 하나 K11이 특별한 이유는 바로 아시아에서 가장 큰 모마(MoMa) 디자인 스토어를 유치했다는 점이다. 사실 뉴욕 현대 미술관(New York's Museum of Modern Art)의 모마 디자인 스토어(MoMA Design Store)는 뉴욕, 도쿄, 교토밖에 없을 정도로 다른 나라에 매장을 개점하는 자체를 꺼리는 분위기다. 그런 모마(MoMa)가 아시아권에 새로이 스토어 개점을 기획했다는 점이 특이하다.

즉, 새롭게 오픈되는 매장이 바로 홍콩 K11 MUSEA에 입점이 결정된 것이다. 아시아 지역 최대 규모로 말이다. 대부분의 국가에서 모마 스토어(MoMa Store)를 자국에 입점시키고 싶어도 쉽지 않기 때문에 이번 홍콩 K11 MUSEA 입점은 전략적 선택이 아닌가 싶다. 즉, 입점 자체가 그렇게 쉽지 않기에 홍콩의 높은 예술 수준을 엿볼 수 있는 대목이 아닐까 생각된다.

필자가 글로벌 리테일 미래의 하나로 K11 MUSEA를 선정한 이유는 쇼핑 리테일 공간에 대한 개념을 뛰어넘긴 새로운 접근 방식 때문이다. 즉 아트와 커머스를 새로운 방식으로 제안하는 신개념의 복합문화공간이기 때문이다.

전 세계 유명 명품 브랜드만을 입점시키는 것이 고급 백화점이 아니고, 이곳에서는 고가 브랜드를 뛰어넘는 세계관을 소개하고 제안하려는 노력이 보인다. 복합쇼핑문화 공간 곳곳에는 세계적인 예술가들의 작품이 보물찾기하듯 숨겨져 있다. 그래서 쇼핑을 하는 것인지 예술품을 감상하는 것인지 헷갈릴지도 모른다. 소비자에게 새로운 품격 있는 일상에로의 초대 형식으로 삶에 색다른 활력을 불어넣는다.

그리고 여러분이 홍콩에 갈 기회가 생긴다면 그리고 시간이 허락된다면, M+ 갤러리도 함께 방문하기를 바란다. 서구룡문화지구의 다양한 예술 프로젝트 중의 하나로 개관한 뮤지엄이다. 서구룡지구에는 M+미술관 외에도 홍콩 고궁박물관 등 다수의 아트센터와 뮤지엄이 자리 잡고 있어서 하루 여행코스로 즐기기에 적당해 보인다. 2023 홍콩 아트위크는 아트 도시로서 홍콩의 건재를 전 세계에 다시 알린 기폭제 역할을 하는 중이다. 아트바젤 홍콩 기간에 맞춰 M+ 뮤지엄을 비롯해 페어에 참가한 세계 톱 갤러리들, 32개국 177개 갤러리가 참가한 아트바젤 홍콩의 모습이다.

다시 정리한다.

앞으로 전개될 고급 백화점 나아가 리테일의 미래는 품격 있는 커머스 방식으로 발전하리라 예측된다. 꼭 고가 브랜드를 구입한다고 품격 있는 쇼핑이 절대 아니다. 객단가가 낮은 단품을 구입하더라도 품격 있게 쇼핑을 즐길 수 있도록 매장과 MD를 설계해야 할 것이다. VVIP 고객만 입장이 가능한 고급 백화점으로 포지셔닝하는 것이 아니라 어느 누구에게도 개방된 공간 그리고 그 공간에서 향후 주축이 될 특별한 고급문화를 제안하고, 개인의 삶에 인사이트(Insight)를 줄 수 있는 아트와 디자인 중심의 품격 있는 쇼핑 공간을 기획, 구성, 전개할 능력 있는 기업만이 오프라인 매장으로서 지속가능한 성장이 가능할 것이라는 점을 기억하자.

※ https://www.k11musea.com/

배만 채우는 한 끼 식(食)으로부터
품격 식문화(食文化)로 발전

우리는 이제부터 어떤 음식을 취하고 어떤 식습관을 버려야 할까?

인류 탄생 이후 우선 배를 채우는 식사만이 존재했었다. 고대인들의 수렵 생활로부터 농경 생활로 전환된 이후에도 가족의 배를 채워주는 일이 가장(家長)의 책임이었던 시절도 있었다.

하지만 세상이 많이 바뀌어 대부분의 나라와 도시에는 맛있는 음식들로 넘쳐난다. 동네마다 맛집이 포진되어 현대인들은 배고파서 먹는 것이 아니라 맛있어서 더 먹게 된다. 특히, 대한민국만큼 '먹방' 프로그램이 많은 나라가 있을까 싶다. 대한민국 TV프로그램(공중파 및 개인이 방송하는 1인 방송 포함)만큼 비만을 초래하는 '먹방' 프로그램이 많은 나라가 없을 것이다. 대한민국의 TV 프로그램은 여기를 틀어도, 저기를 틀어도 대부분 연예인이 나와서 자신의 먹는 실력을 자랑하는 프로그램 일색이다. 주로 밤 심야 시간에 '먹방' 프로그램을 설정하여 시청자로 하여금 따라서 먹게 만드는 의도는 무엇인지 모르겠다.

이런 저급한 프로그램 덕분인지 대한민국은 지난 2018년 기준 전체 성인 비만율은 34.6%다. 전체 성인 3명 중 1명이 비만으로 밝혀져 매우 심각한 상황임이 밝혀졌다. 특히 성인 남성 비만율은 42.3%를 기록함으로써 10명 중 4명은 배불뚝이 아저씨라는 점이 충격을 주고 있다. 전체 성인 남성 중 2명에 한 명꼴로 배가 나왔음을 통계는 지적한다.

선진국으로 갈수록 비만 환자가 늘어나고 있다. 비만 인구가 늘어나는 것은 간단하다. 먹는 것보다 활동을 하지 않기 때문이다. 2035년쯤에는 세계 인구의 절반 이상이 과체중이나 비만이 될 것이라는 전망이 나왔다. 로이터통신과 미국 정치전문 매체 '더 힐(The Hill)' 등이 보도한 내용에 따르면 비만 문제에 대해 적절한 대응을 하지 않으면 2035년까지 과체중 또는 비만 인구가 세계 인구의 절반 이상이 될 것으로 전망했다. 미국을 비롯해서 삶의 질이 고양되면서 고기나 치즈, 케이크 등 고칼로리 음식을 많이 섭취하는 나라들에서 대체로 비만 인구가 높게 나타나고 있는 중이다.

전 세계 비만 인구 덕분인지 2023년에는 비만 관련 기업(노보 노 디스크)이 해당 국가(덴마크)의 국내총생산(GDP) 4,060억 달러(약 541조 원)을 뛰어넘는 시총을 만들어 냈다. 바로 비만 치료제 하나로 나라 경제에 막대한 영향력을 행사하게 된 세상이 되었다. 그만큼 전 세계 비만 현상이 무서울 정도라는 것이다.

비만은 개인만의 문제가 아니라 사회적인 문제라는 점을 TV 프로그램 기획자분들은 각성해 주시면 좋겠다. 이제부터 올바른 식습관과 운동을 병행하는 모범적인 남·녀 연예인을 선정해서 이들을 대상으로 하루 일과를 촬영하여 설명해 주는 '슬로우 건강 TV'를 기획해 주었으면 한다. 아무래도 청소년들에게 가장 큰 영향력은 학교 선생님도 아니고 부모님도 아닌 인기 연예인일 테니 말이다. 미래 소비자를 위한 지각 있는 TV 예능 프로그램 PD가 많이 나왔으면 좋겠다.

그리고 세계 각국 나라 정상(대통령) 및 각 산업계 리더들의 절제된 식생활을 수시로 국민들에게 전파하는 프로그램이 탄생했으면 좋겠고, 음식 관련 사업을 하는 기업들은 지금과는 다른 마케팅 전략을 수립해야 할 것이다. 즉, 세상의 흐름은 '뱃살을 없애라'고 하기 때문에 세상을 정상으로 만드는 품격 있는 식문화 트렌드를 만들어 내야 할 것이다.

치열한 음식 배달 시장, 새벽배송 이후의 비즈니스

우리는 이제부터 지금까지 활성화되고 있는 음식 배달 시장 이후의 비즈니스는 무엇일까에 대해 주목해야 할 것이다. 전 세계 음식 배달 시장이 2018년 900억 달러(약 119조 원)에서 2021년 2,940억 달러(약 389조 원)로 급증했다는 분석이 미국 미네소타대 응용경제학과 교수 연구팀에 의해 발표되었다. 2026년에는 4,660억 달러(약 616조 원)로 커질 것이란 분석도 있다. 신종 코로나바이러스 감염증 영향과 통신 관련 기술 혁신에 따른 결과다. 이런 시장에서 1위를 달리고 있는 '딜리버루'가 배달이라는 단순한 비즈니스 모델의 한계를 벗어나 차별화된 1위 기업으로 포지셔닝하기 위해 선택한 넥스트 비즈니스가 무엇인지 집중적으로 연구해야 할 시간이다.

음식 배달 시장,
새벽배송 이후의 비즈니스는 무엇일까?

2013년 영국 런던에서부터 시작된 음식 배달 비즈니스의 대표주 자인 '딜리버루(Deliveroo)'는 영국을 비롯해서 유럽 주요 도시를 공략에 성공했다. 당연히 경쟁사들이 음식 배달 시장이라는 새로운 비즈니스에 합류하고 있는 중이다. 이런 음식 배달 비즈니스가 정착하게 된 이유는 간단하다. 대도시에 사는 소비자의 입장에서 자신이 먹고 싶은 음식을 빠른 시간 내 아주 간단하고 편안하게 먹을 수 있는 혜택을 받는 것이고, 음식점 점주의 입장에서는 자체음식 배달부를 별도로 고용하지 않아도 매출이 올라가니 그야말로 원-윈 시스템 아닌가! 이런 음식 배달 플랫폼 비즈니스 역시 아주 간단히 몇 번의 선택으로 주문이 완결되는 앱(App)을 이용하면 되기 때문에 현지인뿐만 아니라 타지에서 온 여행객에게도 인기가 높다.

2016년, 영국 음식 배달 앱 서비스 업체 '딜리버루(Deliveroo)'가 요리사와 배달원을 로봇으로 대체하겠다는 비전을 갖고 있다고 음식 및 식당 전문 매체 '이터(Eater)'가 보도했다. 단순히 음식점들의 배달을 대행해주는 것에서 벗어나 직접 음식 조리 사업에도 진출하는 등 사업 모델의 혁신을 꾀하겠다는 비전을 발표했다. **이동식 부엌 사업이라 불리는 '루박스(RooBox)' 비즈니스를 새롭게 런칭한 것이다.** 이는 200여 개의 식당과 협력해서 10여 개 도시에 음식 조리 기능만을 위한 이동식 부엌만을 이용한 음식 조리 비즈니스이다. 이동식 부엌은 단지 기존 식당의 배달용 음식을 조리하기 위한 허브로 사용될 예정이며 배달 및 기타 모든 서비스는 딜리버루가 담당할 예정이다.

식당 없이 주방만 있는 사업 전략을 통해 테이크아웃 커피점처럼 주방에서 주문받는 즉시 음식을 조리해 소비자에게 즉각 제공하는 서비스다. **고객들이 식사를 할 수 있는 공간이 필요 없는 주방만 있는 이동식 부엌 비즈니스다. 이번 새로운 비즈니스의 핵심은 '딜리버루'가 직접 음식 조리 시장에 뛰어든다는 것을 의미한다.** 소비자에게는 좀 더 저렴한 가격으로 음식을 만들어 공급함으로써 기존 경쟁사와의 차별화를 꾀하겠다는 의미다.

다시 정리하자면, 이동식 부엌을 지역 거점으로 만들어 해당 지역의 배달주문에 대해 더욱 능동적으로 대처함으로서 음식점 배달 업무에만 머무르지 않고 더 발전된 비즈니스 모델로 수정, 보완하겠다는 사업의 확대를 의미한다. 그러므로 대한민국 배달 전문업체의 비즈니스 모델도 수정, 보완이 가능하다는 것을 의미하면서, 새로운 시장의 도전자를 기다리고 있는 중이다.

공유경제가 부엌에 적용된 공용주방에 모여 사람의 정을 느낀다

공유경제가 발달하면서 기존에 알고 있던 운송수단(우버), 숙박(에어비앤비) 등 이외에 새로운 분야가 새롭게 선을 보이고 있다. 그중의 하나가 주방의 공유방식인 '공유주방'이다. 하지만 **아직도 공유주방을 대표하는 브랜드는 보이지 않는다.** 신규 비즈니스를 통해 새로운 도전이 가능한 마켓이라 생각되어 제안한다.

전 세계적으로 '공유주방'이 등장하게 된 배경을 한번 알아보자. 여러 가지 원인이 있겠지만, 혼자 사는 1인 싱글족이 직접 자신이 먹을 식사를 만들 시간적 여유를 갖지 못함과 동시에 혼자 먹을 식단을 준비하려면 들어가는 무시 못 할 준비비용 등 비경제적인 요인으로 인해 무궁한 발전을 하고 있는 '음식 배달 서비스'와 밀접한 관련이 있어 보인다.

스마트폰 활용이 생활화된 밀레니얼 세대를 중심으로 전체 배달 음식 시장의 73%는 온라인 웹사이트나 모바일 앱을 통해 이뤄진다. 세계적인 투자은행인 UBS가 발표한 자료에 의하면 전 세계 온라인을 통한 식품 주문판매 배달은 매년 평균 20% 이상 증가할 것이며, 예상 매출액은 2030년까지 3,650억 달러(약 408조 8,700억 원)를 기록할 것으로 예측했다.

그렇다면 앞으로 정말 집에서 조리한 음식과 부엌은 사라질까? 아마 2030년쯤 되면 현재 집에서 조리했던 대부분의 식사가 온라인으로 주문되어 레스토랑이나 중앙 부엌으로부터 만들어져서 집으로 혹은 사무실로 배달되는 시나리오가 있을 수 있다. 즉, 이제부터 공유주방에 대해 관심을 가져야 할 시간이 다가오고 있는 것이다.

그렇다면 중국에서 최근 진행 중인 공용주방 관련 내용을 보자. 우리가 알고 있는 공유주방 비즈니스와 조금 다르니 좀 더 보기로 한다. 즉, 공유주방과 공용주방은 조금 다르다.

중국 상하이에서는 배달 음식에서 이물질이 나오는 등 위생에 문제가 생기자 위생 관련 관계당국의 검열을 받아 허가된 '공용주방'이 있어 이곳에서 음식을 조리해서 배달하고 있다. 즉, 공용 자전거 시스템처럼 일정 시간 동안 일정 요금을 미리 지불하면 사용이 가능한 '공용주방' 시스템이다. **중국에서 '공용주방'이 가장 발달한 곳은 바로 대학가다.** 대학 내에서 값 싼 대여료를 내고 사용할 수 있는 '공용주방'이 처음으로 등장한 것은 중국 후베이성(湖北省) 내 대학교다. 이 대학교에 '공용주방'이 제일 먼저 탄생한 이유는 간단하다. 중국 내 대학 기숙사는 대부분 환경이 비교적 열악해 전력·가스 공급이 원활하지 않아 따로 주방이 없기 때문에 학교 내에서 음식을 만들어 먹기는 쉽지 않다. 먹고 싶은 음식이 있어도 학교 주변에 변변한 식당도 없기 때문에 학생들이 스스로 자급자족을 택한 것이다.

앞으로 전개될 **'공용주방'은 중국뿐만 아니라 전 세계는 모두 위생이나 깨끗한 주방 시설을 관리, 점검할 수 있는 공공기관이나 사설기관의 도움을 받아 회원제로 운영될 수 있다.** 그리고 일차적으로 음식 재료를 공유하고, 함께 조리해서 함께 먹는 공간으로만 그치지 말아야 한다. 다시 말해, **이젠 만들고 싶은 음식을 예약하면 필요한 식재료·조리시설을 준비하여 함께 요리해서 나눠 먹는 재미를 만끽할 수 있다. 단순히 음식을 함께 만드는 공간이 아니라 이웃과 세대가 어우러져 식사를 함께하는 일종의 새로운 식구가 탄생하는 공간이다.**

지금까지 **우리가 알고 있던 공유주방은 소상공인이 일부 주방 공간을 빌려서 장사를 하는 개념이었다면, 앞으로 전개될 공용주방의 개념은 이와 다르다.** 공간을 빌리는 것은 같지만, 빌리는 주체가 일반 사업자가 아니라 개인이라는 점이다. 위생시설과 환기가 잘 되는 아주 좋은 음식 조리시설 공간과 함께 요리를 할 식재료까지 미리 해당 정보를 공유하고 이웃과 함께 요리를 함께 동시에 할 수 있는 공간 비즈니스 전개가 진행될 가능성이 높아 보인다. **공유주방과 공용주방의 차이 그리고 같은 점을 이해한다면, 이 접점에서 새로운 비즈니스가 가능할 것임을 짐작할 것이다.**

　필자가 다시 한번 강조한다. 배달의 천국, 대한민국에서 배달 비즈니스 이후의 비즈니스를 가장 먼저 그리고 제대로 시스템화할 수만 있다면 그것은 바로 공용주방 비즈니스일 것이다. 그리고 가장 먼저 공용주방 브랜드를 세계에 알리는 업체만이 큰 부를 누릴 것으로 보인다.

> ### 젊은 연인들과 가족 모두 즐길 수 있는 푸드 편집숍

미국 애너하임의 패킹하우스(Packing House)

리테일 매장의 한 형태인 '편집숍'은 이젠 거의 모든 업종에서 진행되고 있는 듯하다. 편집숍은 한 개의 매장에 2개 이상 브랜드 상품을 함께 모아 판매하는 유통 형태라 정의할 수 있겠다. 각기 다른 소비자들의 취향에 맞는 다양한 제품과 서비스를 한 공간 안에 모아 비교, 선택할 수 있는 기회를 제공할 수 있다. 동시에 약간 브랜드 파워가 없는 업체끼리 힘을 합할 수 있어 큰 한 개의 브랜드 파워를 이길 수도 있는 장점도 지녔다.

왜 편집숍이 대세인가?

비슷한 종류의 제품군 혹은 같은 속성을 지닌 서비스 들을 한자리에 모은 편집숍은 정보의 홍수 속에서 선택의 귀로에 놓인 소비

자들에게 현명한 선택을 할 수 있게 해준다. 당연히 쇼핑에 필요한 시간과 에너지를 줄여줄 수도 있다.

소비자의 쇼핑 아이덴티티와 어울리는 브랜드가 집합된 공간에서 나만의 브랜드를 체험할 수 있다는 것만으로도 기쁘고 설렌다. 공급업체 입장에서도 편집숍의 일원이 된다는 것은 리스크의 분산 효과, 신규 브랜드 런칭 시의 투자 비용 절감, 합이 맞는 브랜드와의 시너지 효과 등 일개 브랜드로는 누릴 수 없는 여러 긍정의 효과 때문에 선호하게 된다. 지금까지 일반 잡화류 혹은 패션의류에서 진행되었던 편집숍 형태의 쇼핑방식이 이젠 푸드업계 대세가 되고 있다. 그런 의미에서 푸드 편집숍의 대표적인 장소로 제안드리고 싶은 사례부터 소개하겠다.

미국 LA에 있는 디즈니랜드는 세계 각국 관광객들의 성지다. 그 유명한 디즈니랜드가 있는 도시가 바로 '애너하임'이다. 그런데 이 애너하임에 디즈니랜드에 버금가는 꼭 가봐야 할 편집형 복합 푸드몰(Mall)이 있다. 바로 '패킹하우스(Packing House)'다. 오렌지카운티에서 가장 '힙'한 곳이기에 젊은 연인들, 친구들, 가족들이 모두 모여서 한 주간의 피로를 푸는 곳이다.

필자가 '패킹하우스'를 강추하는 이유는 그곳을 방문하면 바로 알 수 있을 것이다. 간단하게 설명하자면 라이브 음악을 곁들인 카페, 식당 또는 독특한 로컬 상품을 판매하는 소매업체들을 한곳에 모아 놓은 편집형 푸드몰(Mall)이다.

이곳은 1919년 만들어진 오렌지 공장을 개조해서 만들었는데, 깔끔하면서도 가지각색의 개성을 살린 실내 인테리어로 주목을 끌고 있는 곳이다. 이 건물은 수년간 방치되었다가 지금의 형태로 변신에 성공했는데, 라이브 공연과 행사가 열리는 엔터테인먼트 공간과 다양한 음식을 제공하는 공간으로 나뉜다. 약 스무 개의 음식 가판대와 이색 음식점이 자리하고 있다.

물론 대한민국에도 비슷한 형태의 푸드 편집숍이 곳곳에 등장하고 있는 중이다. 그런데 필자가 볼 때는 엄밀히 말해 짝퉁 느낌도 든다. 그 이유는 전반적인 푸드숍의 컨셉이나 사전 기획력이 제대로 작동하지 않아 시너지 효과가 제대로 작동하지 않아 보이기 때문이다. 전국에서 유명한 맛집만 불러 모으면 그것이 '푸드 편집숍'이라 할 수 있는가?라는 의문일 수도 있다.

하지만 이곳, 패킹하우스는 판매하는 상품이나 음식보다 먼저 독특한 건축 디자인과 다채로운 인테리어 디자인들이 눈길을 사로잡는다. 그뿐만 아니라 고객 중심의 건축물 설계로 인해 고객이 내방하면 그야말로 물 흐르듯이 쇼핑 겸 새로운 푸드 체험을 하고, 공연도 보고, 쉬기도 하고, 일행들과 떠들고 갈 수도 있는 곳이다. 먹는 것에만 초점을 맞춘 것이 아니라 눈이 즐겁고 입이 즐겁고, 귀가 즐겁게 만든 오감 만족형 작은 복합 푸드몰(Food Mall)형 매장이라는 점이다. 여기에 같이 동행한 가족 혹은 연인 간의 정이 더욱 싹틀 수 있도록 좋은 분위기를 형성하고 있다.

입점한 상품 혹은 브랜드들은 시중에서 쉽게 볼 수 있는 기성품 혹은 프랜차이즈 음식들이 절대 아니다. 입점을 승낙한 상당수의 업체들은 자연친화적인 유기농 재료나 집에서 직접 만든 홈메이드 소스를 사용하여 최종 결과물을 만들어 내는 과정을 거친다. 당연히 몸에 좋은 음식, 그리고 온리원 브랜드 파워를 지니게 된다. 이곳은 주말 오후 한가로운 데이트를 원하는 연인들 그리고

오감을 만족하면서 실컷 떠들고 싶어 하는 가족들을 위한 장소로
안성맞춤이다.

주말에는 밴드가 생음악을 들려주는 특별한 서비스도 진행되는 '패킹하우스'

실력 있는 젊은 셰프는 모두 모여라!!!

이곳의 특징을 한마디 키워드로 말한다면, '복합화'와 '편집숍'이다. 이곳
에서는 발렛파킹 서비스도 있고, 신세대, 특히 MZ세대들이 좋아
할 푸드 아이템을 모두 모아 놓은 곳이다. 신선한 재료를 만드는
것은 물론이고, 눈으로 먹을 수 있을 정도로 음식 데코레이션이
예술이다. 필자가 이곳을 입에 침이 마르게 칭찬하는 이유는 아래
와 같다.

① 전국에 유명한 맛집을 모두 모아 놓은 편집숍이 아니고, 이

곳만의 독특한 온리원 특징을 제대로 대변해 줄 업체만을 선별해서 입점시켰다. 같은 컨셉을 지닌 맛집을 선별하는 능력을 갖춘 기획사만이 가능한 비즈니스다.

② 가족들, 연인이 언제든 와서 편안히 쉴 수 있는 곳. 그리고 맛있게 먹을 수 있는 곳 나아가 주말에는 유명 밴드의 연주도 감상할 수 있는 곳이다.

③ 건축 디자인의 독창성과 고객 위주의 동선 설계다. 매장 안을 들어가 보면 전체가 한눈에 다 들어오게 설계가 되었다. 1층과 2층으로 나누어진 점포들이 한눈에 들어오는 설계는 쉽지 않은 능력이라 보인다. 즉, 중앙의 1층과 2층 뚫어서 시원해 보일 수 있도록 설계되었다. 더구나 점포마다 독특한 인테리어 디자인을 적용해 다른 듯 같아 보이는 디자인 기획력이 남다르다.

④ 고객들이 쉽게 쉴 수 있는 충분한 어미니티(Aminity) 공간 그리고 건축물 내부, 외부에는 여러 종류의 시설물(예를 들어, 그네 의자, 나무로 만든 자연친화형 소파 등)이 있어 여유로운 쇼핑을 도와준다.

⑤ 해당 점포뿐만 아니라 해당 지역을 함께 홍보함으로써, 기존 내국인 고객에 더해 해외 관광객까지 많은 잠재고객을 불러모을 수 있는 시장잠재력을 키움으로써, 다양한 고객층까지 끌어모으는 실력을 발휘했다.

이곳에 입점해 있는 20여 개의 식당과 카페, 주스숍, 아이스크림점 등은 정말 어디에 내놓아도 손색이 없는 음식 맛을 발휘한다. 음식을 먹으면서 유명한 밴드의 싱그러운 생음악 연주 노래도 들으면서 휴일을 제대로 쉬면서 일주일 동안 쌓인 스트레스를 날려 버리기에 너무 좋은 공간이다.

이곳의 장점의 또 하나는 식사 후에 이 지역(District)을 한 바퀴 슬슬 걸으면서 돌면 약 4km가 되는데, 전체 약 8천 제곱미터의 넓은 공간 면적을 자랑한다. 그래서 걷다 보면 산책과 휴식을 위한 공간이 계속 이어진다.

즉, 볼거리와 먹을거리 그리고 쉴 거리가 계속 이어지도록 설계되었다는 점이 인상적이다. 그중에 최근에 복원된 1920년대 화물 열차에서 '카베르네 소비뇽'을 마시며 하루를 마무리할 수도 있는 와인 스토어도 있고, 1925년에 세워져 호화로운 각종 차를 전시 중인 패커드 빌딩(Packard B/D)도 있고, 파머스 파크(Farmer's Park)도 있다.

애너하임에 있는 '패킹하우스'에 대해 더 많은 정보를 원하시는 분을 위해 사이트 주소와 페이스북 및 인스타그램 주소를 남긴다.

※ https://www.anaheimpackingdistrict.com/
※ https://www.facebook.com/PackingDistrict
※ https://instagram.com/packingdistrict/

이제 맛집도 뭉치는 시대다. 물론 뭉치면 힘이 합해져서 거대 대형 브랜드를 이길 것 같지만 실제로는 그렇지 않다. 그것이 뭉치기만 하면 안 되기 때문이다. 전국 유명 맛집을 다 모으면 전국에서 고객들이 물밀듯 올 것 같은가?

해당 공간의 컨셉을 미리 설정한 뒤, 그 컨셉에 맞는 업체와 브랜드를 선별할 수 있어야만 가능한 일이다. 물론 해당 공간의 물리적 위치도 한몫을 하겠다. 선별적 물리적 위치, 특히 지는 상권을 피해야 할 것이고, 뜨는 상권을 만들기 위한 전체 그림을 그릴 수 있는 능력을 갖춘 유통과 부동산 개념을 모두 갖춘 디벨로퍼만이 할 수 있는 일이다. 그러므로 편집숍 입점 제안이 들어오면 그냥 받아주지 말고, 해당 디벨로퍼의 능력과 해당 공간의 미래상을 이해한 후에 입점 승낙을 해야 할 것이다.

대만 커피의
미국 시장 성공 전략

복합 베이커리 스토어, 85°C Bakery Cafe

소금커피로 유명한 85도씨(85°C) 커피는 미국뿐만 아니라 전 세계에서 찾을 수 있는 유명한 카페 브랜드다. 필자가 미국에서 맛본 소금커피를 마시기 위해 거꾸로 원조국인 대만 타이베이에 갔을 때도 일부러 찾은 카페 브랜드다. 왜 이곳이 유명한지 그리고 무슨 철학을 지닌 카페인지 알아보자.

커피에서 소금 맛이 난다고 하니까 우선 먹고 싶지 않은가? 이 베이커리 카페는 소금커피(Sea Salt Coffee)와 소금자스민차(Sea Salt Jasmine)로 유명세를 탄 카페다. 아이스 아메리카노 휘핑크림 위에 바다 소금을 끼얹은 소금 커피는 잘 흔들어 먹어야 맛이 난다. 마치 대한민국 어느 브랜드 소주를 잘 흔들어 먹어야 맛이 나듯이 말이다. 커피가 다 커피지 뭐가 다르겠어, 하는 소비자에게 아주 색다른 맛을 선사한다.

　이 커피는 그야말로 단짠의 특미를 제공한다. 거기다 이곳에서 파는 빵 맛은 왜 이리 맛있는지 모르겠다. 대만만 방문한 관광객이라면 이 브랜드가 대만에만 있을 것이라 생각하겠지만, 이 브랜드는 생각보다 미국에서 더 유명하다.

　그리고 이 베이커리 카페를 찾는 대부분의 고객들은 이곳이 베이커리로 유명한 곳으로 생각한다. 하지만 필자는 이곳은 카페가 더 유명하다는 생각이 든다. 그 이유는 이 회사가 주장하는 바에 의하면 세상에서 가장 맛있는 커피의 온도인 85도를 유지해서 제조되기 때문이다. 사실 이 매장은 LA를 방문하게 되면서 자주 이용했던 매장인데, 가면 갈수록 매력적이다.

　이 회사의 경영 전략을 정리하겠다.

　소금커피(Sea Salt Coffee)를 유행시킨 85°C Bakery Cafe는 대만 브랜드다. 대만의 스타벅스라고 불릴 정도로 가장 성공적인 커피 베이커리 전문점으로 이해하면 쉽다. 이곳에서는 커피, 차, 케익, 디저트, 스무디, 과일 주스, 빵 등을 파는 세계적 체인이다. '85'라는 숫자를 브랜드 아이덴티티를 가져간 브랜드 전략이 눈에 띈다. 위키백과에 의하면 전 세계 매장이 약 천여 개가 있는데, 중국에 538곳, 타이완에 400곳, 미국에 44곳, 호주에 12곳, 홍콩에 8곳이 있다고 한다.

　정확히 말하자면 85°C Bakery Cafe는 합리적인 가격에 호텔로 치면 5성급 품질을 제공한다는 철학으로 설립되었다. 이 베이커리 카페를 처음 기획, 운영하는 대만계 미국인인 우정쉐(Wu Cheng-Hsueh)는 대만에서 비즈니스 동료들과 5성급 호텔에 가서 디저트와 음료를 시켜 먹어 보았는데, 그곳에서 가격이 너무 비싸서 평범한 사람들이 즐길 수 없다는 사실을 깨달았다고 한다. 그는 이래서는 안 되겠다 싶어 5성급 호텔에서 즐길 만한 품질의 커피와 케이크 및 빵을 제공하는 카페 비즈니스를 구상하게 된다. 바로 85°C Bakery Cafe 탄생의 순간이다. 최초 85°C 베이커리 카페는 2004년, 대만 타이페이에서 처음 문을 열었다. 왜 브랜드가 85°C 인지 궁금하지 않을 수 없다. 이 회사의 커피 철학을 이 회사 홈페이지에서 잠시 들여다보자.

"우리는 커피가 섭씨 85도의 일정한 온도에서 최상의 맛을 유지한다고 믿습니다. 우리에게 이름은 최고 품질의 커피를 제공하려는 우리의 헌신을 상징합니다. 맛에 영향을 미칠 수 있는 세세한 부분까지 세심한 주의를 기울여 고객에게 최상의 음료를 제공하고자 합니다. 물론 완벽에 대한 우리의 목표는 커피뿐만 아니라 모든 제품에도 적용됩니다."

필자는 이 커피를 처음 만난 그날, 그 시간을 아직도 기억한다. 저녁 시간, 미국 LA 가데나(Gardena) 지역에 있는 85°C Bakery Cafe에 가니 사람들이 옹기종기 많이 모여 있었다. 주로 가족들이었다. 할아버지, 할머니 그리고 손주들까지 대가족이 모여서 주말 저녁을 보내고 있었다. 시원한 저녁 시간, 식구들이 모두 베이커리 카페에 와서 휴식과 잡담을 하며 공간을 채운다.

사실 동네에 있는 베이커리 점포 혹은 일반형 카페에는 밤늦게까지 가족이나 연인들이 함께 있을 수 있는 공간(장소)가 필요해 보인다. 여기에 가벼운 먹거리가 동반되었으면 한다. 가볍게 먹을 수 있는 음식 종류와 마실 거리(Light Food&Beverage) 비즈니스가 성장할 가능성이 커 보인다.

지금까지 무거운 음식(Heavy Food)이 나오는 공간인 리쿼(술) 혹은 고급 레스토랑이라는 공간이 주류였다면, 앞으로는 좀 더 가벼운 곳, 좀 더 건전한 곳을 찾는 소비자가 늘어날 것이 틀림없다. 예를 들면, 미니 베이커리인 '컵푸드 + 아이스크림 + 커피' 등을 한꺼번에 먹거나 마실 수 있는 전문점을 필요로 하는 소비자가 늘고 있다는 이야기다.

베이커리, 아이스크림, 커피 등을 선택하여 가족 혹은 친지들과 함께 떠들고 마실 수 있는 가벼운 음식점이 뜨고 있다는 점을 기억하자. 앞으로는 가벼운 디저트 복합점이 대세일 것이다. 이 베이커리 카페가 대만이 종주국임에도 불구하고 미국에서 더 유명한 이유가 여기에 있다.

또한 이 회사의 매장 운영 전략도 남달라 보였다. 필자가 찾았던 타이베이 용산사 앞에 위치한 매장은 아주 작아 앉아서 먹을 의자 자체가 없는 매장으로서 주문 후 픽업 서비스만 가능한 게 특징이었지만, 미국 대부분의 매장은 베이커리를 중심으로 매장을 넓게 만든 것이 특징이다. 즉, 지역에 따라, 고객에 따라 매장의 규모와 주력 아이템을 달리하는 유연한 매장 운영 전략을 채택했다는 점은 두 나라의 동일 브랜드 매장을 방문한 이후에 알게 된 사실이다.

이 베이커리 카페는 그냥 베이커리를 운영하는 회사가 기존 베이커리 품목들에 커피 메뉴를 하나 더한 것이 아니다. 겉으로 봐서는 베이커리와 커피를 파니 대한민국의 웬만한 동네 베이커리 스토어와 별반 다를 것이 없어 보이지만, 자세히 살펴보면 경영 전략이 아주 다르다는 생각이 든다.

　가족 단위, 연인 단위 혹은 싱글족이 혼자서도 편안한 분위기와 환경에서 지친 하루를 정리 정돈할 수 있는 곳 나아가 커피라는 음료뿐만 아니라 가격 대비 맛있는 디저트류가 많이 포진한 곳에서 풍요로운 일상을 정리하고 싶은 현대인들을 위한 공간이라는 생각이 든다. 지금까지 미국의 기존 식당은 음식이 너무 무겁다는 단점을 갖고 있었다. 이에 반하는 소비자의 요청을 받아들인 공간이 바로 본 복합 베이커리 스토어라고 생각되었고, 그 이유 때문에 이 브랜드는 전 세계적인 브랜드로 포지셔닝을 하게 된 것이라는 결론에 이르게 된다.

　※ https://www.85cbakerycafe.com/

마법의 숟가락으로
디저트 시장을 공략

요거트랜드의 재미난 맛과 숟가락 마케팅

간편식 트렌드가 전 세계 소비자 시장에 끼치는 영향력은 엄청나다. 1인 가구가 점점 늘어나는 추세에 발맞춰 식사 대용 간편식(MRP: Meal Replacement Products) 시장은 갈수록 커지고 있는 중이다. 물론 간편식의 원조이자 대명사는 햄버거, 샌드위치 등이다. 하지만 간편식의 영양 불균형 우려를 해소하기 위한 간편식들이 속속 탄생하고 있다. 요구르트 아이스크림도 그 한 예이다.

대한민국의 경우 최근 3년 새 가정간편식 시장이 63%나 커졌고, 2022년에는 시장 규모가 약 5조 원에 이렀다. 하지만 아직 활성화되지 않은 시장 중의 하나가 간편식 중의 하나인 요거트와 관련된 시장이라 생각된다. 하지만 미국에서는 그 인기가 대단하고 상당히 많은 브랜드들이 탄생해서 각축전을 벌이고 있는 중이다.

미국에서 요거트랜드(Yogurtland)는 셀프서빙으로 요거트를 파는 숍으로 유명하다. 상대적으로 저렴한 가격에 맛 또한 경쟁업체를 물리치고 있는 중인데, 이 사업을 이끌고 가는 분이 재미 한국인이다. 그의 이름은 '필립 장(한국명, 장준택)'. 2013년 1월, KBS-1TV를 통해 '글로벌 성공시대'에 소개된 바 있는 멋진 한국인이기 때문에 시청한 분이 계시리라 본다.

기존 요거트의 새콤한 특유한 맛을 없애고 아이스크림 맛을 내면서 칼로리는 낮은 맛을 발견한 것이 차별적 전략이었고, 가격은 1온스당 35센트로 경쟁업체들에 비해 저렴하다. 하지만 시설 투자도 엄청나서 자체 공장에 5,000갤런(약 1만 8,000L)의 우유를 저장할 수 있는 타워형 탱크까지 갖추는 등 시설투자도 상당하다.

필자가 이 스토어를 추천하는 이유는 두 가지다.

첫째, 무엇보다 자체 개발한 50여 종의 요거트에 과일 등 30여 개의 토핑을 스스로 골라 얹어 먹는 **셀프서비스 방식이라는 점과 둘째, 고객들에게 '나만의 요거트'를 만들 수 있다는 특별한 재미**를 선물해서 고객들에게 인기이기 때문이다.

셀프서비스 방식이다 보니 인건비에서도 경쟁력을 갖추게 된다. '나만의 요거트'를 만들 수 있다는 점은 고객층을 어린이로부터 가족 그리고 어르신까지 남녀노소 구별이 없게 만들었다. 여기에 할리우드 스타가 빠지면 섭섭하다. 요즘 연예인들이 요거트랜드를 선호하다 보니 베벌리힐스의 요거트랜드 매장 근처에선 스타의 사진을 찍기 위해 파파라치들이 진을 치고 있을 정도라고 한다.

지금도 미국에서는 '요거트랜드'를 통해 독특한 식문화를 만들어 가고 있다. 즉, 한 고객이 자기가 만든 요거트 인증샷을 찍어 요거트랜드 페이스북이나 인스타그램에 올리면 다른 고객이 그 사진을 보고 따라 만들어 먹는 식이다. 새로운 맛을 SNS를 통해 전 미국으로 확산되면서 함께 먹는 듯한 그들만의 강한 공감대가 쉽게 만들어지게 된다.

하지만 요거트랜드의 가장 깊이 숨겨진 성장 동력은 '숟가락'이다. '숟가락 마케팅'의 위력을 이 회사 장 대표는 간파한 것이다. 요거트, 아이스크림 숍의 차별화된 경쟁력을 어느 요소에서 찾을 것인가? 바로 '숟가락'인 것이다.

다른 경쟁업체들이 개당 5센트짜리 작은 플라스틱 스푼을 쓸 때 요거트랜드는 차별화를 선언했다. 개당 30센트짜리 밥숟가락 크기의 고급 스푼을 도입한 것이다. 게다가 재질은 옥수수로 만들어 절대 친환경이다. 고객을 위한 새로운 마케팅 전략이지만 개당 숟가락 가격이 만만치 않게 되어 곤혹스러워하는 가맹점주들을 장 대표가 비용의 절반을 떠안는 파격적인 경영적 선택을 하게 된다.

이 회사가 적극적으로 숟가락에 매달린 이유는 숟가락만 한 광고 매개체가 없다는 판단에서다. 이 판단은 적중했고, 스푼이 고급스러워지자 고객들은 아까워서 버리지 않고 집에 가져가게 된다. 숟가락이 커서 시리얼이나 밥을 먹을 때도 쓸 수 있고 예쁘기도 하니 소장해도 될 만하다는 판단에서였다. 주방 서랍을 열 때마다 요거트랜드 스푼을 보게 되니 이만한 광고 효과가 없다.

본격적인 숟가락 광고는 일본 고양이 캐릭터 '헬로키티'를 만든 산리오와 손을 잡으면서다. 2010년 산리오 창립 50주년 행사에 초대받아 시식 부스를 만들어 큰 인기를 끌었던 게 계기가 돼 캐릭터 계약을 체결했다. 숟가락에 헬로키티 캐릭터를 넣었더니 어린아이들이 열광했다. 서로 다른 캐릭터를 다 모아야 한다는 아이들 성화에 부모들이 하루에도 몇 차례씩 요거트랜드를 찾아야 했다. 그 인기를 미국 기업들이 놓칠 리 없었다. 워너브러더스와 캐릭터 계약을 체결했다. 루니툰스를 비롯해 미국 어린이들에게 친숙한 만화 캐릭터들이 숟가락에 찍혔다.

이 회사의 '숟가락 마케팅' 외에 또 다른 마지막 승부수는 요거트의 '맛'이다. 사내 연구진이 모인 'R&D센터'를 통해 단맛·신맛·쓴맛·짠맛·매운맛 외에 연구실이 주력하는 제6의 맛에 도전 중에 있다. 바로 '재미있는 맛'을 추구하고 있다. 웃기는 맛을 찾기 위해서다. 이 또한 재미있는 미국적 발상이다.

이쯤에선 이런 질문이 나올 법하다. "요거트랜드는 숟가락 마케팅만으로 성공한 것인가?" 그렇지 않다. 필자가 요거트랜드의 숟가락 마케팅을 강조하긴 했지만 진짜 성공 비결은 고객을 향한 진심과 열정으로 비쳐진다.

장 대표는 요거트랜드 홈페이지에 다음과 같은 글을 남겼다.

"…최고의 재료와 풍미를 가장 맛있는 방식으로 제공하려는 우리의 열정을 공유할 수 있다는 것은 보람 있는 경험입니다. 더 많은 추억과 맛을 공유할 수 있기를 기대합니다. 당신과 함께…"

외식업 창업을 꿈꾸는 이들이 귀담아들을 만한 말이다.

다시 정리해 보자.

해외여행을 가면 반드시 구입하는 기념품은? 포크 혹은 숟가락 아니면 머그컵이다. 나라마다 도시마다 디자인이 다르기 때문이다. 당신이 전 세계 각 도시의 스타벅스 매장에 가서 각기 다른 디자인의 머그컵을 별도로 구매하듯이 말이다. 여기에 캐릭터 사업과 결합하면 엄청난 마케팅적 파괴력을 보유하게 된다는 말씀이다.

※ https://www.yogurt-land.com/

미국 치킨 프랜차이즈 칙필레이(Chick-fil-A)

빨라야 살아남는 시대는 업종 불문이다. 특히 푸드 쪽이 그렇다. 커피 한 잔, 샌드위치 한 개 등이 고객에게 전달되는 시간은 푸드 업체의 생존과 직결된다. 오죽하면 '패스트푸드'란 말까지 생겼으니, 두말할 필요 있겠는가. 그렇다고 모든 푸드업체가 '스피드'에 목숨을 거는 건 아니다. '더 느리게, 더 완벽하게'를 콘셉트로 내세운 곳도 있다. 미국 치킨 프랜차이즈 칙필레이(Chick-fil-A)는 그런 기업 중 하나다.

여러분도 아시다시피 미국 3대 버거 중의 하나인 '파이브가이즈'가 23년 6월, 대한민국 서울 강남에 입성했다. 하지만 필자가 이야기하고자 하는 브랜드는 오로지 미국에서만 맛볼 수 있는 특별한 패스트푸드점을 소개하려 한다. 바로 '칙필레이'라는 치킨샌드위치 프렌차이즈점이다. 아직 국내엔 진출하진 않았지만, 미국에서는 점포당 매출과 고객 만족도에서 독보적인 경쟁력을 인정받고 있는 회사다. 또한 의도된 오타(Eat Mor Chikin, '닭고기 많이 드세요'를 일부러 '닥고기 마니 드셔')로 만든 광고판에 닭이 아닌 젖소를 등장시켜 이목을 끈 광고로 유명해진 범상치 않은 브랜드다.

2023년 미국 10대들이 뽑은 가장 맛있는 패스트푸드 브랜드 1위에 등극한 맛 좋은 브랜드다. 맛과 멋을 동시에 추구하는 10대들에게 어떤 정성을 들였길래 이런 큰 상을 받을 수 있을까? 이 회사는 10대들의 인싸(인사이더)가 제안한 새로운 음식 레시피를 가장 빠르게 만들어 출시에 성공하는 등 메뉴 개발에 공을 들이고 있다. 즉, 130만 명 팔로워를 거느린 미국 틱톡 유명 크리에이터가 고추를 추가한 치킨 퀘사디아에 식초와 사워크림을 섞은 소스를 찍어 먹는 영상이 Z세대, 10대들에게 인기를 끌자 바로 실제 상품, '치킨 화이타 퀘사디아(Chicken Fajita Quesadillas)'를 매장에 출시한 바 있다.

또한 2019년 미국 소비자만족지수협회(ACSI)의 고객 만족도 지수에서 4년 연속으로 1위를 차지하며 최고의 레스토랑 체인으로 굳건히 자리매김한 회사다. 그리고 또다른 상을 받았다. 미국에서는 매년 7월 매출액 기준으로 레스토랑 순위가 발표된다. 2021년, 결과는 1~3위는 맥도날드, 스타벅스, 타코벨이었다. 여기까지는 여러분도 다 아시는 브랜드일 것이다. 그런데 4위는 바로 낯선 이름, 바로 "할인보다는 로열티"에 집중하는 칙필레이(Chick-Fil-A)다. 이 브랜드의 작명을 풀이해 드린다. 닭(Chicken)과 필레(Fillet. 저민 살코기), A 등급이란 뜻이다.

여기서 창업자 이야기를 안 할 수 없다. '트루에트 캐시'라는 창업자는 1946년 고향인 조지아주에 가게를 개점하게 된다. 그 당시 가게 이름은 '드와프그릴(Dwarf Grill, 난쟁이 식당)'이었다. 포드 자동차 조립 공장이 가게 부근에 설립되면서 사업이 성공리에 진행이 된 사례다. '칙필레이'란 이름은 1967년 애틀랜타 교외에 식당을 오픈하면서 처음 사용하기 시작했다. 2022년 현재의 최고경영자(CEO) '댄 캐시'는 창업자의 아들이다. 지금부터 이 회사의 경쟁사가 넘볼 수 없는 아주 강력한 차별화된 경쟁력 5가지 원칙을 소개하겠다.

(1) 할인보다는 고객가치에 집중하라

이 회사는 창업 후 72년 동안 매출이 단 한 번도 줄지 않은 기업으로 자리매김했다. 치킨 샌드위치와 너깃이 핵심 상품인데, 동종업계 라이벌인 KFC에 비해 매장 수는 3분의 1에 불과하지만 매출은 세 배가 넘는다.

이 창업주가 처음 연구한 홍보 마케팅 전략이 남다르다. 즉, 쿠폰 고객의 행동을 연구 관찰한 끝에 이들이 돈은 더 적게 쓰고, 반복 구매도 덜 하면서 가장 바쁜 시간에 쿠폰을 사용한다는 사실을 알게 된다. 그래서 **창업주는 즉각 모든 쿠폰 사용을 없앴다.** 대신 어린아이들에게 제공하는 판촉물을 차별화했다. 장난감 대신 동화, 어린이 도서, 유익한 내용의 CD로 부모의 마음을 얻었다. 이런 전략을 통해 **고객 생애 가치, 라이프 타임 밸류(Life Time Value)개념을 경영에 도입했다. 한번 거래를 트면 웬만하면 평생 이어진다.** 참고로 '라이프 타임 밸류(LTV)'란 고객 한 명이 기업과 거래를 시작한 후 이를 멈출 때까지 얼마만큼의 이익을(기업에) 줬는지를 분석한 개념인데,

LTV가 높다는 건 고객이 기업의 제품을 오랫동안 선택했다는 것을 의미한다.

(2) 최고의 '맛'과 '슬로'에 도전하라

이 회사는 기존 패스트푸드점 경쟁력과 상당히 다른 전략을 구사한다. 즉, '스피드'를 강조하기보다는 시간이 걸리더라도 '최고의 맛'을 고집한 것이 최대 성공 비결이다. 또한 칙필레이는 경쟁 업체에 비해 메뉴를 자주 교체하지 않는다. 한때 메뉴 가짓수가 140가지가 넘었던 맥도널드에 비하면 구성도 단출하다. 대신 목표한 맛을 구현하기 위해 엄청난 공을 들인다. 최고의 인기 메뉴인 '오리지널 치킨 샌드위치' 개발에 4년이 걸렸다는 후문도 있다. 창업 초기부터 이어 내려온 '최고의 맛'에 대한 고집은 지금도 이어진다. 창업자 트루엣 캐시는 칙필레이의 간판격인 음식을 하나 고르라면 단연코 버터를 바르고 토스트 한 빵에 넣어주는 '뼈 없는 닭가슴살 샌드위치'라고 말한다. 어떤 치킨집도 따라올 수 없는 맛을 낸다고 자랑한다. 사실 필자도 이 '닭가슴살 샌드위치'를 먹고 난 후에 칙필레이 팬이 되었다.

(3) 아무나 가맹점주가 될 수는 없다

매장 한 곳에서 1년에 10만 달러 이상 벌 수 있는 곳은 칙필레이가 유일할 정도로 가맹점 로열티 제고에 힘썼다. 가맹점을 마구 개점하지 않는다는 의미다. 이 회사는 다른 프랜차이즈와는 다른 가맹 조건을 제시한다. 미국에서 보통 프랜차이즈 가맹점 경영을 따내기 위해서는 수십만 달러, 많은 곳은 수백만 달러까지도 필요하게 되는데, 캐시는 1만 달러만 요구한다.

그러다 보니 가맹점 가입 경쟁은 대단히 치열해, 해마다 2만 명 이상이 지원하지만 80명 정도만 선정이 된다. 비용이 저렴한 대신 까다로운 조건이 있다. 돈이 많은 지원자가 아니라 사업을 잘할 수 있는 지원자인지 철저한 검증을 거친 후에 선정하는 방식이다. 회사가 지정한 위치에서 매장 하나만을 맡아 전적으로 운영에 집중해야 하고, 수개월 동안 교육과정도 이수해야만 한다. 그래서 가맹점주가 매장 한 곳에서 1년에 10만 달러 이상 벌 수 있도록 시스템을 구축했다.

(4) 직원의 행복이 고객의 행복이다

이 회사의 직원들 평균 이직률은 미국 평균의 10분의 1 수준인 4~6%다. 또한 종업원의 소득은 다른 체인에 비해 평균 50%나 많다고 한다. 이 결과, 점포당 평균 매출은 스타벅스·맥도날드·써브웨이를 합친 것보다 많다. 즉, 미국에서 칙필레이의 점포당 평균 매출이 약 400만 달러(45억 원)로 스타벅스와 맥도날드, 써브웨이의 점포당 평균 매출을 합친 것보다 많다. 칙필레이는 현재 미국에만 약 2,200개 매장을 운영 중이다(참고로 KFC가 전 세계 48개국에서 6,000개가 넘는 매장을 운영하고 있다.)

'직원 행복이 곧 고객 행복'이라는 경영 철학을 바탕에 둔 서비스는 전통이 되었다. 1970년부터 '리마커블 퓨처스(Remarkable Futures, 주목할 만한 미래)라는 이름의 직원 대상 장학 프로그램을 운영해 오고 있다. 그 결과 지금까지 총 1억 3천 6백만 달러의 장학금 투자를 통해 8만 명이 넘는 팀원들이 주목할 만한 미래를 이루도록 도움을 주었다.

이 회사는 종업원 이력 관리 시스템도 남다르다. 대부분 패스트 푸드 업종에 근무하는 종업원은 어느 정도 실력을 쌓으면 대부분 본사에서 근무를 원하지만 이곳 관리자는 대부분 지금 있는 곳에서도 1년에 10만 달러 이상을 벌 수 있으니 굳이 애클랜타(본사)로 가는 걸 원하지 않는다. 매장 한 곳에 머물면서 1년에 10만 달러 이상 벌 수 있는 곳은 '칙필레이'가 유일하다. 이들의 목표는 CEO가 되는 것이 아니라 자신의 지점을 경영하고 생산성을 높여 많은 돈을 버는 것이라 한다.

(5) 지역 사회와 함께 하는 사회적 책임 경영

칙필레이는 지역 사회를 위한 지원도 꾸준히 해 오고 있는 모범적인 회사다. 이 회사는 매년 트루 인스퍼레이션 어워드(True Inspiration Awards) 프로그램를 통해 지역 비영리 단체를 지명하여 5만 달러에서 35만 달러의 보조금을 받을 수 있도록 했다. 이 프로그램을 통해 미국 전역과 캐나다 171개 기관에 1,200만 달러 이상을 제공하고 있는데, 흑인이 주도하거나 유색인종 커뮤니티에 봉사하고 교육, 기아 또는 노숙 분야에서 일하는 비영리 단체를 지원하는 좋은 일을 하고 있어서 더욱 지역 사회로부터 받은 사랑을 되돌려 주고 있는 중이다.

지금까지 살펴본 칙필레이의 성공비결은 혁신, 정직, 봉사라는 세 가지 키워드로 압축된다. 최근 불의의 식품 관련 사고가 잇따라 일어나고 있는 대한민국 식품업계가 한 번쯤 되짚어봐야 할 요소들이다.

※ https://www.chick-fil-a.com/

> # 이야기와 호기심을 파는
> # 1등 브랜드

포르투갈 리스본 에그타르트 원조
'파스테이스 드 벨렘(Pasteis de Belem)'

오늘도 TV에 나오는 맛집의 비밀을 시청한다. 대부분의 중소상인들은 자신들의 가게가 TV 맛집으로 소개가 된다고 하면 대대로 이어온 맛집의 비밀을 시청자들에게 무상으로 허락한다. 당연히 미투 전략을 따라 하는 경쟁자들이 시장에 침투하게 만들어 경영에 어려움으로 이어진다. 하지만 원조 맛집은 절대 그 제조비법을 알려 주지 않는다. 그뿐만 아니라 TV 촬영조차 허용치 않는다.

필자가 '에그타르트'를 처음 접한 것은 마카오에서였다. 아마 20년 전쯤인 듯싶다. 그래서 에그타르트는 마카오가 원조인 줄 알았다. 하지만 진짜 원조가 따로 있었다. 바로 포르투갈 리스본 여행을 통해 알게 되었다. 원래 원조를 아는 순간, 색다른 여행의 맛을 느끼게 된다.

이 스토어가 문을 연 지 187년이 지났다. 매장엔 세월의 흔적이 역력하고, 테이블은 이리저리 복잡하게 놓여 있지만, 맛과 서비스는 여전히 일품이다. 세계에서 가장 먼저 에그타르트(Egg tart)를 만들었다는 포르투갈 '파스테이스 드 벨렘(Pasteis de Belem)'은 원조다운 품격과 매력을 동시에 갖고 있다.

포르투갈 리스본에는 볼거리가 참 많다. 하지만 어느 제품의 원조를 찾아간다는 것은 상당한 의미를 준다. 마치 새로 사귄 여자친구와 첫 데이트를 하기 위해 만남의 장소로 향하는 마음이랄까! 원조가 주는 매력은 참으로 강력하다. 최초, 최고의 장소나 인물을 만난다는 것은 삶의 행운이면서 활력소다. 그 어떤 이유를 들라 하더라도 원조를 찾아 떠나는 행위 자체는 나를 세계 트렌드 여행을 계속하게 만드는 원동력이다.

필자가 리스본에서 체험한 에그타르트는 기존에 맛본 에그타르트와 전혀 다른 맛이었다. 참고로 에그타르트는 20세기 초에 포르투갈의 식민지였던 마카오에 전해졌다. 마카오가 1999년 말 중국에 반환되자 홍콩에도 전해져 인기를 끌었다.

원래 에그타르트의 원조는 포르투갈 리스본에 있는 '파스테이스 드 벨렘'이다. 1837년에 개점했다고 하니, 역사가 무려 187년이나 됐다. 원조의 맛은 매력적이다. 한마디로 표현하면 '겉바속촉'이다. 겉 페이스트리는 꽤나 바삭하고, 안에 있는 커스터드 크림은 촉촉하면서 고소하다. 달걀의 비릿함은 느끼기도 힘들다. 시나몬 파우더를 뿌려 먹으면 느끼함을 잡아 줄 수 있어서 그런지 매장의 모든 테이블 위에는 시나몬 파우더 통과 슈가 파우더 통이 함께 준비되어 있어서 취향대로 선택하면 된다.

이 에그타르트 원조 스토어에는 필자가 방문한 날도 어김없이 많은 구매객과 관광객들이 두 줄로 기다랗게 서 있었다. 나중에 안에 들어가면 알게 되겠지만 그냥 두 줄로 선 것이니까 어느 줄에 서도 괜찮다. 필자는 줄을 선 뒤, 한참 만에 주문을 하고 재빨리 원조 스토어의 화장실로 향했다. 미로처럼 생긴 매장을 굽이굽이 돌아 겨우 화장실에 도착했다.

필자가 특히 처음 가는 음식점이나 매장에서 화장실을 맨 먼저 가는 이유는 간단하다. 해당 스토어, 해당 쇼핑몰의 위생 상태와 서비스 상태 나아가 고객을 향한 해당 스토어 주인의 마음가짐을 바로 알 수 있는 공간이기 때문이다. 화장실 상태가 바로 해당 스토어 혹은 쇼핑몰의 관리 수준이고 서비스 척도라고 보면 이해하기 쉽다. 이 매장도 역시 화장실이 깔끔하고 정결한 일급 상태다. 역시 원조는 다르다.

이 에그타르트 원조 가게가 100년이 넘는 세월이 지나도 변함없는 맛을 제공하는 비밀이 궁금해진다. 이제부터 원조 에그타르트 스토어에서 3가지 놀랄만한 마케팅 기법을 알아보자.

(1) 놀라운 브랜딩 스토리

이 원조 가게의 탄생 비화도 미국 테디베어 브랜드만큼 재미있다. 이 에그타르트 만드는 비법이 이 가게에서 탄생한 것이 아니라는 것도 정말 재미있다. 이 에그타르트 제조비법은 바로 가게 근처에 있는 '제로니무스' 수도원에서 수도원 수녀들에 의해 탄생했다고 하니 더욱더 흥미롭다. 수도원에서는 수도승들의 옷 세탁에 필요한 달걀흰자 이외 남은 노른자를 어떻게 활용해야 할지에 대한 고민에 빠졌었는데, 남은 달걀노른자를 처리하기 위해 탄생한 것이 바로 '에그타르트'라는 탄생 스토리다.

정말 브랜드 역사에 길이 남을 재미난 스토리다. 에그타르트 탄생의 이야기를 들으니 지난 100년 동안 전 세계의 모든 아이들이 가장 좋아하는 장난감이 된 '테디베어' 브랜드 스토리가 떠오른다. 100년이 넘는 세계적인 브랜드로 자리매김하려면 반드시 재미난 탄생 스토리를 가지고 있어야 한다. 그렇다고 억지로 만들 필요까지는 없다.

(2) 포르투갈을 대표하는 컬러와 디자인을 제품 패키지와 스토어 내, 외관에 녹였다

점포 안에는 여러 테이블이 중앙매장에 있고 취식할 수 있는 공간이 여러 미로처럼 여기저기 구성되어 있다. 매장이 커다란 직사각형 공간이 아니라 여러 작은 공간들로 구성된 형태는 아마 세월의 잔재일 것으로 추측된다. 매장 곳곳이 포르투갈을 대표하는 컬러와 디자인으로 인테리어 되어 있다.

또한 점포 입구에는 아주 커다란 글씨가 타일에 새겨져 있다. 포르투갈에서만 볼 수 있는 '아줄레주' 타일 스타일로 길거리 바닥에 가게 이름과 설립 연도를 새겨 놓았다. 이 부분은 우리가 배울 만한 벤치마킹 내용이다.

앞으로 100년 가게를 만들 거라면, 스토어 앞 거리를 '아줄레주' 타일 스타일로 바꿔보면 어떨까! 동시에 가게 설립 연도와 이름을 타일에 새겨 멋지게 설치해 보자. 대대손손 동네 핫플레이스가 되지 않을까 싶다(참고로 '아줄레주'는 포르투갈의 독특한 타일 장식을 의미한다. 포르투갈에 가게 되면 유명한 건축물과 미술관뿐만 아니라 레스토랑, 일반 가정집 등에서 다양하게 적용되어 널리 쓰인다. '아줄레주'라는 말은 '작고 아름다운 돌'이라는 아라비아어에서 유래되었다).

(3) 아무도 모르는 대대손손 제조비법 비밀 지키기

이 천하의 최고 에그타르트는 그 누구도 제조비법을 모른다. 이는 코카콜라의 비법을 아직도 누구도 모르는 것과 유사하다. 우리가 잘 아는 코카콜라는 1886년, 존 펨버튼이라는 미국 애틀란타 약사에 의해 만들어졌고, 약으로 등록되었다는 비밀을 가졌다. 100년이 훨씬 지난 지금도 코카콜라 제조비법을 모르듯 에그타르트의 제조비법은 아무도 모른다. 100년 브랜드가 되려면 이 정도는 돼야 할 듯싶다.

역시 100년 브랜드가 되려면 제조비법을 숨겨야만 한다. 그래서 이 원조 스토어만의 맛이 전 세계에서 유일하지 않은가! 이 부분은 유명 맛집 최고경영자에게 당부하고 싶은 부분이다. 공중파 TV에 나온다는 이유로 100년 전통의 맛의 비법을 전 국민에게 알려주면 안 되는 이유다. 100년 전통의 맛은 며느리도 모르게 전수되어야 할 것이다. TV 한 번 나오는 것과 100년 전통을 맞바꾸는 실수를 하지 말기를 바란다.

※ https://pasteisdebelem.pt/en/

이젠 채식주의 고객을
맞이해야 할 때

최근 몇 년간 유럽을 중심으로 여러 나라에서 전개되고 있는 채식주의 관련 새로운 산업은 상당히 발전하는 중이다. 독일, 이탈리아, 영국, 프랑스 등 주로 서유럽에서 전개되고 있는 채식주의(비거니즘) 운동은 베지노믹스(Vegenomics)라고 불리는 아주 큰 경제 트렌드로 자리 잡고 있다. 그렇다면 대한민국도 이젠 채식주의 소비자를 위해 조금 늦었지만 제대로 준비를 해야 할 때다.

필자가 이렇게 이야기하는 이유는 현재 전 세계에는 약 15억 명의 채식주의자가 유럽과 선진국 중심으로 늘어나는 중이고, 전 세계 인구 중에 차지하는 비중도 약 22%에 가까워지고 있기 때문이다.[3]

---

3 위키피디아

그렇다면 대한민국의 경우는 어떨까? 대한민국 채식주의자 인구가 전체 인구의 약 2%인 150만 명 정도라고 하는데, '한국채식연합'측 통계에 의하면 2008년 15만 명이던 채식주의자 인구가 **2016년 말 150만 명으로 열 배가 증가했다고 한다.** 아직 초기 단계임에는 틀림없어 보인다. 채식 관련 또 하나 통계자료로는 2023년 한국식품커뮤니케이션 포럼(KOFRUM)에 따르면 대한민국 채식주의자 10명 중 7명은 채식을 시작하거나 유지하는 이유로 건강과 동물보호를 꼽았다고 한다. 이 내용은 세계 채식주의자들의 입문 과정과 비슷하다.

비건(채식주의자) 제품의 시작은 유럽의 경우, 2011년 유럽 최초로 비건 전문 유통업체인 '비건즈(Veganz)'가 독일 베를린에 첫 매장을 열면서부터 시작되었다. 이어서 프랑크푸르트, 뮌헨 등 독일의 여러 도시로 개점을 하게 되었고, 이러한 비건 전문점은 독일뿐만 아니라 영국, 프랑스, 이탈리아 등 유럽 여러 도시를 중심으로 동시다발적으로 전개되고 있다.

프랑스에도 비건 제품만 판매하는 전문점인 '비건의 세계(Un Monde Vegan)'에서는 우리가 흔히 보게 되는 탄산음료나 육류 등을 판매하지 않는다. 대신에 감자로 만든 푸아그라, 우유 없는 빵, 밀과 곤약으로 만든 생선 맛 스테이크 등을 판매한다.

그렇다면 이렇듯 채식주의자가 점점 많아지는 이유는 무엇이고, 무엇이 이들을 채식주의로 변하게 했을까? 대부분 처음 자신의 건강과 다이어트를 위해 시작한 채식주의가 점점 그 목표가 커져 지구와 자연환경을 지키기 위해 열성적으로 식단을 수정하게 된 비건들이 늘고 있다. 이들은 비단 건강 증진이나 생명 보호 차원을 넘어 동물의 생태를 자연 그대로 보호하겠다는 생각에 따른 행동을 한다는 점이 일반 소비자들과 다르다.

최근에는 단순히 먹는 음식에만 국한하지 않고 생활용품에도 가능한 동물성 재료가 들어간 제품을 구매하거나 사용하지 않는 '생활밀착형' 비건, '착한 소비' 비건들이 늘고 있다. 즉, 샴푸·비누·치약·화장품 등을 구매할 때도, 이들 제품이 동물에게서 추출한 내용물은 배제했는지 철저히 점검한 후에 구매하는 소비자가 늘고 있다. 화장품도 자연주의를 표방하는 핸드메이드 화장품 브랜드가 각광을 받고 있다.

재미있는 점은 유럽의 경우에는 비건 소비자들이 점차 늘어나고 있는 푸드 트렌드가 진행되고 있다면, 미국의 경우에는 비건 소비자를 위한 좀 더 구체적인 대체 식품 개발에 집중하고 있는 양상이다.

즉, 미국에서는 식물성 원료를 이용한 대체육류를 만들 수 있는 기술을 가진 스타트업 회사들이 늘어나고 있다. 대표적인 회사가 바로 '임파서블 푸즈(Impossible Foods, impossiblefoods.com)'인데, 구글이 3억 달러를 주고 매입하려다가 실패한 회사로 유명세를 타기도 했다.

이 회사는 2011년, 미국 스탠퍼드대 생화학과 패트릭 브라운 교수가 세운 벤처 회사로서 동물성 식품을 '세포' 단위로 분석해 고기 맛을 내는 특정 단백질과 영양성분을 식물로부터 추출해 재현하는 기술을 개발했다. 이로써 단백질 섭취가 부족한 채식주의자들을 겨냥한 '대체육류' 시장을 주도하고 있는 중이다.

이 회사는 아몬드 오일 등을 원료로 해서 만든 '임파서블 버거'

를 탄생시켜 유명해졌다. 이렇게 되면 기존 소고기 버거보다 물은 73% 적게 쓰고, 온실가스는 87% 적게 배출하고, 목초지의 95%는 자연 서식지로 되돌릴 수 있다고 하니 놀랍지 않은가!

당연히 지구 온난화를 막으려면 육류 소비를 줄여야 한다. 현재 전 세계 약 700억 마리의 가축을 사육하기 위해 삼림과 열대우림 이 파괴되고 있다. 또한 육류를 냉동하여 공급하는 프로세스 구축 을 위해 막대한 양의 온실가스가 배출되고 있다.

세계환경연구단체인 '월드워치(World Watch)' 연구소에 따르 면 지구 총 온실가스의 51% 이상이 축산업에서 방출되는 것으로 발표됐다. 또 다른 연구보고서가 충격적인데, 미국의 '천연자원 보호위원회' 보고서에 의하면, 소고기 1kg을 생산하기 위해서는 26.5kg의 탄소가 배출된다고 한다. 그런데 이 수치는 일반인이 자 동차를 3개월간 동안 타고 다닐 때 배출하는 탄소 배출량과 같다 고 하니 정말 충격적이지 않은가!

우리 지구인들에게 이제부터 채식은 선택이 아니라 필수인 세 상으로 점점 변해가고 있다. 기후 위기 시대에 개인이 할 수 있는 최선의 방법은 비건(Vegan)이라고 주장하는 사람들이 늘고 있다. 하나뿐인 우리 지구에서 더 오래 행복하게 살려면 채식을 주식으 로 해야 할 시간이 점점 다가오는 듯싶다.

사실 이번 코로나19 사태로 인해 지구가 정화되었다는 뉴스를 보면서 우리 인간이 얼마나 지구환경을 파괴하고 있었는지 잘 지 각하게 만든다. 앞으로 **진짜보다 더 맛있는 가짜 고기로 소비자의 구매 습관을 바꿀 수 있도록** 대체식품 개발 회사를 응원해야 할 것이다. 그리고 이를 통해 지구온난화를 막고 미래 육류를 대체하겠다는 생각은 고기를 좋

아하는 소비자들에게 시사하는 바가 크다.

그런 의미에서 세계에서 가장 먼저 대체육(실험실 재배 육류)을 합법적으로 유통케 만든 싱가포르가 선도적 국가라는 생각이 든다. 닭고기처럼 생기고, 맛도 닭고기 맛이지만 농장에서 사육된 닭으로 만들어진 닭고기가 아니라 실험실에서 만들어진 배양육이다. 배양육 생산과 유통을 통해 향후 인간은 더 이상 동물을 죽일 필요가 없어질 수도 있게 될 듯싶다. 미래를 위한 푸드테크는 지구와 동행하기 위한 피할 수 없는 선택이란 생각이 든다. 불교적 접근을 한다면 앞으로 인간의 단백질 섭취와 입맛만을 위해 필요없는 살생을 하지 않아도 되니 더욱 정화된 세상이 되지 않겠는가!

자, 결론에 이른다.

다보스포럼이 보고한 자료에 의하면 전 세계 농경지의 70%가 가축이나 가축이 먹을 사료를 키우는 데 사용된다고 한다. 앞으로 지구환경 관련한 세계적인 푸드테크(Food Tech) 기업들의 활약상에 거는 기대가 크다. 동시에 이제부터 모든 푸드 관련 스토어에서는 채식주의 소비자에게 맞는 식단을 준비해야 할 것이다. 그것이 바로 지구와 함께 동행하는 마지막 방법이면서 동시에 후세를 위한 배려일 것이다.

안 본 눈으로 세상 보기

우리는 살면서 알게 모르게 고정관념으로 살아간다. 자신만의 '생각 프레임'에 갇힌 채 살아가고 있는 중이다. 해당 프레임은 날이 갈수록 견고해진다. 그래서 그런지 나이가 들수록 남의 말을 들으려 하지 않고 자신만의 주장만 펼쳐댄다. '지금까지 그랬으니까 앞으로도 그럴 것이다'라는 논리다. 절대 굽히지 않는 진영논리로 인해 세상은 항상 시끄럽고, 남을 인정하려 들지 않고, 타인에 대한 배려도 줄어드는 형국이다. 그렇다면 우리의 눈을 100여 년 전의 세계로 되돌아가 보자. 불과 100여 년 전 우리네 선조들의 삶과 현재의 우리를 비교해 보자. 얼마나 달라졌는지. 만약 그 당시의 선조들처럼 다른 나라에서 들어오는 선진 문물을 계속 막고, 사용하지 못하게 했다면 어떻게 되었을까? 생각만 해도 끔찍하지 않은가! 당신도 지금의 변화를 거부하는가? 아마 100년 후 후손들에게 못난 선조라고 비웃음을 받을 것이다. 그럼 10여 년 전으로 돌아가 보자. 아이폰이 나오기 전과 그 후를 비교해 보라. 얼마나 세상이 달라졌는지! 세상은 아이폰 탄생 이전과 이후로 나누는 생태학자들이 많다. 이젠 10년 후를 생각해야 한다. 그런 의미에서 이 책은 여러분의 미래 예측에 적지 않은 도움을 줄 수 있기를 희망해 본다.

고정관념에 도전해서 성공한 브랜드가 있다. 바로 '다이슨'이다. '영국의 애플'로 불리는 다이슨은 창업 이래 먼지 봉투 없는 진공청소기, 날개 없는 선풍기 같은 제품으로 세상의 고정관념에 도전했다. '다이슨'의 획기적인 제품은 계속 이어지는 중이다. 고정관념을 완전히 뒤엎는 기술과 디자인을 만들어 내는 것이 이 회사의 사명인 셈인데, 아무리 고가여도 소비자는 그저 즐거울 뿐이다. 그래서 나는 '다이슨'을 좋아한다. 물론 가격은 경쟁사 제품 가격보다 훨씬 비싸지만 말이다. 혁신에 대한 고마운 마음이라 생각하면 마음이 편해진다. 비싼 아이폰을 구입하는 것과 별반 다르지 않다.

내가 돌아본 나라 중에서도 가장 톡톡 튀는 나라로서 벤치마킹해야 할 나라가 있다. 바로 도시 국가인 '싱가포르'다. 있는 자원이라고는 거의 없는 나라에 기획력과 창조력은 넘친다. '마리나베이 샌즈' 바로 앞에 있는 '가든스 바이 더 베이'는 정말 칭찬을 아끼지 않고 싶다. 도심에 휴식 공간을 주되, 인공의 도움을 주게 되면 더욱 멋진 휴식이 될 수 있음을 알려준다. 요즘 유행하는 '솔라펑크(Solarpunk)[4]' 변화의 모티브를 제공해 준 공간이다. 앞으로 우리 앞에 펼쳐질지도 모르는 미래도시의 형태를 제공해 준다. 예를 들어, 이동식 트램 정원과 녹색 옥상 그리고 회전식 태양광 벤치에 이르기까지 우리 상상의 나래가 현실이 될 미래도시를 싱가포르는 초기 단계를 살짝 보여주고 있는 것이다.

이제 AI가 우리 곁에 바짝 다가와 있다. 이제부터 여러분이 갖고 있던 고정관념, 불문율, 선입견을 깨는 방식의 임사실 있는 기획만이 필요한 세상이라는 사실을 더 이상 자세한 설명이 필요 없으리라. 교과서에도 나오지 않고, 학교에서도 가르쳐 주지 않는 미지의 세상은 이제부터 당신이 직접 만들 수 있는 환경이 되었다. 주저하지 말고, 관련 책들을 많이 보고, 하나씩 실천해 보자. 무엇인가 여러분의 삶이 변해 있을 것이다.

여러분만의 사고의 프레임으로부터 탈출하지 않으면 안 되는 세상이 되었다. 이제부터 바뀔 여러분의 운명은 누구를 원망할 수도 없다. 계속 기존 고집대로, 기존 사고의 프레임대로 살아갈지 아닐지는 당신 몫이기 때문이다.

---

4 주: 솔라펑크는 SF의 한 장르에서 시작되었지만, 요즘은 거대한 사회운동이면서, 지구를 구하기 위한 자발적 시민 활동의 의미로 해석된다.

일등에서 나락으로, 홈퍼니싱 브랜드 — 베드, 배스 앤 비욘드(Bed, Bath&Beyond)

코로나19의 장기화로 인해 집에서 보내는 시간이 길어짐에 따라 집에서 더 편리하고 효율적인 시간을 보내고자 하는 소비자들이 점점 늘고 있다. 따라서 대한민국의 홈퍼니싱 시장도 어느 정도 자리매김을 하고 있는 중이다. 소득 수준이 향상되고 점점 집에 있는 시간이 늘어가면서 집에 대한 관심이 높아지고 있다. 당연히 집을 단장하는 '홈퍼니싱(Home Furnishing)' 시장이 점점 커지고 있다.

대한민국 통계청에 따르면 2008년 7조 원 수준에 머물렀던 홈퍼니싱 시장 규모는 2023년에는 시장 규모가 18조 원까지 성장할 것으로 전망했다. 그래서 그런지 해외 홈퍼니싱 브랜드들이 속속 국내 소비자들에게 선을 보이고 있는 중이다. 현대백화점이 미국 홈퍼니싱 브랜드인 윌리엄스소노마(Williams Sonoma)를, 삼성물산이 스웨덴 홈퍼니싱 브랜드인 '그라니트(GRANIT)'를 각각 수입한 바 있다.

하지만 필자가 보기엔 미국이 많이 발전돼 있다고 생각되는 부분이 바로 홈퍼니싱 시장이다. 이 중에서 필자가 미국에 가면 늘 방문하는 스토어가 바로 '베드, 배스 앤 비욘드(Bed, Bath&Beyond)'다. 일단 브랜드가 앞자리 글자를 똑같이 'B'로 운율을 맞춰서 소비자가 쉽게 기억할 수 있도록 만든 것부터 마음에 든다. 그리고 매장에 가면 제품들이 천정에 닿을 만큼 진열을 해서 풍성한 느낌을 줘서 좋다. 마치 풍요로운 미국을 상징하는 듯 컬러별, 비슷한 제품군별 진열이 잠시나마 소비자에게 부자가 된 듯한 느낌을 준다.

그런데 미국에서 홈퍼니싱 대표 브랜드로 승승장구하던 '베드, 배스 앤 비욘드'가 2023년 6월 현재, 나락으로 떨어져 심각한 경영난을 겪고 있다. 어떻게 일등 브랜드였던 홈퍼니싱 대표 주자가 지금은 경쟁력이 거의 없어졌을까? 이 업체 사례를 잘 연구하면 기업이나 브랜드가 어떻게 성장해서, 어떻게 나락으로 떨어지는지를 잘 알 수 있는 좋은 사례연구가 될 듯싶다. 그래서 새로운 눈으로 마켓을 봐야 하는 메가트렌드의 첫 번째 사례로 선택했다.

'베드, 배스 앤 비욘드'는 1971년 워렌 아이젠버그(Warren Eisenberg)와 레오나드 페인스타인(Leonard Feinstein)에 의해 창립돼 지난 1992년 미국 주식 시장에 상장된 회사다. 그들은 1970년대 초반 집안 용품만을 전문으로 취급하는 상점이 필요할 것이라는 아이디어로 회사를 세웠다. 출범 당시에는 '베드 앤 배스(Bed N Bath)'

라는 이름으로 뉴욕과 뉴저지 중심으로 소규모로 운영됐다.

그러나 1980년대 중반 백화점들이 평당 효율을 높이기 위해 의류 제품에 초점을 맞추고 점점 집안 용품을 취급하지 않게 되면서 홈퍼니싱 전문점으로서 호기를 맞았다. 게다가 베이비부머들이 집에서 여가를 즐기고자 집안을 꾸미는 붐이 일면서 비약적으로 발전하게 된다. 이때부터 침실과 욕실에 관련된 제품에서부터 주방용품·사진틀과 같은 간단한 인테리어 소품을 함께 취급했다. 현재와 같이 대형 매장 형식으로 점포를 바꾸면서 매장 이름도 '베드, 배스 앤 비욘드(Bed, Bath&Beyond)'로 변경했다.

아파트 중심의 주거문화를 이루는 대한민국과는 달리 단독주택 중심의 미국의 중상층 가정에는 수건들이 종류별로 색상 구색을 맞춰 정리되어 있을 뿐만 아니라 욕실 바닥의 카펫·샤워 커튼(미국에는 욕조 안을 제외하고, 욕실 바닥에는 하수구가 없기 때문에 카펫과 샤워 커튼이 생필품이다)까지 같은 색상으로 통일해 꾸민다.

미국에서 홈퍼니싱 업이 커질 때, '베드, 배스 앤 비욘드'만이 보여준 독특한 영업 전략 3가지를 나열하면 다음과 같다.

- '베드, 배스 앤 비욘드'에서 가장 강력한 부분은 **다양한 상품 구색**이다. 매장에 가면 침실·욕실에 관련된 제품들이 색상별로 분위기별·브랜드별·가격대별로 무척 다양하게 제공된다. 그뿐만 아니라 웬만한 주방제품들, 즉 디너용 접시 세트, 유리잔부터 행주에 이르기까지 원스톱 쇼핑이 가능하다. 그것도 매장 천장까지 풍성하게 진열된 제품들을 보면서 풍요로운 미국, 구매할 제품이 넘치는 경제성장을 자랑하는 나라에서

마음껏 쇼핑을 하고 싶어진다.

- **저렴한 가격정책**이다. '베드, 배스 앤 비욘드'는 월마트처럼 'Every-Day Low Price' 전략을 취하고 있어 텔레비전이나 잡지 광고를 하지 않는다. 그리고 소비자의 입소문과 **카탈로그와 쿠폰에만 의존하는 것으로도 유명**하다. 홈퍼니싱 시장에서의 차별화를 위해 제품개발에도 매진 중이다. 즉, 신진 패션 디자이너들과 라이선스 계약을 맺고 자체 PB 제품을 개발하는 중이다. 또한 매장에서 제공하는 쿠폰 시스템을 구축해서 언제든 구매 고객에게 전달하게 만들었다. 세일즈 프로모션 전략의 하나인 '쿠폰' 제도로 인해 소비자들은 언제든지 저렴한 가격으로 원하는 제품을 구입할 수 있게 되었다.

- 모든 의사결정이 철저히 중앙집중화되고 있는 기존 경쟁업체와 달리 **매장 매니저에게 운영 권한**을 줌으로써 지역에 맞는 상품 구색을 유도하고 더불어 매출 증대를 극대화하고 있다.

하지만 그렇게 잘나가던 이 회사도 2019년은 최악의 해였다. 물론 코로나 여파로 영업이 잘 안된 경향도 있었겠지만, 지금까지 누적된 잘못된 관행들이 발목을 잡기 시작한다. 스토어 개점 이래 전년 대비 연매출은 곤두박질쳤고, CEO가 교체되는 등 새로운 경영 전략을 필요로 하게 된다. 그래서 위태로운 경영을 보완하기 위해 아래와 같이 새로운 영업 전략을 채택하게 된다.

- 지금까지 광고 대신 쿠폰에 의존했던 영업 전략을 수정해서 쿠폰 발행 비용을 상당히 줄임으로서 회사 수익을 늘리게 된다.

- 스타벅스 등 세계적인 글로벌 리딩 업체들이 채택한 도로변 픽업 서비스(Curbside Pick Up)를 채택하여 고객의 편의를 증대시킨다.
- 코로나 상황으로 인해 집안에 머무르는 소비자가 늘어남으로서써 자연적으로 온라인 매출에 집중토록 온라인 시스템을 보강했다.
- 지금까지 이 회사의 대표적인 경영 전략이라 할 수 있는 진열 전략의 대대적 수정을 가한다. 즉, 바닥에서 천정까지의 진열(Floor to Ceiling Display) 전략을 수정해서 통로를 넓히고 계산대 동선을 개선하는 등 진열 품목 수를 대폭 줄이고 고객이 쉽게 구매토록 상황별 진열과 큐레이션 진열로 진열 전략을 수정한다.

하지만 이런 노력도 물거품이 되어 2023년 4월 23일, 법원에 파산을 신청하게 된다. 현재는 회생 기간 중이다. 그렇게 잘 나가던 회사가 어쩌다 이렇게 형편없는 매출실적과 매장 수도 2017년 1,000여 개에서 2023년 360여 개로 쪼그라들었는가?

이런 사태의 원인을 공부하는 것도 상당히 유의미하다고 생각된다. 앞서 '베드, 배스 앤 비욘드'만의 독특한 영업 전략 3가지라는 장점이 시대가 변하면서 독으로 변할 수도 있음을 알려준다. 과연 무슨 영업 전략 때문에 코로나 시대를 거치고 있는 2020년대 와서 실적이 고꾸라졌을까?

(1) 20% 쿠폰의 남발 때문에 자가당착에 빠지게 되다

이 회사 마케팅의 특징 중의 하나인 대중 매체를 이용하지 않고 개별 고객에게 전달되는 엄청난 양의 쿠폰 전략이 문제가 된다. 즉, 평상시 할인 쿠폰 마케팅이 독이 된 것이다. 평상시 할인에 길들여진 소비자들은 절대 제값을 주고 제품을 구입하지 않게 된다. 특히, 온라인 쇼핑방식에 익숙한 고객들에게 오프라인 쿠폰 전략은 그야말로 구시대적 마케팅 전략인 셈이었다.

(2) 너무 늦은 온라인 진출로 인한 문제

아마존 등 온라인 경쟁사가 홈쇼핑 및 홈퍼니싱 마켓에서 계속 몸집을 키우고 있을 때, 이 회사는 기존 영업 전략 그대로 오프라인에 집중한 나머지 너무나도 늦은 2013년부터 온라인 쇼핑몰을 개설한다. 늦어도 너무 늦었다. 기존 충성 고객들은 이미 온라인 쇼핑으로 벌써 떠난 버린 뒤였다.

(3) 실패한 PB 제품 개발

점점 경영이 악화되자, 제품당 마진율이 높은 PB 제품 개발에 더욱 열을 올리게 된다. 하지만 이 또한 너무 늦었다. PB 제품을 개발하려면 넉넉한 오프라인 매장 수가 받쳐주어야 하는데, 지속적으로 오프라인 매장 수가 줄어드는 가운데, 기본적인 수량을 소화해 내지 못하게 되었다. 또한 새로 개발된 PB 브랜드가 정착하려면 어느 정도의 시간이 필요로 하게 되는데, 마켓은 이를 허용하지 않았다.

(4) 매장 디스플레이에서 실패하다

이 회사의 대표 이미지 중의 하나가 원래 천장까지 높이 쌓는 진열로 유명세를 떨친 바 있다. 그런데 비용 절감 차원에서 천정까지 꽉꽉 채우는 진열방식에서 널찍한 진열방식으로 바꾼 이후로 디스플레이의 정체성마저 흔들리게 된다.

어떤 브랜드가 성공하게 되면, 경영학자들이 앞다투어 성공 전략을 미사여구로 치장해 준다. 하지만 그 반대가 되면, 해당 성공 전략이 바로 실패 전략으로 돌변하게 된다. 세상이 바뀌면 당연히 기존 경영 전략과 전술을 선행해서 수정, 보완해야 한다. 그런데 만약 그 시기를 놓치면 해당 브랜드와 기업의 운명이 달라지게 된다는 사실을 우리에게 알려주는 사례다.

※ http://www.bedbathandbeyond.com

돈 되는 것 다 파는
복합 커피전문점

복합형 커피전문점에서 신발·속옷도 판다 — 독일 치보 (Tchibo) 스토어

요즘 카페마다 케이크를 함께 팔기 때문에 커피와 달달한 디저트 케이크 등을 함께 구매하는 소비자가 대부분이다. 이와 동시에 연말이면 유명 브랜드 카페들은 너나 할 것 없이 연말 다이어리를 출시한다. 그것도 모자라 연중에도 자신들만의 기프트를 만들어 덕후 소비자의 소비를 자극한다. 그래서 머그잔, 텀블러, 간이 의자 등의 굿즈 상품을 계속 개발 중에 있다. 그 덕분에 전체 연간 매출에서 굿즈 매출이 약 10% 이상을 차지한다. 그렇다면 커피만 파는 일반 카페 비즈니스와 이것저것 다 파는 복합카페 비즈니스 중에 어느 사업모델이 승자가 될 것인가 궁금해진다.

혹시 대한민국 커피숍(카페)의 숫자가 얼마나 되는지 아시는지? 전국에 산재한 카페의 수는 2018년 1월 현재, 77,211개로 전체

업소 수 대비 2.3%, 전체 음식점 대비 9.2%가 카페로 나타났다. 그렇다면 이렇게 많은 카페 사업에서 살아남으려면 어떤 전략이 좋을까? 커피만 파는 단독점이냐, 아니면 이것저것 다 파는 복합 커피점일까? 필자가 새롭게 주장하는 복합커피점(복합카페 경영방식)으로 추천하는 사례가 있다. 바로 '치보'카페다.

'치보'는 독일 함부르크에 본사를 둔 1,000개 이상의 스토어를 둔 독일에서 가장 큰 소매 체인점이다. 1949년, 무역업자인 막스 허츠(Max Herz)와 칼 칠링히르얀(Carl Tchilinghiryan), 두 사람이 공동 설립한 회사다. 초기에는 단순히 로스팅한 커피콩을 손수건 재질의 파우치에 담아 개인 고객만을 대상으로 우편 통신판매로 시작했던 사업이던 것이 지금은 세계적인 기업으로 성장했다. 필자가 이 회사를 추천하는 이유는 간단하다. 단순히 원두커피만을 팔던 회사가 세계적인 기업으로 성장한 비즈니스 모델이 상당히 흥미롭기 때문이다.

한 평 될까 말까 한 규모로 사업을 시작한 독일의 원두커피 전문점 '치보'. 이 회사는 1955년 독일의 항구도시 함부르크에서 한 평짜리 원두커피 전문점으로 오프라인 사업을 시작했다. 1990년부터 해외에도 진출하기 시작한다.

물론 대한민국에는 아직 스토어 형태로 진출하지 않은 브랜드지만 현재 미국, 캐나다, 체코, 사우디아라비아, 슬로바키아, 슬로베니아, 불가리아, 루마니아, 터키, 헝가리, 우크라이나, 시리아, 이스라엘, 요르단, 러시아, 아랍에미리트, 폴란드, 아일랜드, 스위스, 레바논의 슈퍼마켓 등에서 판매되고 있다. 대한민국에는 단지 커피머신과 봉지 커피만을 위탁판매 중에 있다. 현재 전 세계에

11,450명의 직원이 있으며, 2019년에는 36억 달러 이상의 매출을 올렸다.

그렇다면 치보가 이토록 승승장구하는 이유는 무엇일까.

가장 큰 이유는 **체인점 규모에 제한을 두지 않는 출점 방식도** 빼놓을 수 없다. 겨우 한 평 남짓한 크기의 소규모로 체인점에 직원 한두 명으로 운영할 수 있기 때문에 소자본 창업자가 많이 몰렸다. 치보에서 판매하는 커피 종류는 30여 가지 원두커피. 소비자가 원하는 커피는 대부분 갖춘 셈이다. 커피 가격이 비록 싸다고는 할 수 없지만 그 맛은 어디에도 비길 수 없을 정도다. 소비자들은 원두를 싼 가격에 구입할 수도 있다. 이 원두를 획일적인 봉투에 넣어 판매하지 않고 그램 단위로 소비자가 원하는 양만큼 구입할 수 있도록 배려했다.

둘째, 치보가 또 유명한 이유는 태생이 **커피 전문점이면서 커피만 팔지 않는다는 점**이다. 이 카페의 특징은 매주 다양한 비(非)커피 상품을 함께 파는 스토어로 유명하다. 비커피 제품으로는 의류, 가구, 생활용품, 전자제품 및 전기기기를 포함한다. 이외에도 새로운 서비스 상품인 여행, 보험, 휴대전화 계약 등의 상품까지 판매하는 그야말로 유형, 무형의 거의 모든 제품을 판매한다.

일반 커피만을 판매하는 카페 비즈니스가 아닌 복합 카페점을 운영 중인 이 회사의 슬로건 - 매주 새로운 세계(Every Week a New World) - 또한 재미있다. 그래서 '치보아울렛'은 치보 PB 상품의 집합 공간이라 할 수 있다. 마치 **맛있는 커피를 파는** '다이소'라는 느낌도 받을 것이다. 그야말로 커피를 빌미로 팔 수 있는 제품은 모두 판매한다. 또한 카탈로그와 모바일 주문도 가능토록 시스템을 갖췄다.

이처럼 커피 전문점으로 출발한 치보는 다양한 마케팅을 꾸준히 선보이며 단골을 유지하고 있다. **이 회사가 더 칭찬받아야 하는 이유는 요즘 화두인 ESG 경영에 앞장서고 있기 때문이다.** 이 회사는 사람들과 지구 그리고 미래에 대한 깊은 윤리적 헌신 철학을 가지고 있어서 지구와 커피를 재배하는 토양보호 그리고 재배 농민을 위한 배려정책 등이 눈에 띈다. 이런 활동의 결과 기업 윤리 및 환경 물류상, 유럽연합의 CSR상 등 지속 가능한 공정거래 관행으로 여러 상을 수상했다.

대한민국에도 수많은 커피전문점이 있다. 프렌차이즈 사업의 유력한 사업 중의 하나인 커피 사업이 차별화를 찾기 위해 많은 시도를 하고 있지만 위 사례와 같은 복합매장화는 자칫 잘못하면 본질을 왜곡시킬 우려가 있다고 본다. 그런데도 불구하고 이 회사가 더 큰 마켓 리더의 힘을 발휘하는 이유는 기초가 튼튼했기 때문이 아닐까 싶다. 커피숍(카페)을 여는 것은 누구에게나 쉬운 비즈니스임에는 틀림없다. 인건비를 최대한 줄이고 매장 시설비를 최대한 줄이고 커피의 맛에 승부수를 던지면서 더불어 오는 고정고객에게 새로움을 더해 드리기 위해 매월 혹은 매주 새로운 테마숍을 만들어 새로운 가치를 제안할 수도 있을 것이다.

어쨌든 일반 카페전문점과 복합카페매장, 어느 업태가 소비자에게 더 호응을 얻을지를 아는 것보다는 소비자에게 재미와 가치를 동시에 줄 수 있다면 어느 업태든지 환영을 받을 것이다. 꼭 카페가 아니라도 좋다. 기존 숍을 운영하고 있는 골목상권 경영자께서는 본인이 **운영 중인 업종과 상관이 없더라도 궁합이 맞는 상품이 있으면 함께 어울리도록 머천다이징을 해 보시길 바란다.** 중식당에서 꼭 짜장면만 팔란 법이 어디 있겠는가? 당신의 상상력과 기획력이 바로 새로운 업종 형태의 출범이 되는 것이다. 대기업이 절대로 하지 못하는 영역이 바로 이런 영역이기 때문이다.

※ https://tchibo.us/
※ https://www.tchibo.de/

미국인에게 김밥을 선물하라,
김밥과 콜라 매칭은 색다른 콜라보다

미국에 이민을 가거나 혹은 새로운 사업거리를 찾으러 가려는 분이 있다면 지금부터 '김밥' 비즈니스를 자세히 연구하시기를 바란다. 미국에서 전개할 소규모 1인 사업, 뉴 비즈니스로 김밥 사업을 적극 추천한다. 혹은 세계를 상대로 수출할 품목을 찾는 무역회사라면 이번 사례를 적극 연구하길 바란다.

아직까지 대부분의 한국인이 세계 곳곳에 진출하여 크게 성공한 식당 비즈니스를 보면 '스시'를 주 품목으로 선정한 경우가 많았다. 하지만 아시다시피 '스시'는 일본의 대표 식품 아니던가! 프랑스에서 혹은 미국에서 크게 성공한 한국 출신 대표 간편식 프렌차이즈점 비즈니스가 '스시'점(도시락 형태)이기에 앞으로는 대표 종목을 '김밥'으로 수정하자는 것이 필자의 주장이다. 일본식 '스시' 도시락으로 엄청난 매출을 올린 후 책을 써서 명성을 얻은 후, 고국 청년들에게 추앙받는 것보다 앞으로는 한국식 대표 음식으로 세계인들에게 인기를 얻기를 바란다. 이제부터 대한민국 대표 식품 아이템이라 할 수 있는 '김밥'에 초점을 맞춰보자. 생각보다 미국에서 '김밥'으로 성공한 비즈니스맨들이 곳곳에 존재하기 때문이다.

미국인에게 김밥은 특별한 건강식이다. **일을 하면서도 먹을 수 있는 듀얼 워크(Dual Work)가 가능한 식품**이기 때문이다. 한국의 대표상품 '김밥'은 미국의 뉴 비즈니스 아이템 중 하나다. 미국 소비자를 사로잡을 사업 아이템이라는 얘기다. 미국인에게 김밥은 날씬한 동양인이 먹는 특별한 건강식이다. 기름기 많은 중국 음식에 비하면 김밥은 간단하면서도 뒷맛이 깔끔하다.

미국에서 김밥으로 성공한 한인교포 사업가가 생각보다 많다. 대형쇼핑몰에 어렵게 입점한 어느 한국 사업가는 색다른 마케팅을 펼쳐서 성공했다. 맨 처음 겨우겨우 대형쇼핑몰에 입점을 해서 매출을 많이 오르리라 예상했지만 바로 실패한다. 왜냐하면 김밥이 뭔지 미국 소비자들이 알 리가 만무했기 때문이다. 그래서 그는 다른 전략을 세우게 된다. 매장 위치를 고객이 움직이는 동선 앞자락으로 옮기고 난 후, 수많은 종류의 김밥을 직접 만드는 모습을 시연한 것이다.

즉 '김밥 만들기 쇼'를 통해 미국인 소비자에게 어필했다. 이런 이벤트가 바로 통했다. 또한 고객에게 앞치마를 입혀 밖에서도 볼 수 있는 투명한 부엌으로 함께 들어간다. 그리고는 고객이 직접 김밥을 만들도록 유도한다. 동시에 고객이 직접 만든 김밥을 가져가도록 배려하는 전략을 함께 한다. 물론 시식용 김밥도 아끼지 않고 제공하게 된다. 당연히 100여 개의 김밥 매장도 개점하고 매출도 상승세를 타게 된다. 그야말로 체험형 마케팅의 커다란 성공 사례다.

아시다시피 미국인들은 피자를 좋아한다. 이유는 간단하다. 일을 하면서도 얼마든지 식사를 할 수 있는 듀얼 워크(Dual Work) 식품이기 때문이다. 그렇다면 김밥도 마찬가지다. 여기서 한 가지 주목할 게 있다. 김밥과 콜라를 곁들여 먹으면 맛이 배가 된다는 점이다. 음식궁합이 잘 맞는다는 얘기다.

여러분도 김밥과 콜라를 함께 드셔 보신 경험이 있을 것이다. '피자와 콜라'처럼 '김밥과 콜라'는 배달 음식으로도 충분히 시장성이 있는 조합이다. 또 고객이 직접 김밥을 만들게 하는 체험마케팅을 전개하면 입소문이 쉽게 퍼질 수도 있다. 미국 시장에서 히트할 가능성이 아주 큰 상품인 셈이다. 패스트푸드가 대세인 미국에 커다란 도전자로 등극할 수 있다. 햄버거 혹은 피자와 패스트푸드 시장을 놓고 싸움을 벌일 수도 있다. 즉, 패스트푸드지만, 우리네 김밥은 슬로푸드에 속한다고 할까? 몸에도 좋고 맛도 좋은 듀얼 워크 가능한 아이템으로 김밥이 미국 사회에 뿌리를 충분히 내릴 명분이 있다고 나는 적극 추천하고 싶다.

그리고 한 가지 덧붙이자면 **김밥 시장의 고급화 전략을 추진할 것을 권해 드린다**. 지금까지 김밥 시장은 '1,000원 김밥'이 대세였다. 하지만 여기에 프리미엄 김밥을 내놓는다면 지금과는 다른 양상의 김밥 시장이 전개될 수 있다.

아시다시피 미국 비즈니스맨들은 바쁘다. 여러분이 영화 속에서 보던 미국 뉴요커 등 대도시 사무업무에 집중해야 하는 비즈니스맨들을 상상해 보라. 바쁜 일정상 제대로 식사를 못 하는 경우 대부분 중국식 라면을 종이상자에 담아 사무실에 와서 컴퓨터를 보면서 젓가락질을 하는 영화 속 주인공을 잘 보았을 것이다.

하지만 이제부터 새로운 풍경으로 바꿔보자. 야근이 있는 날, 기다릴 필요 없이 원하는 프리미엄 김밥과 콜라 세트에 프라이드 치킨을 추가 선택할 수 있도록 만들어 보자. 미국 비즈니스맨들에게 스마트폰 앱을 통한 예약 주문 시스템을 가동시켜라. 바로 선택할 수 있어서 시간도 절약하고 맛도 만족스럽도록 시스템을 구축해 보자. 기존 김밥+콜라 세트에 치킨을 선택할 수 있게 메뉴 구성을 간단하게 설계하자.

아시다시피 미국은 패스트푸드의 천국이다. 맥도널드, 버거킹, 스타벅스, KFC 등 내로라하는 패스트푸드 브랜드들 매장에 가서 한 끼 식사를 하려면 '줄 서기 → 주문하기 → 계산하기 → 음식 기다리기 → 수령 후 착석하기(혹은 들고 나가기)'의 최소 5단계를 거쳐야만 한다.

하지만 **전 세계 유명 식품 매장은 '그랩 앤 고(Grab&Go)' 전략을 채택, 운영 중이다.** 스마트폰 앱을 통해 사전 예약, 주문한 간편 식사 아이템을 매장에 가서 그저 가져가도록 설계하면 된다. 아주 간편하다. 음식 선택과 계산은 사무실에서 먼저 하고, 매장에서는 그저 주문한 메뉴를 가져가기만 하면 끝! 1분이 채 걸리지 않는다. 만약 고객이 사무실에서 나올 시간조차 없을 경우에는 오토바이 혹은 자전거 배달 시스템을 대행해주면 된다. 주로 사무실에서 일을 계속하면서 식사를 해야 하는 미국 비즈니스맨들의 바쁜 일상에 딱 맞는 음식 주문 방식을 경영에 녹여내자.

필자가 10여 년 전부터 주장한 미국에서 가장 강력한 K푸드라 할 수 있는 김밥 대세론이 2023년이 되어서야 빛을 발하는 형국이다. 23년 8월부터 미국의 대형 슈퍼라 할 수 있는 '트레이더 조(Trader Joe's)' 전국 매장에서 판매한 김밥(KIMBAP)이 동이 났다는 뉴스가 미국 및 국내에 전파되었다. 미국 각주(州)마다 냉동 김밥이 완판되고 있다는 뉴스다. 미국 소비자들 사이에 틱톡, 인스타그램 등 소셜미디어를 통해 한국산 냉동 김밥 시식 후기가 계속 올라옴으로써 '코리안 스시'가 아닌 '김밥(KIMBAP)'이라는 정확한 브랜드로 팔리고 있다. 미국 소셜미디어 열풍에 힘입어 NBC, CBS 같은 공중파 방송사들이 앞다투어 김밥 열풍을 보도했다. 이젠 미국 대도시마다 진행되는 채식주의자들에게 선택된 아이템이 된 것이다.

이제부터 김밥을 알렸으니 제대로 된 프리미엄형 김밥으로 승부를 보았으면 좋겠다. 필자가 김밥의 프리미엄 전략을 적극적으로 권하는 이유가 있다. 미국 마켓에서 통할 가능성이 크기 때문이다. 미국은 '가치소비'가 자리 잡은 시장이다. 몸에 좋은 재료를 넣은 김밥이 간편하게 먹을 수 있는 음식이라는 사실이 제대로 알려진다면 미국 중류층 소비자, 특히 대도시의 비즈니스맨들의 주머니를 공략할 수 있다고 생각된다. **'건강'과 '맛' 그리고 '시간'을 모두 만족시키는 김밥**에 미국인들이 호응하지 않을 리가 없다고 유통 9단인 필자는 확신한다.

베트남 '다낭'에서
성공 가능성이 높은 신사업

베트남 중부에 있는 항구 도시, 다낭. 최근 TV 프로그램이나 유튜브 등을 통해 널리 알려진 덕에 한국인 관광객의 발길이 많이 늘었다. 그렇다면 이곳, 다낭에서는 어떤 사업이 유망할까? 다낭 관광서비스산업 에서 '빈틈'을 노리면 답이 나온다. 바로 '질 낮은 고객 서비스'가 시장의 빈틈이다.

필자는 지금까지 30여 년간 42개국, 106개 도시 마켓서베이 (Market Survey)를 마친 상태다. 30여 년간 보고 배운 내용 중에서 해당 도시에서 돈 벌 수 있는 아이템을 정리해서 알려 드리고자 이 책을 집필하게 되었다.

필자가 20대 말부터 해외 여러 나라를 배낭여행 하면서 결심한 사항 중의 하나가 바로 먼저 보고 배운 사람이 후손을 위해 자신이 배운 정보를 빨리 정리 정돈해서 알려주는 것이 돈을 남겨주는 것보다 더 큰 유산이며 더 귀한 가치라 생각했다. 그 당시의 초심을 아직도 계속 가지고 있다. 대한민국 선조들 중에 선진국에 가서 배운 학문을 책으로 남긴 위대한 선조분들이 적지 않다. 그 정신을 이어받아 필자도 열심히 선진국, 선진 도시 위주로 비즈니스 여행을 하는 이유다.

필자의 경우는 '책'이라는 수단을 통해 후손에게 양질의 정보를 남겨주려는 형태고, 어떤 분은 후손을 위해 큰돈을 기부해서 대대손손 이름을 남기고자 한다. 그 어떤 형태로도 칭찬받을 일이라 생각된다. 그래서 필자의 가장 강한 능력 중 하나인 다른 나라, 선진 도시에 가서 누구보다 신사업이나 히트 예감 아이템 관련 정보를 잘 알아채는 능력을 정리해서 여러분들께 전달하고자 한다. 최근 대한민국 사람들에게 가장 인기 있는 해외여행 도시 중의 하나인 베트남 다낭에서의 신사업에 대해 이야기한다.

베트남 다낭은 한국인이 가장 많이 찾는 휴양지 중 한 곳이다. 에메랄드빛 바다와 파우더처럼 고운 모래사장, 깨끗하고 조용한 분위기 등 다낭을 찾는 이유는 다양하다. 최근에는 '다낭에서 한 달 살기'도 유행이다. 그만큼 다낭이 대한민국인들에게 편안하고 안락한 인상을 주었기 때문이라 생각된다. 그중 필자가 생각하는 다낭의 최대 매력은 '저렴한 물가'다.

시장 조사를 위해 다낭을 찾은 첫날. 저녁 식사를 마치고 숙소로 돌아오는 길에 '롯데마트'가 눈에 띄어 국내 대형마트와는 어떤 점이 다른지 궁금해서 들어갔다, 외관은 한국의 1970년대 매장을 떠오르게 했고, 판매대에 제품은 듬성듬성 진열돼 있었다, 그 당시 대한민국 관광객은 상당히 많아 보였다. 낮은 물가 때문이라 생각되는데, 이곳에서 파는 하이네켄 맥주캔은 750원. 한국에선 세일을 해도 2,600원이었는데 말이다. 그 당시(2015년)는 약 1/4

정도의 물가라 보면 되겠다.

이처럼 베트남 다낭의 물가는 저렴하다. 덕분에 다른 관광지보다 다양하고 맛있는 음식을 풍족하게 먹을 수 있다. 대한민국 관광객이 앞으로도 더 몰릴 가능성이 높은 이유이기도 하다. 최근 저비용 항공사의 잇따른 취항으로 접근성까지 높아졌다. 그렇다면 이곳에서 적은 자본으로 벌일 수 있는 괜찮은 사업 아이템은 없을까?

필자는 다낭 관광사업의 '부족한 점'에서 힌트를 얻었다. 바로 대한민국 대비해서 낮은 서비스의 질(質)로부터 답을 찾아냈다. 이곳은 글로벌 휴양지로 발돋움했지만 서비스 수준이 상당히 낮다. 베트남이 전 세계에서 몇 안 되는 사회주의 국가 중 한 곳이라는 걸 감안하면 당연해 보이지만 관건은 이 나라가 경제 빗장을 조금씩 풀고 있다는 점이다. 바꿔 말하면, 서비스산업이 블루오션이란 얘기다. 베트남의 서비스 질이 얼마나 나쁜지 사례로 풀어보겠다.

사례 1 한국 관광객은 봉인가=다낭에서 맛있기로 소문난 수산물 가게에 방문했다. 소문대로 음식은 훌륭했다. 다 먹고 값을 지불하기 위해 종업원에게 계산서를 달라고 했다. 계산서에 적힌 음식 값은 18만 동. 그런데 종업원은 23만 동을 직접 자신에게 달라고 요구한다. 이상한 느낌이 들어 종업원에게 "카운터로 가자"고 했더니 필자의 길을 막는다. 계산서를 제대로 확인하지 못했다면 꼼짝없이 23만 동을 내야 했을 것이다. 베트남에는 아직도 관광객을 상대로 계산서보다 웃돈을 챙기는 악습이 남아있다.

사례 2 가성비 낮은 레스토랑=이번엔 현지인이 추천한 유명 레스토랑을 방문했다. 유명세를 치른 탓인지 예약 고객으로 가득 차 있었는데, 한참을 기다린 끝에 좌석이 비었는데, 매니저는 계속 기다리라고 말한다. 주문한 음식이 나왔는데도 전달하지 않았다. 말이 통하지 않는 필자 일행으로선 테이블도, 주문한 음식도 없었던 셈이다.

사례 3 넘쳐나는 불법 택시=다낭의 인근에는 '호이안'이 있다. 대한민국으로 치면 경주와 같은 곳이다. 유네스코 세계문화유산으로 지정될 만큼 볼거리가 많다. 그렇게 관광을 하고 돌아가는 찰나 택시 호객꾼들이 설치게 된다. 대부분 가짜 택시다. 자차로 불법 택시를 모는 사람들이다. 물론 이들의 타깃은 관광객이다, 바가지를 씌우기가 쉬워서다.

필자가 직접 현지에서 겪은 3가지의 사례를 보면서 무엇을 느끼는가? 아직 사회주의 국가는 다 그렇다고 치부하고 싶은가? 동남아시아 국가들은 모두 서비스 정신이 거의 없다고 치부하고 싶은가? 선진국에서 배운 서비스 시스템이 작동하지 않는다면 그곳이 바로 블루오션이다. 새로운 사업 시스템만 갖추면 바로 1위 브랜드가 될 수 있는 가능성이 최고인 곳이라는 뜻이 된다.

이제부터 베트남의 특징을 엮어 정리해 보겠다.

베트남은 전체 인구 9,500만 명 중 70%가 30세 미만이다. 평균 연령은 28세에 불과하다. **베트남의 미래성장산업은 '모바일 쇼핑', 'TV 홈쇼핑' 등으로 좁힐 수도 있다.** 젊은 고객층이 많은 만큼 쇼핑 문화가 오프라인에서 온라인으로 무게 중심을 옮길 가능성이 아주 높아 보인다. 또한 '멀티플렉스 극장' 그리고 '어린이를 타깃으로 한 교육·옷·푸드 관련 사업'도 유망해 보인다. 베트남에서 새로운 도전을 꿈꾸는 자가 있다면 이런 사업을 눈여겨볼 만하다.

주목할 건 또 있다. 베트남에는 '다이소' 같은 저가형 생활용품 할인 전문점이 보이지 않는다. 대한민국의 편의점 같은 편리하면서 쉽게 찾을 프렌차이즈형 매장도 찾기 어려워 보인다. 가성비 높은 생활용품 전문점, 할인점 등은 그래서 쏠쏠한 수익을 남길 수 있을 듯해 보인다. 물론 필자가 며칠 간의 비즈니스 여행으로 본 다낭의 신사업 시장이기에 한계가 분명히 있으리라 본다. 하지만 참고는 될 만하다는 생각은 든다.

다낭에서 신사업을 벌이는 대신 거꾸로 다낭에서 신사업을 한국에 들여와 성공적으로 비즈니스를 진행하는 경우도 있다. 바로 베트남에서 유명한 '콩 카페' 비즈니스를 한국 서울에 들여온 사례다. 가수 출신인 콩 카페 공동 창업자 중 한 명과 개인적인 친분이 있던 한국분이 콩 카페가 한국 관광객 사이에서 유명해지자 대한민국 서울로 콩 카페 비즈니스를 그대로 들여온 것이다. 서울 연남동 1호점에 이어 이태원 2호점, 판교 현대백화점 3호점, 잠실 롯데월드타워 4호점 등을 연달아 개점한 사례다.

이처럼 베트남의 유명 브랜드를 거꾸로 국내에 들여와 성공적인 비즈니스를 진행할 수도 있으리라 보인다. 그만큼 베트남에 여행을 했던 여행객들이 많이 존재하기 때문에 가능해진 비즈니스라 생각된다. 대한민국 여행객들이 주로 가는 동남아시아 중에서 음식 맛으로 유명한 베트남, 태국 등의 푸드 브랜드 중에서 선별하여 국내에 들여오는 역수입 비즈니스도 고려해 볼 만하다.

마지막으로 베트남 다낭 여행을 하려는 여행자분들께 여행 팁 하나 드린다면, 되도록 토요일에는 시내에 나가지 말기를 바란다. 토요일 밤, 시내에는 택시가 보이지 않는다. 아무리 기다려도 택시의 그림자는 보이지도 않을 가능성이 높을 것이다. 이런 사실을 알려주는 한글판 안내 서적은 하나도 없는 듯싶다.

홍콩에서 배울만한 새로운 인사이트
(Insight)

홍콩에서 돈 벌려면 역사부터 공부하라

필자가 운영하는 '김앤커머스'에서 진행하는 사업 중에 하나가 바로 '마켓워칭' 투어를 기획하고 집행하는 업무다. 기업체 및 단체의 주문에 따라 맞춤형 단체 투어를 기획하게 된다. 주로 새로운 사업거리 혹은 히트 예상 품목 찾는 것이 주요 목적으로 하는 여행이기 때문에 지금까지의 역사 중심 혹은 쇼핑 중심의 여행이 아닌 최신 마켓 현장을 찾는 교육+컨설팅 개념의 여행이다. 앞으로 선진 도시의 마켓 현장중심형 투어 진행이 가능하므로 관심 있는 기업은 기억해서 연락하기를 바란다.

홍콩에서 뭔가를 배우려면 우선 홍콩의 지난 역사를 보면 앞으로의 미래가 보인다. 원래 어느 도시 마켓서베이(Market Survey)를 할 때의 요령을 먼저 알려 드린다면, 우선 그 도시의 역사를 개괄

적이라도 알고 가야 한다. 해당 도시의 역사와 문화를 모르고 그 도시를 알고자 한다면 그것은 그야말로 뜬구름 잡는 이야기가 될 것이다. 먼저 해당 도시의 역사와 문화를 익힌 후에 그 도시만의 특징과 온리원(Only One) 캐릭터를 찾아내야 한다.

우선 홍콩의 주요 근대역사를 간단히 보면, 19세기 아편전쟁의 대패로 중국은 영국에게 1997년까지 99년간 통치할 수 있는 빌미를 만들어 주게 된다. 이로서 홍콩은 영국 경제와 문화권에 속하면서 기존의 중화사상과 문화가 혼합하게 된다.

기본적인 역사의 흐름을 기억한 후에는 인구와 면적 등 기본적인 지리통계학적 통계수치를 조사한다. 홍콩의 면적은 서울의 1.8배 정도의 크기이지만 수많은 섬을 제외하면 서울의 1/5 크기라고 보면 이해하기 쉬울 것이다. 여기에 홍콩 면적의 70%는 산 혹은 개발이 불가능한 녹지로 구성되어 있어 인구밀도가 더욱 조밀한 셈이다. 홍콩의 인구는 약 720만 명으로서 서울의 1,000만 명에 비하면 작아 보이지만, 홍콩섬과 구룡반도, 신계의 넓이(서울의 1/5 크기)만을 생각하면 인구밀도가 상당히 높아 보인다. 여기에 연간 3,000만 명이 넘는 관광객들로 인해 홍콩 도심은 항상 초만원처럼 느껴질 것이다. 게다가 중국 대륙에서 출퇴근하는 본토 중국인까지 있으니 피부로 체감하는 홍콩 길거리의 인구밀도는 정말 높아 보인다.

돈이 넘치는 홍콩

홍콩에 얼마나 돈이 넘치는 지 거리를 다니는 홍콩인들의 얼굴에

활기가 넘쳐흐른다. 1인당 GDP는 5만 2,000달러로 증가하여 세계 18위다(2022년 기준). 그리고 중국의 자본이 홍콩으로 계속 이전하는 현상도 보여준다. 블룸버그 통신에 따르면 2023년, 홍콩 은행들의 신규 계좌 개설 수가 중국의 리오프닝 이후 대폭 증가했다. 홍콩의 상업은행인 중국은행은 1분기 새로 개설된 계좌 수가 전 분기 대비 1.7배 늘었다. 항셍은행의 비홍콩 고객 신규 계좌 개설 건수 역시 전년 대비 두 배 이상 증가했다. 홍콩 최대 은행인 HSBC가 2022년 10월부터 2023년 2월까지 8,000여 명의 중국인을 대상으로 조사한 결과 응답자의 60%가 경제적인 업무를 처리하기 위해 홍콩을 찾는다고 답했다.

특히 2023년 5월 초 노동절 황금연휴 기간에는 중국인들이 금융 업무를 목적으로 홍콩을 방문하면서 중국은행과 HSBC 지점에서는 몇 시간씩 대기 줄이 생기는 진풍경이 벌어지기도 했다. 이번 노동절 때, 필자는 홍콩에 있었기 때문에 누구보다 잘 안다. 중국 본토에서 온 관광객들이 명품 쇼핑을 위해 코즈웨이베이의 소고백화점을 완전 장악을 한 사실을 몸으로 겪은 사람이다.

블룸버그에 의하면 중국 중산층들이 당국의 규제에 대한 두려움으로 해외로 자산을 대거 옮겼으며 2023년, 이들이 홍콩에 예치한 예금과 투자금은 1,500억 달러(198조 8,100억 원)를 넘어설 것이라고 추산했다. 홍콩을 방문하는 중국인의 수는 매년 늘어나고 있는 중이다. 이런 속도로 가다 보면 중국 본토의 인구 유입과 동시에 투자자본이 넘치게 됨으로써 홍콩의 중국화 속도도 덩달아 빨라질 듯싶다.

홍콩의 문화산업과 아트

홍콩은 금융 중심 도시와 아울러 세계 최고의 문화도시로 도약하겠다는 야심 찬 계획을 밝혔다. 문화 없이는 금융도 없을 것이라는 명제 아래 수년간 수조 원을 투입하고 있는 중이다. 대규모 공연장 등 문화시설을 새로 짓고 세계적 문화행사도 적극 유치해 초일류 국제적 문화 거점으로 거듭나겠다는 홍콩의 청사진이다. 문화와 아트산업을 육성하기 위해 2015년까지 1차로 대규모 인프라를 건설하고 동시에 시민들의 문화 소양을 높일 수 있는 각종 프로그램을 적극 개발했다. 2031년까지 2차 계획을 마련해 명실공히 세계 최고의 문화 인프라를 갖춘 도시로 만들겠다는 게 홍콩 정부의 장기 계획이다.

일차적으로 개발할 지역으로는 홍콩섬과 마주 보고 있는 주룽(九龍)반도 서부지역(73만㎡)이다. 홍콩 정부는 8년 동안 이곳에 192억 홍콩달러(약 2조 2,900억 원)를 투입해 공연장, 전시장, 박물관 등 모두 15개의 문화시설을 짓고 있다. 공간 개발을 총괄할 전문기구도 만들어 홍콩이 금융만이 아니라 문화산업에서도 세계적 수준에 도달하도록 전폭적으로 지원한다는 방침이다. 주룽 서부지역 문화공간이 개발되면 향후 30년 동안 4만여 명을 고용하고 매년 37억 홍콩달러(약 4,420억 원)를 벌어들이는 효과를 거둘 것으로 보고 있다. 이렇듯 문화시설을 한 곳에 집중적으로 건설해 금융과 물류 등 홍콩을 대표하는 산업과 서로 시너지 효과를 내도록 하여 홍콩의 도시경쟁력을 높이는 전략을 지속적으로 유지할 계획이다.

그런 측면에서 볼 때, 홍콩의 새로운 문화산업 정책에 따른 **새로운 복합 문화 공간, K11 MUSEA 그리고 M+는 반드시 조사를 해야 할 핫플이다.** M+ 갤러리가 새로 생김으로서 서구룡문화지구의 다양한 예술 프로젝트가 어느 정도 자리를 잡게 된다. 'M+ 갤러리'는 홍콩 정부가 '아시아의 미술 허브'를 만들기 위해 총 9억 달러(약 1조 160억 원)를 들여 야심차게 준비한 미술관이다. '중국·홍콩·한국·일본 등의 20~21세기 아시아 시각예술을 아우르는 중화권 최대 현대미술관'을 선언하며 현대미술부터 건축, 디자인까지 아시아 주요 예술을 한 번에 보여주고 있다. 영국의 테이트 모던을 설계해 스타 건축가가 된 헤르조그와 드 뮈론이 설계를 맡아 준공된 아주 멋진 갤러리다. 연면적 6만㎡(1만 8,150평)에 전시 공간은 1만 7,000㎡(5,142평)인데, 건물 외벽을 짙은 녹색 유약을 바른 세라믹 타일로 덮어 대나무를 형상화했다고 한다.

　　M+ 뮤지엄은 브랜드 그대로 '뮤지엄 그 이상'이라는 뜻을 표방한다. 단순히 미술품 전시에만 국한되지 않고 건축, 디자인, 영상 등 시각 예술 모두를 포용하는 미술관을 지향한다. 아시아를 대표하는 미술관을 목표로 10년 넘게 준비를 한 셈이다.

　　여기에다가 M+ 바로 옆에 필립스 홍콩 건물이 자리 잡고 있다. 필립스 홍콩은 M+를 찾았던 관람객들을 자연스럽게 빨아들이며 서구룡문화지구의 명물로 자리매김하는 중이다. 서구룡지구에는 M+미술관 외에도 홍콩 고궁박물관 등 다수의 아트센터와 뮤지엄이 자리 잡고 있어서 하루 여행코스로 즐기기에 적당해 보인다. 이로써 홍콩은 확실히 아시아의 미술 중심이 되었다. 아시아 미술 시장을 둘러싼 대한민국과 홍콩의 격차는 점점 더 벌어지는 듯 보인다.

와인산업

홍콩에는 우리나라처럼 와인바를 찾기 어렵다. 와인만을 특별히 마시는 공간이 필요하지 않은 것은 그만큼 와인이 생활 깊숙이 침투하고 있기 때문이다. 일반적으로 식사를 하면서 와인을 곁들여 마시는 식습관이 있다. 고급 레스토랑이나 식당에는 어디든지 전 세계 명품 와인 리스트를 갖추고 있다고 보면 된다.

홍콩은 요즘 폭발적으로 와인 시장이 성장하고 있다. **포도밭 한 평 없지만 전 세계 와인을 대량 수입하는 수입국이다.** 2021년 기준 홍콩의 와인 수입액은 한화 약 1조 7천억. 홍콩의 인구가 720만 명인 점을 생각하면 엄청난 물량의 와인이 홍콩으로 들어오고 있음을 알 수 있다. '아시아의 와인 허브'로서 홍콩을 주목할 수밖에 없는 이유다. 홍콩 정부가 2008년부터 알코올 도수 30도 미만의 주류에 세금을 아예 없애고 수출입 절차를 간소화한 결과 지금 홍콩에선 유럽산 명품 와인에서 와인 자판기에 이르기까지 폭넓은 와인 체험이 가능한 이유다.

중국 음식에 고급 와인을 곁들이는 것이 오래전부터 식생활이 되어버렸다. 안주 겸 요깃거리로는 염소, 양, 소 등의 젖으로 만든 다양한 치즈 사업도 추천할 만하다. 그래서 홍콩에서는 매년 11월을 '와인의 달'로 정하고, '홍콩 와인 앤 다인 페스티벌'을 열어 다양한 와인을 맛보는 야외 축제가 인기리에 진행되고 있다.

이번 여행에서도 소호 거리의 란콰이퐁에서 마주치는 여러 레스토랑에는 여지없이 여러 종류의 와인이 자리 잡고 있었다. 소호의 골목에는 전 세계에서 찾아온 관광객이 한데 어울려 각국 음악과 함께 와인을 소비한다. 와인 소비가 늘면서 함께 늘어나는 시장이 있다. 와인 초보부터 전문가까지 두루 만족할 만한 와인숍이다.

필자가 20여 년간 여러 번 홍콩을 방문하면서 느끼는 점에 대해 정리해서 알려 드리고 싶다. 2023년, 현재의 홍콩을 한마디로 말하자면, 빠르게 '중국화' 되고 있다는 결론을 내린다. 1997년 홍콩을 영국으로부터 돌려받은 뒤 25년이 지나는 동안 중국 정부가 홍콩이 본토와의 동질감을 쌓기 위해 노력했던 결과가 이제 점점 눈에 보이기 시작한다. 홍콩 어디를 가나 오성홍기가 홍콩 구기가 게양되어 있고, 여기저기서 홍콩인이 주로 사용하는 광둥어와 중국 본토인들이 사용하는 베이징어가 함께 들리기 시작한다. 중국이 주장하는 일국양제(一國兩制)라기보다는 이젠 중국화에 점점 물들기 시작한 홍콩을 보면서 홍콩이라는 브랜드가 점점 퇴색하는 것이 못내 아쉽다.

하지만 홍콩은 중국 본토와는 섞이기 힘든 도시임에는 틀림없어 보인다. 99년간 영국의 문화 아래 살아온 사람들이고 도시이기 때문이다. 중국의 만만디 중국화 정책으로 인해 홍콩 본연의 색깔이 점점 퇴색하고 있는 중이지만, 홍콩만이 지녔던 산업별 캐릭터 경험은 우리에게 시사하는 바가 크다. 하지만 2020년 중국 정보가 만든 보안법 때문에 언론, 집회, 표현의 자유가 제한되다 보니 홍콩의 아이덴티티가 서서히 사라지고 있는 것도 사실이다.

미국, 독일, 일본의 서로 다른 편의점 경영 전략

1927년 미국 텍사스에서 시작된 편의점이라는 유통업태, 우리가 아는 편의점으로 바꿔 세계에 보급한 건 일본이다. 1973년 훼미리마트가 일본 수도권 사이타마 시에 개점한 것이 일본 편의점의 시초다. 일본이 20년간 장기 불황으로 백화점과 동네 슈퍼마켓이 죽을 쑬 때도 편의점은 되레 더 잘나갔다. 요즘에는 베이커리 업무, 은행 업무 일부, 헬스클럽 업무 일부, 숙박 업무 일부 등 공유경제의 파트너 업무까지 정말 많은 복합 업무 제공처다. 하지만 편의점의 원조인 미국 그리고 독일은 일본의 편의점과 다른 형태로 진화하고 있다. 그렇다면 3국의 편의점 경영 전략을 비교해 보는 것은 상당한 의미가 있어 보인다.

결론을 미리 말한다면, 일본 편의점은 마치 춘추전국시대와 같다. 미국과 독일 등 선진국 편의점은 '드럭편의점'으로 진행하고 있다. '드럭편의점'이란 말 그대로 드럭스토어와 편의점을 융합한 점포다. 아시다시피 드럭스토어는 고령자와 주부층에 강하다. 이 모두의 강점을 살려 집객을 노리고 있는 중이다. 정확히 말하자면, 미국 및 독일의 편의점은 편의점과 드럭스토어의 경계에 있다.

대부분 미국 편의점들은 담배를 비롯한 잡화상품 판매와 함께 약국 체인도 운영하고 있다. 미국의 대표적인 편의점인 'CVS'도 약사와 간호사 2만 6,000명을 고용해 의약품 판매는 물론이고 고객들에게 고혈압, 당뇨, 콜레스테롤 관리 등 의료 서비스를 제공하고 있다. 그런데 **2014년, 담배 판매를 전면 중단하기로 했다.**

미국 전역에 7,600여 개 체인점을 가진 'CVS'는 시민 건강을 지키기 위해 담배를 판매하지 않겠다고 전격 발표한 것이다. 이는 편의점 안에서 고객 건강관리를 얘기하는 동시에 담배를 파는 것은 모순이라는 결론에 도달했기 때문이라 한다. 물론 **상당한 매출 감소가 예상되지만 소비자의 건강을 위해 담배 판매를 포기했다. 대한민국이 배워야 할 사항**이라 생각된다. 미국 'CVS'는 담배 판매 중단과 함께 헬스케어 시스템 구축에 박차를 가하기 시작했다.

아시다시피 미국의 대규모 인구 집단인 베이비부머(1946~1964년생)의 은퇴를 시작으로 미국 사회도 인구 고령화 가속화가 지속되고 있다. 지난 2017년 65세 이상 은퇴 인구 규모가 사상 최초로 5,000만 명을 넘어섰으며 25년 후 이 인구는 7,000만 명을 넘어설 것으로 예상되고 있다. 이런 현상은 대한민국과 다르지 않아 보인다. 이에 따라 **미국 편의점은 소비자가 가장 필요로 하는 헬스케어 부분의 시스템 구축에 나선 것이다.**

이제부터는 품격 있는 삶을 위한 선진국인 독일을 알아보자. **독일은 동네마다 있는 약국 이상의 약국 'SCHLOSS APOTHEKE'라는 드**

럭편의점이 있다. 독일은 품격 있는 인간다운 삶을 살고자 하는 21세기형 소비자를 위해 웰빙과 디톡스 나아가 자연스러운 삶을 살아가도록 도움을 주려는 사회경제 시스템을 제안하고 있다.

독일 주요 도시 및 인근 국가에는 'SCHLOSS APOTHEKE'라는 간판을 자주 만나게 된다. 우리로 치면 '약국'인데, 대한민국의 약국과 좀 다르다. 이 회사는 1989년에 설립되었는데, **의약품의 제공 이외에 일관된 컨셉으로 화장품 시리즈도 제공한다.**

기본적인 약국에서 제공되는 기초 의약품. 그뿐만 아니라 미용, 뷰티, 금연, 임신과 수유, 비타민 및 미네랄, 건강 테스트, 혈압 측정, 혈당 모니터링, 체질량 지수, 요실금 치료 등 집으로부터 멀리 떨어진 병원을 대신하여 다양한 서비스도 제공되는 특징이 있다. 약국 매장 내에는 미국의 비타민 전문 스토어의 개념도 일부 가미된 다양한 죠닝(Zoning)의 의약품과 의약외품, 서비스가 구색을 갖추고 있다. 이외에 일반적인 제약 관련 질문이나 안과, 통증, 피부과, 이비인후과, 내과, 소아과, 산부인과 관련 질문은 전문 의사, 약사 및 기타 의료 전문가들로 구성된 팀에 의해 오전 7시부터 밤 10시까지 전화를 통해 친절한 답변을 해 준다. 이제 정리하자면, 선진국 편의점은 드럭스토어 개념이 가미된 약국형 편의점을 지향하고 있다는 점이다.

그럼 이제부터 일본 편의점으로 넘어가자.

대한민국의 편의점을 알려면 일본 편의점을 먼저 알아야 한다. 일본 편의점의 점포 수가 2006년 4만여 개, 2014년 5만여 개, **2017년 5만 5,000개를 넘어섰다.** 참고로 대한민국의 편의점 숫자는 **2023년 6월 기준, 약 5만 4,200개** 정도다. 인구수를 비교해도 일본보다 인구당 편의점의 숫자가 많아도 한참 많다. 당연히 한국의 편의점 사업을 하는 개인사업자의 경우 힘들 수밖에 없는 형국이다. 아직도 일본 편의점은 승승장구하고 있다. 이처럼 승승장구를 할 수 있었던 이유는 단 한 가지, 고객의 변화하는 라이프 스타일을 정확히 읽고, 고객이 가려운 데를 한발 앞서 정확하게 긁어준 게 적중했기 때문이다.

일본 편의점이 유통업계 최초로 시작한 서비스는 참으로 많다. 예를 들면, 혼자 사는 사람이 늘자 싱글족을 위한 식사 서비스(도시락, 삼각김밥 등), 밤늦게 돈이 필요한 사람을 위한 현금인출기 서비스, 이외에도 공과금 서비스, 택배 서비스 등 일상생활에 필요한 거의 모든 서비스를 좁디좁은 매장 안으로 다 가져왔다. 요즘에는 베이커리 업무, 은행 업무 일부, 헬스클럽 업무 일부, 숙박 업무 일부 등 공유경제의 파트너 업무까지 정말 많다. 최근에 새로 생긴 서비스까지 합해서 정리하자면, **슈퍼마켓+빵집+약국+빨래+은행+헬스+숙박+자전거 등** 없는 게 없고, 못 하는 게 없을 정도다.

그런데 이런 편의점 업계에 문제가 생기게 되었다. 편의점 고객 수가 감소하기 시작했고, 편의점 매출 신장률도 둔화하기 시작했다. 전 세계 편의점 업계의 공통된 현상이다. 과연 대한민국 편의점 업계의 미래는 어떻게 될까? '편의점 왕국' 일본에서 편의점 고객 수가 줄고 있으니 일본의 각 편의점 업계는 새로운 마케팅 전략을 수립하느라 분주하다. 그래서 일본의 대표적인 편의점 업체의 새로운 마케팅 전략을 알아보기로 하겠다.

일본 최대 편의점 회사 세븐일레븐은 최근 2년간 전국 곳곳에 '자전거 빌려주는 편의점'을 만들었다. 한참 타다가 원래 빌려간 가게에 돌려줘도 되고, 돌아다니다 다른 점포에 반납해도 된다. 세븐일레븐 측에 의하면 이런 공유자전거 비즈니스를 전개한 이후, 해당 점포들 손님이 2% 늘었다고 한다. 일본 편의점 업계 2위인 '로손'은 '간병 서비스 상담 창구'가 있는 편의점을 만들겠다고 맞불을 놓았다. 일본 편의점 업계 3위인 '훼미리마트'는 헬스클럽과 동전 세탁기가 있는 편의점인 '훼미리마트 런드리(Famima Laundry)'로 이름 붙인 동전 빨래방 1호점을 개장하면서 계속 늘리겠다고 반격했다. 2019년 2월에는 편의점 2층에 '피트 앤 고(Fit&Go)'라는 피트니스센터도 열었다. 최근에는 2019년 4월부터 일부 가맹점을 대상으로 영업시간 단축을 하기 시작했다.

일본 편의점들은 인구감소와 최저임금 인상 그리고 드럭스토어 및 100엔숍 등의 저가 경쟁업체와의 경쟁에서 수익성이 계속 악화되고 있다. 앞으로 '편의점=24시간 영업'이라는 비즈니스 모델에 큰 변화가 예상된다.

그렇다면 과연 대한민국 편의점은 어느 방향으로 가야 할까? 그리고 편의점 이외의 업체에서는 어떤 전략을 세워야 새로운 고객층을 발굴, 유치할 수 있을지 고민이 필요한 시간이다.

가족과 한 번쯤 묵고 싶은 프리미엄 리조트

미국 서부에 사는 부자들은 어디에 주로 살까? 이 책을 읽는 독자들은 아마 LA에 있는 '베벌리힐스' 아니면 '말리부'를 생각할지 모르겠다. 하지만 진짜 부자들은 일반인들이 접근하기 어려운 곳에 산다. 바로 '팔로스 버디스(Palos Verdes)'다.

이곳 '팔로스 버디스'는 세계 최고의 부촌 중 하나다. 캘리포니아 서부 해안이 한눈에 내려다보이는 전망은 최고이고, 보안 또한 최고다. 아무도 그들의 저택에 기웃거릴 수가 없다. 철저한 신변 보호도 되면서 세계 최고의 풍광을 자랑하는 곳이다.

이 지역을 통과하는 해안도로인 팔로스 버디스 드라이브는 일반인들에게는 잘 알려지지 않은 최고의 해안 드라이브 코스다. 이곳에서 보이는 해안 절벽은 영화 〈인셉션〉의 첫 장면을 촬영한 장소로 유명한 바로 '아발론 코브(Abalone Cove)'다.

또한 이 해안도로를 따라 신나게 달리다가 죽을 뻔한 골프 황제

'타이거 우즈'의 자동차 사고가 난 곳이다. 타이거 우즈가 이 해안 도로를 과속으로 내려오다가 갑자기 차가 중앙분리대를 넘는 대형 사고를 내어 일반인들에게도 알려진 드라이브 코스가 바로 '팔로스 버디스 드라이브 코스'다. 해가 지는 시간에 이 멋진 드라이브 코스를 자동차로 운전하게 되면 참으로 행복한 느낌을 받으리라 믿어 의심치 않는다. 그리고 왜 미국 부자들이 이곳을 사랑하는지도 알게 될 것이다.

필자는 그렇다면 사고가 나기 전, 타이거 우즈가 묵었던 리조트는 어디일까 갑자기 궁금해졌다. 미국에서 아니 세계에서 부자 중의 부자인 '타이거 우즈'가 며칠간 묵었던 리조트는 과연 어떤 곳일까? 미국 최고 갑부가 이용하는 리조트는 과연 어떤 환경을 갖춘 곳일까 궁금하기 시작했다. 그리고 알게 된다. 세계적인 골퍼의 자동차 사고로 세간의 화제를 받게 된 바로 그 유명한 리조트는 '테라니아(Terranea)' 리조트임을.

이곳은 102에이커(12만 4천 평) 규모의 태평양 연안의 휴식처로 풍광 자체가 미국 최고로 멋진 곳이다. 필자가 방문한 경험이 있는 전 세계 리조트 중에 베스트 오브 베스트다. 리조트에는 바닷가 방갈로 20개, 바다 전망 빌라 32개 등 총 582개의 객실과 스위트를 갖추고 있다. 부대시설로는 레스토랑 8곳, 수영장 4개, 200개의 파이어 핏(Fire Pit: 모닥불을 붙일 수 있는 콘크리트 시설)가 산재해 있다. 여기에 9홀의 멋진 골프장도 갖추고 있다.

필자가 이곳을 적극 추천하는 이유는 간단하다.
우리가 돈을 열심히 버는 이유가 무엇일까?
정말 돈을 폼나게 쓰려고 돈을 열심히 버는 것이 아닐까?

이런 멋진 곳에서 사랑하는 가족들과 모두 며칠간 숙박하면서 천연의 자연과 최고의 시설을 자유롭게 이용해 보고 싶은 것이다. 우리가 살면 얼마를 오래 살 것인가!

매일 폼만 잡고 살 수는 없겠지만, 특별한 가족 행사가 있는 날에 가족 모두 모여 정을 쌓아 보자. 아무것도 안 해도 되지만, 무엇이건 해도 좋은 리조트다. 태평양 바다가 보이는 헬스장에서 요가나 피트니스 등 운동으로 하루를 시작하는 것이다. 시간과 자금이 어느 정도 허락된다면, 이곳 리조트 바로 앞에 보이는 섬인 카탈리나섬(Catalina Island)까지 방문할 수도 있다.

이곳, 테라니아 리조트는 정말 로맨틱한 휴가지 임에 틀림없어 보인다. 가족 여행지로도 정말 좋은 곳인 이유는 세계적인 리조트 명성에 맞게 다양한 액티비티에 참가할 수 있는 다양한 프로그램들을 준비하고 있다.

요리를 좋아하거나 요리가 취미인 투숙객을 위한 요리 교실도 유명하다. 토요일 오전에 진행되는 '씨 솔트 워크숍(Sea Salt Workshop)'을 포함해서 농장 투어, 요리 시연, 셰프의 테이블 디너, 와인 시음 등이 포함된 3일간의 프로그램인 '랜드 투 씨 요리 패키지(Land to Sea Culinary Immersion Package)'도 유명하다. 어린이를 포함하는 가족 모두를 위한 건강한 음식 메뉴, 가족들을 위한 워터 슬라이드, 매(Falcon) 다루기 프로그램 등 어린이뿐만 아니라 가족 모두를 즐겁게 만들어 주는 프로그램이 많기 때문에 미리 정보를 잘 찾아 예약을 하면 가족여행의 의미를 더욱 크게 만들어 줄 듯 싶다. 나아가 해양 스포츠에 관심이 많은 분들이라면 리조트 바로 앞 바다에서 카약, 패들 보트, 서핑, 파도타기를 할 수 있다. 물론

이도 저도 싫은 분들이라면 주변에 너무 예쁜 산책로가 마련되어 있기 때문에 가족들과 손을 잡고 천천히 걸으면 정말 좋을 듯싶다. 언제 가족의 손을 잡아 본 적이 있었나 싶을 정도로 우린 바쁘게만 살아오지 않았던가! 그저 일만 하느라 어떻게 세상 돌아가는지도 모를 지경이다.

시간과 장소의 개념을 뛰어넘어 오롯이 가족들과 함께 그동안 도시에서 받았던 스트레스를 멀리하고 다양한 오프라인 액티비티에만 집중해 보자. 그런 후 저녁 시간에는 가족들과 모닥불을 펴 놓고, 과거와 현재 그리고 미래를 함께 이야기도 해 보자. 곁에 캘리포니아산 와인이 있으면 더 좋겠다.

만약 일 년 내내 온화한 기후를 가진 LA에 가게 된다면, 아름다운 태평양 해안가를 따라 드라이브하여 도착하게 되는 테라니아 리조트에서 가족 간의 정을 돈독하게 만들어 보자. 그동안 말 못 했던 가슴 속 이야기를 속 시원하게 털어내자. 복잡하고 어지러운 도심을 떠난 사람들을 위한 최고 휴식처이면서 힐링을 제대로 할 수 있는 장소에서 가족의 힘을 충전해 보자.

이런 행복한 리조트에도 단점은 있을 수 있다. 모든 프로그램에 참여하려면 예약이 필수라는 점 그리고 발레파킹에 어려움이 있을 수도 있다는 점, 방마다 커피머신이 없을 수도 있다는 단점을 감안한다 해도 이곳에서 얻게 되는 체험은 단연코 세계 최고일 듯싶다. 세계적인 부자들의 라이프 스타일을 체험할 수 있는 의미 있는 하루가 될 듯싶다. 이곳에서 며칠 만이라도 가족 구성원 모두 행복해하는 모습을 보고 싶다. 이것이 바로 우리가 열심히 돈을 버는 이유가 아닐까!

※ https://www.terranea.com

※ https://www.instagram.com/terranearesort/

슬기롭게 해외에서
한 달 살기

왜 해외에서 한 달 살기가 인기일까?

'해외에서 한 달 살기'가 여행업계의 메가트렌드다. 몇 년 전부터 불기 시작한 '제주에서 한 달 살기' 열풍이 해외로 이어지고 있다. 국내에서 한 달 살기로 몸풀기를 끝낸 사람들이 해외로, 해외로 나가고 있다. 엔데믹 시절로 들어서면서 해외에 나가는 것은 그 누구도 막을 수 없는 거대한 라이프 트렌드가 되었다. 이제부터 슬기롭게 해외에서 한 달 살기에 대해 이야기하겠다.

전 세계가 '해외에서 한 달 살기' 열풍에 놓여 있다. 왜 한 달 살기가 현대 도시인들의 메가트렌드가 되었을까? 첫 번째, 코로나로 인해 너무나 오랫동안 집안에 막힌 삶으로부터 해방되고 싶은 욕구가 너무나 크다. 그동안 억눌렀던 해외여행에 대한 욕구가 이젠 활화산처럼 분출되려 한다. 또한 그동안 배낭여행 혹은 패키지 해외여행 경험이 많은 세대들을 중심으로 국내 한적한 도시에서 한 달 살기 열풍이 한번 지나갔기 때문이라 풀이된다. 즉, 국내 조용한 중소도시에서 한 달 살기로 워밍업한 사람들이 이젠 해외에서 한 달 살기에 도전하기 시작한 것이다. 사실 해외에서 한 달 살기가 가능한 세대는 정해져 있다. 2030대 결혼한 세대 중에서 아이가 없는 부부, 그중에서 파이어족으로 경제력이 어느 정도 뒷받침해 주는 부부, 그리고 5060대 중에서 아이들을 다 키워 삶이 단출해진 식구를 지닌 어느 정도 경제력이 있는 부부뿐이다.

먼저 2030대 부부 중에 아이가 없는 부부들 사례다. 이들은 그동안 갈고 닦은 해외여행 실력을 발휘하기에 충분하다. 특히 아기가 없는 파이어족이기 때문에 거침이 없어 보인다. 에어비앤비를 이용해서 저렴하면서도 편안한 숙소 잡는 일부터 시작해서 현지 도착해서 유심칩을 이용하는 법, 구글맵을 이용해서 편안히 길 찾는 법, 영어를 어느 정도 사용이 가능하기에 어느 도시에서도 불편 없이 생활이 가능하다는 장점을 최대한 살리면서 도전을 이어가고 있다. 또한 현지에서 촬영한 여행 과정을 유튜브에 올려 광고비를 별도로 발생시키는 현명함까지 갖춘 2030대 파이어족 부부가 늘어나고 있다.

여행 관련 인기 유튜버를 보면, 대부분 해외에 나가 현지에서 촬영, 편집한 콘텐츠를 송출시키고 있고, 이런 유튜버가 구독자를 몇십만 명을 거느리고 있으니, 매월 들어오는 광고료 수입으로 인해 해외 한 달 살기 프로젝트를 계속 진행할 수 있게 된다. 아마 해외여행 중에 사고가 나지 않는 한 해외 한 달 살기는 도시를 바꾸면서 계속 지속될 수 있다.

반면에 2030대 부부에 비해 디지털 능력이 약간 떨어지는 5060대 부부들은 이제 해외에서 한 달 살기 걸음마 단계에 접어들었다고 보인다. 필자는 개인적으로 시간과 경제력이 뒷받침된다면 5060대 부부의 해외에서 한 달 살기를 적극적으로 추천하고 싶고, 제안하고 싶다. 대한민국 5060대의 대부분은 베이비붐 세대이거나 그 밑 X세대 사람들이다. 이분들은 민주화를 위해 한 번쯤은 데모대에 끼어 시청 앞에 모였거나, 촛불 한 번쯤 들러 광화문에 나갔거나, 해외여행 자유화 원년 멤버이거나, IMF 시절에 혼쭐이 났던 사람들일 것이다.

누구나 50세를 넘어서고, 나이가 어느 정도 들면 은퇴를 할 것이다. 30여 년간 직장생활의 종지부를 찍어야 할 것이다. 그들의 아이들은 사회생활을 시작할 나이에 접어들 것이고, 그들만의 세상을 열어가고 있는 중일 것이다. 그래서 은퇴를 앞둔 5060세대는 반드시 자신이 가장 좋아하는 일이 무엇인지 은퇴 전에 꼭 알아야 할 것이다. 젊은 사람들은 모르겠지만, 해외여행은 국내 여행과 달라서 상당한 체력을 요한다. 시간이 되고, 경제력도 뒷받침된다 하더라도 체력이 받쳐주지 못한다면, 해외여행, 특히 해외에서 한 달 살기는 남의 나라 이야기가 된다.

지금부터 체력 관리에 각별히 신경을 써야 할 것이고, 체력이 된다면 한 살이라도 젊었을 때, 부부가 오순도순 해외 도시에서 한 달 살기 프로젝트를 자주 진행해 보기를 바란다. 아시다시피 자기가 가장 좋아하는 일이 뭔지 미리 찾아내서 어떻게 남은 여생 동안 진행할 것인지 설계해 놓지 않는다면, 어영부영하다 몇 년이 후딱 지나갈 것이다.

대부분 은퇴하고 나면 여행이나 실컷 다니겠다는 사람들이 참 많다. 하지만 젊었을 때는 돈과 시간이 없어서 못 갔지만, 5060대에는 나이가 들어 여행을 갈 수 있는 환경이 되어 떠나려 했더니 건강이 허락하지 않는 경우도 참 많다. 그래서 은퇴 초기 건강이 좋을 때 해외에서 한 달 살기 여행을 진행하기를 제안한다.

해외여행 한 달 살기를 적극 추천하는 이유는 세상이 디지털 세상으로 변했기 때문이다. 재택근무가 가능한 세상, 나아가 워케이션(Work+Vacation: 워크+베케이션)이 가능해서 해외 현지에서 업무 진행이 가능해 진 세상이다. 핸드폰과 노트북만 있으면 인터넷이 되는 곳에서 언제든지 업무지시와 점검이 가능한 세상이 되었다.

우리네 인생의 윗세대 선배들은 그야말로 대한민국 산업의 역군들이셨다. 그분들의 자손인 5060세대는 모바일 세상에 사는 첫 번째 소비자이므로 이를 철저히 이용해야 할 것이다. 지금 모바일 세상에서의 삶은 태어나서 평생 한 지역에서만 살아가야만 했던 농경사회가 아니라는 사실을 알려 주고 싶다. 이젠 내가 살고 싶은 곳에서 내가 원하는 시간에 일할 수 있는 언택트, 모바일 세상이라는 것이다. 독립된 세상을 찾아가는 자식 농사가 끝난 5060대 부부는 이제부터 자신들만을 위한 인생에 도전하기를 바란다. 해외에서 한 달간 제2의 신혼여행을 떠나보자.

해외에서 돈 벌면서 현지인처럼 살 수 있다

해외에서 한 달 살기를 결심하고 바로 실행에 옮기는 프리랜서가 점점 늘어나고 있다. 사무실이 필요 없는 사무환경으로 인해 한 달 살기를 넘어서서 몇 개월간 해외에서 살기를 생활화하는 젊은 이들도 늘고 있다. 이들은 코워킹 스페이스가 있는 도시에 생활 터전을 잡는다.

그야말로 지속적으로 노마드의 삶을 살고 있는 것이다. 노트북과 콘센트를 연결할 수 있는 곳이라면 어디서든 일을 할 수 있다. 대부분 글을 쓰고, 사진을 촬영하거나 동영상을 촬영해서 고국에 있는 기업에 자료를 정기적으로 보내는 업무를 진행한다. 현지에서 알바를 뛰는 것이 아니라 고국에 업무파트너를 개발 완료한 상태에서 해외로 나오게 된다.

그래서 업무파트너 겸 스폰서의 역할을 하는 기업체나 단체와 매일 연락을 하면서 현지인의 삶을 살아간다. 스폰서의 지원을 받아 원하는 도시에 머무르면서 스폰서가 원하는 콘텐츠를 제작해 주는 프로젝트를 대부분 진행한다. 하루에 일하는 시간이 정해져 있지 않기 때문에 하루에 해야 할 일 외에는 그 어떤 것도 이 프리랜서 삶을 방해할 수가 없다. 물론 이런 업무는 2030대 싱글족, 파이어족들에게 가능한 업무이고, 일상생활이 될 것이다.

이런 국내 업체를 대신한 해외 리포터 역할을 하는 싱글족도 있지만, 3040대 중에서 국내 IT 관련 사업을 진행하면서, 해외에 나가 새로운 삶을 개척하는 분들도 있다. IT 관련 업무이기 때문에 국내에 직원들은 해외에 나가 있는 CEO의 지시대로 과업을 약속기일까지 완수하면 되는 시스템이다. 해외에 나가 있는 CEO는 국내에 기존 클라이언트와 지속적인 관리업무 그리고 특별한 업무를 추가로 진행하면 된다. 클라이언트의 새로운 오더를 제대로 수주해서 국내에 있는 직원들에게 제대로 전달하면 된다. 그야말로 리모트 워크가 가능해진 세상이기에 한 달 살기가 아니라 일

년 살기 혹은 5년 살기를 진행할 수 있는 것이다.

또는 블로그를 통한 광고비를 매월 받으면서 해외 체류가 가능하다. 티스토리 혹은 워드프레스를 통해 블로그를 열심히 써 온 사람이라면 해외에 나가면 더욱 좋다. 해외에서 체험하는 새로운 환경과 만남에 대해 이야깃거리가 넘칠 테니까 말이다. 다양한 체험과 만남을 매일매일 블로그에 올리면 국내에 있는 구독자들이 열심히 읽어주게 되고, 해당 페이지의 광고를 보게 될 테니, 월간 구독료가 차곡차곡 쌓이게 된다.

하지만 5060대라고 이런 삶을 살지 못 하리라 보지는 않는다. 국내에서 미리 스폰서를 찾아내고, 현지로 출발하면 되는 것이다. 예를 들어 사진에 조예가 깊은 은퇴자라면 사진 관련 업무를 필요로 하는 업체와 사전 접촉을 해보기를 바란다. 혹은 시장 조사를 잘하는 은퇴자라면, 현지 도시에 관한 정보를 필요로 하는 업체와 미리 접촉해 보기를 바란다. 누가 아는가? 해외 어느 도시에서 돈도 벌면서 그 도시 생활을 만끽하게 될지 그 누가 알겠는가? 일단, 도전해 보기를 바란다. 현지에서 돈도 벌면서 현지인처럼 생활하기에 도전해 보자. 너무 겁먹지 말고 들이대 보자!

이제까지 살아온 방식대로 살지 않아도 되기 때문에 5060대 부부가 해외에서 한 달 살기를 해 보면 인생 2모작의 삶 그리고 더 나아가 20대 때 품었던 푸른 꿈을 실현 시키는 멋진 삶을 살아갈 수도 있을 것이다. 부부는 그동안 서로에게 소홀했던 부분, 결혼 초기에 가졌던 애틋한 감정 등이 다시 샘솟을 것이다.

그리고 필자가 제안하는 해외에서 한 달 살기 방식은 좀 더 특별하게 접근했으면 한다. 즉, 하루 3끼 식사하고, 현지 유명한 지역 탐방하고, 다시 집에 돌아와 식사 준비하고, 잠자고 하는 이런 일상생활을 다람쥐 쳇바퀴 돌듯이 하지는 말라는 이야기다. 물론 해외에 나가면 한 끼 식사하는 것이 대단히 중요하다는 것도 안다. 하지만 현재 유명 여행 관련 유튜버들의 해외살이를 보면 너무 똑같아서 실망이다.

현지 도시에 처음 도착해서 유심칩 바꿔 끼고, 현지 숙소에 도착해서 한 달간 살 집의 이모저모를 점검하고, 현지 환경 적응하고, 먹을 것 사러 슈퍼에 가고, 숙소에 다시 돌아와 음식 만들어 먹고, 다시 외출해서 현지 유명한 시내에 가고, 다시 돌아와 자고 그리고 다음 날 똑같은 행위를 반복하는 그런 해외 생활을 하지 말라는 것이다.

그럼 뭘 해야 할까?

자, 생각을 다시 해 보자. 어떻게 얻은 해외 도시에서 한 달 살기 생활인가? 고국에서 했던 하루 일과를 해외 현지에서 똑같이 하려면 뭐 하러 그 많은 돈을 들이고, 시간을 투자해서 그 먼 곳까지 간단 말인가? 힐링하러 왔다고? 그냥 해외 풍광만 보러 왔다고?

하지만 5060대 나이라면 인생에서 산전수전 공중전까지 모두 체험한 나이인데, 뭐가 두렵겠는가? 필자가 주장하는 슬기로운 해외 한 달 살기는 해당 도시에서만 체험할 수 있는 이벤트와 삶에 도전하라는 것이다. 당연히 해외에 떠나기 전 단계에서 할 일이 참 많을 것이다.

그리고 가장 중요한 사전 준비 작업이 하나 더 있다. 바로 해당 도시와 해당 국가에 대한 역사와 문화를 아주 많이 공부를 해야 한다. 이 부분은 상당히 중요한 내용이다. 해당 도시에 가서 해당 현지인들이 왜 이런 행동을 하고, 왜 이런 말을 하는지 그 이유를 알려면 미리 그네들의 역사와 문화를 미리 이해해야 한다. 대부분의 해외 도시에서 한 달 살기를 하는 사람들의 영상을 보면 이 부분이 상당히 취약해서 그냥 스쳐 지나가는 경우가 대부분이라 이 부분을 꼭 말해 주고 싶었다. 어느 도시를 간다고 하면 그 도시의 역사와 문화에 대해 사전에 많은 공부를 하고 꼭 떠나기를 바란다. 그래야 아는 만큼 보일 것이다. 알지 못하고 가면 정말 귀중한 트렌드, 귀한 정보를 그냥 놓치고 오게 될 것이다. 반드시 해당 국가, 해당 도시의 역사와 문화에 대해 꼼꼼히 사전에 알고 방문토록 하라. 이 부분은 필자가 장담한다.

매일 어떤 액티비티를 다르게 하지?

'해외에서 한 달 살기'를 기존 여행자들과 다르게 접근하기를 바란다. 그냥 하루 삼시 세끼 먹느라 소일하지 말라. 그 나라, 그 도시에서만 체험할 수 있는 귀중한 이벤트, 미팅, 학습에 참여하기를 바란다. 이제부터 슬기로운 해외에서 한 달 살기를 위한 다양한 액티비티에 도전하자.

해외에서 살기의 목표를 '현지인처럼 살아보기'라면 현지인들에 대해 많이 공부해야 할 것이다. 동시에 현지에서만 체험이 가능한 프로그램(문학, 역사, 자전거 타기, 요리, 미술, 음악 등 다양한 취미활동과 스포츠 활동이 가능한 프로그램) 리스트를 만들어 놓아야 할 것이다.

해외에 나가 어느 한 도시에 머물면서 현지인처럼 생활하려면 어떤 삶의 이벤트가 있을까 한번 상상해 본다.

해당 도시에서만 체험할 수 있는 이벤트 리스트와 해당 도시에서 만날 사람들 리스트를 미리 만들어 놓는 것이다. 학연, 지연 등을 이용해서 만나고 싶은 사람이 있다면 미리미리 미팅 준비를 해놓자. 그래서 현지에서 유명한 요리학교, 문화교실 등에서 요리 배우는 수업에 참여하기, 노래 교실에 참여하기, 댄스 배우기(라틴 댄스, 살사, 지역 특정 춤 등), 골프를 좋아한다면 골프 학교에 참여하기 등 뭔가 배우면서 혹은 체험하면서 여행을 즐겼으면 좋겠다.

여기서 더 나아가 해당 도시 유명 도서관에 가서 문화행사에 참여하기 및 책 읽기 등에 참여해 보자. 운동을 좋아하는 사람이라면, 해당 도시 인근 산에 올라가기, 스포츠 관람하기 등 액티브한 삶을 살아보는 것이다. 부부가 함께 즐길 이벤트를 미리 한국에서 찾아보는 일을 선행해야 한다. 그래야 현지에서 정말 귀한 이벤트 및 체험 행사에 참가할 수 있게 된다. 그래야 현지인들과 만나 인연을 맺게 되기도 하고, 연락처도 주고받을 수 있게 될 것이다.

그리고 인근 도시로 여행하면 좋다. 지역 여행사가 많기 때문에 도심에 나가 여행사를 들러 어떤 여행상품이 있는지 체크한 후, 그중에서 몇 가지를 선택할 것이다. 그래서 1박 2일로 인근 도시를 여행할 수 있도록 국내에서 미리미리 여행 짐 싸기를 준비해야 할 것이다. 즉, 한국에서 미리 1박 2일 여행을 위한 작은 가방을 별도로 준비한다. 당연히 어깨에 멜 수 있는 가방이다. 그래야 두 손을 자유롭게 이용해서 촬영을 하거나 사진을 찍을 수 있게 된다.

간편한 여행을 위한 아이템을 고국에서 미리 준비해야 현지에서 작은 여행 짐 싸기가 수월해질 것이다. 그리고 주말에는 해당 도시에서 열리는 대표 운동경기가 열리는 스타디움에 가서 현지인들과 함께 어느 팀을 열심히 응원하면서 경기를 관람할 것이다.

그리고 해외 도시에서 한 달 살기 여행에서 가장 중요한 것은 **왜 해외에서 한 달 살기를 하려는 지 그 이유에 대해 미리 설정한 후에 떠나야 한다는 점을 잊어서는 안 된다.** 즉, '이번 해외 한 달 살기의 목표는 무엇이다'라고 미리 설정하고 가야 목표를 수행할 수 있게 된다는 말이다. 그렇지 않으면 '왜 해외까지 나와서 이런 고생을 하지'라고 생각을 할 것이고, 여행의 의미도 퇴색하게 된다.

이 과정은 정말 중요하기 때문에 다시 강조한다. 시간도 생겼고, 여행경비도 생겼고, 체력도 가능하다면, 해외에서 무엇을 하면서 한 달 살기를 할 것인지 구체적인 컨셉과 플랜이 중요하다. 이런 사전 여행계획서 작성을 반드시 하고 출발하자. 당연히 플랜 B도 수립해 놓아야 할 것이다. 인생도 그렇고 여행도 그렇다. 내가 세운 계획대로 돌아가지 않는 공통점을 가지고 있으니 첫 번째 계획이 어긋나면, 두 번째 계획을 밀고 나가면 된다. 반드시 본 해외에서 한 달 살기의 목표를 구체적으로 명시한 여행계획서를 만들기를 바란다.

격(格)이 다른 공공서비스

선진국으로 갈수록 공공서비스 및 사회 시스템 적용이 엄격하다. 후진국으로 갈수록 법과 제도가 있지만 시민들이 잘 지키지 않는다. 지키나 안 지키나 거기가 거기다. 누가 뭐라 하는 사람도 없다. 높은 직책에 있는 사람들이 안 지키는데, 나 같은 평민이 왜 지켜야 할까 하는 시민들이 대부분이다. 필자는 의식이 깨어있는 국민이 많이 사는 나라, 세상에 사람다운 길에 대한 목소리를 제대로 내는 시민이 많은 도시가 선진국이고 선진 도시라 생각한다. 필자가 방문했던 42개 국가 중에서 선진국은 아무나 선진국이 될 수 없음을 알려준다.

대한민국만큼 디지털 세상을 가장 빠르게 전파하고 향유하는 국가가 있을까. 지하철 안에서 스마트폰으로 영상을 즐길 수 있다는 사실에 놀라는 외국 관광객들이 참 많다. 그만큼 디지털 하드웨어만큼은 전 세계에서 탑 5안에 든다. 하지만 대한민국의 공공서비스의 질을 가만히 보면 선진국과는 상당히 떨어지는 경우가 허다하다. 7080 세대에서 진행되었던 수준의 서비스가 그대로 습관처럼 진행되는 경우도 허다하다. 당연히 이런 선진 의식과 후진 시스템과의 괴리에서 새로운 비즈니스가 탄생할 수 있으리라 예상된다.

아시다시피 공공서비스의 종류는 산업별로 상당히 다양하고 종류도 많다. 하지만 일반 시민이 하루 중에 가장 많이 이용하게 되는 공공시설부터 공공서비스 시스템까지 지자체 각 부서가 준비하고 기획해야 할 사항들이 참 많아 보인다. 아시다시피 세계 각국의 도시들은 인구의 70%가 모여 살기 때문에 엄격한 공공서비스 시스템을 갖추지 못하면 해당 도시에 사는 주민들에게 막대한 고통과 경제적 손실을 발생시킨다. 나아가 해당 도시에 투자를 결정하려는 글로벌 선두 기업의 선택을 받기 위해서는 품격 높은 사회 시스템을 사전에 구축해 놓아야 한다.

왜 지방 도시에 젊은이들이 서울로만 가려는지 그 원인을 제대로 파악하고, 대책을 세워야만 할 것이다. 누구나 뻔히 아는 솔루션을 진행하지 않는 지자체장은 무능한 것 아니면 무책임한 것 아닐까?

그렇다면 글로벌 선두 기업이 어떤 도시에 투자를 선택할까? 그 기준은 무엇일까? 당연히 해당 도시의 바람직한 미래상을 예측할 수 있고, 해당 도시의 시민들에게 성장과 번영 그리고 풍요로운 삶을 안겨주는 사회 시스템을 제대로 갖추었는가를 사전에 점검할 것임에는 틀림없어 보인다. 국내 생산 제조업체가 해당 본거지를 떠나 해외로 변경하는 이유는 무엇일까?

대부분의 선진국 공무원들이 생각하는 공무원상은 자신들이 시민과 지역 사회를 위해 봉사하는 사람이라고 여긴다. 또한 도시를 책임지는 부서 실무자들은 자신들이 마치 일류 마케터처럼 마케팅을 하려고 노력한다. 여러 도시들 중 보다 앞선 도시, 누구나 살고 싶어 하는 도시를 만들기 위해 시민의 목소리를 실시간으로 들을 수 있는 시스템을 구축해 놓으려 노력한다.

사실 해방 이후 지금까지 대한민국 공공기관의 정책이나 서비스들은 많은 경우 공급자 위주의 절차를 통해 주먹구구로 도출된 경우가 많았다. 실리보다는 명분에 치중한 경우도 많았다. 그래야 표를 많이 받아 당선이 될 수 있었기 때문이다. 해당 사회적 문제를 해결하는 접근하는 방법도 고객지향적이라기보다는 지역 최고책임자 눈에 드는지가 의사결정의 잣대였던 적도 있었다. 하지만 지금은 21세기, AI 시대. 공공서비스의 수준도 선진국 수준 이상의 새로운 지표 수립이 필요해 보인다. 필자는 이를 위해 1단계로 몇 가지 제안을 드리고 싶다.

◆ 공공서비스 시스템에 미스터리 쇼퍼 제도를 도입하자

미스터리 쇼퍼 제도는 백화점·대형마트 등 서비스 업종에서 주로 도입한 제도로서, 해당 서비스의 수준을 객관적으로 평가를 대행해 주는 시스템이다. 그러므로 공공기관의 서비스 질을 높이고 싶거나 혹은 내부 부조리를 적발하기 위해서는 미스터리 쇼퍼 제도를 도입할 필요가 있다. 일종의 현대판 암행어사 제도인 셈이다. 이를 통해 각 지자체장 및 해당 조직을 바꿔보자. 실력 없고 일 안 하는 실무자들을 교체해 보자. 제대로 일하는 능력 있는 공공서비스 조직으로 탈바꿈해 보자.

◆ 공공기관 기관장에 민간 전문가를 적극 채용하자

해당 분야에서 적어도 20년 이상의 경력을 가진 최고의 전문가를 기관의 수장으로 특별 채용하는 방식을 통해 조직에 새로움을 불어 넣으면 좋겠다. 지역을 발전시키고, 지역경제를 살리는 업무에만 집중하고, 더 나은 미래를 위해 공부하고, 연구하는 산업 전문가를 지역의 수장에 앉혀야만 대한민국 지자체는 살아날 것으로 본다. 선거제가 아닌 추천제로 선발방식을 수정하면 좋겠다. 나아가 획기적인 공공서비스 입안자에게는 연중 큰 포상을 제공하는 기회를 마련하자. 해당 기획안을 통해 지역 경제에 큰 보탬이 되었다면 당연히 해당 기획자에게 큰 보상을 하는 것이 당연하다.

◆ 빅데이터를 적극 활용해서 새로운 기획안에 적극 활용하자

막연히 경험에 의해 처리하던 일을 정확한 데이터를 기반으로 서비스를 운영해야만 한다. 물론 데이터는 과거 경험의 다른 형태이지만 필자가 이야기하는 데이터는 빅데이터를 말하는데, 미래를 설계함에 있어서 많은 참고가 될 것이다. 이런 빅데이터조차 이용하지 않고 기획안을 만든다는 것은 책상 위 가설일 경우가 많을 것이다. 빅데이터를 최대 활용하되, 미래를 제대로 예측할 수 있는 기획자가 입안하는 시스템을 갖추자. 미래의 세상은 촘촘히 연결된 글로벌 세상의 일부분이기 때문에 거시경제와 미시경제에 능통한 자만이 미래를 제대로 예측할 수 있을 것이다. 이를 위해 빅데이터를 제대로 해석할 수 있는 산업별 전문가가 꼭 필요한 것이다. 말만 잘하는 변호사 출신의 법률가로서는 도저히 지금의 지자체가 갖고 있는 문제를 전혀 해결할 수 없을 것이다.

◆ 인력이 부족한 부서 업무에는 로봇을 투입하자

공공서비스 업무의 역할을 가장 잘 수행할 인재는 바로 로봇이다. 점점 기존 실무를 현장에서 진행할 수 있는 인원이 부족해질 것이다. 그렇다면 이런 기본적인 공공서비스 관리 부분에 로봇을 투입하자. 특히 순찰 기능은 최고일 듯싶다. 역 주변 혹은 한적한 골목 등에 순찰 로봇을 투입하여 돌아다니면서 카메라로 수상한 사람에 대한 정보 알림과 동시에 시민 안전이 잘 진행되는지, 불법 주정차 차량은 없는지 등을 확인하는 역할을 수행토록 일선 실무부서에 투입하자.

이처럼 다양한 공공서비스 시스템 수정을 통해 지역경제를 살려야 할 것이다. 최종적으로는 스마트 도시를 만들어야 할 것이다. 먼저, 공공서비스의 질적 향상을 통해 지역경제를 평균 이상으로 올려놓자. 그런 후, 최종적으로 도시에서 벌어지는 모든 현상과 움직임, 시민 행동들을 데이터화하는 작업이 필요하다. 이러한 빅데이터를 AI(인공지능)를 통해 분석하여 해당 지역 도시인들의 삶의 질과 행복을 높이는 맞춤형 예측 서비스를 제공하는 플랫폼으로 발전해 나가야만 한다. 앞으로 전개될 미래지향적 도시, 선진 도시가 되려면 스마트도시에 대한 연구를 지금부터 진행해야 할 것이다.

필자가 적극 추천하고 싶은 도시는 역시 '싱가포르'다. 하지만 잊지 말아야 할 것은 우선 해당 지자체의 공공서비스 시스템을 상향시켜야 한다는 점이다.

흡연하기 어려운 사회 시스템

대한민국처럼 길거리 담배에 관대한 나라가 이 지구상에 또 있을까? '흡연 천국'이라는 중국마저 공공장소 흡연을 규제하기 시작했으니, 말 다 했다. 문제는 길거리 담배가 비흡연자에게 얼마나 큰 불쾌감을 주는지 흡연자는 잘 모른다는 점이다. 담배 연기는 꼬리가 긴 만큼 냄새도 멀리 퍼진다. 그냥 서서 피우는 것도 모자라 담배를 손에 들고 피면서 유유히 걸어가면서 담배를 피는 흡연자들이 많다. 많아도 너무 많다. 하지만 제재하는 사람이 단 한 사람도 없다. 지자체 의회에서 금연구역을 설정해서 공포만 하면 끝날 일이지만 대한민국 그 어느 시, 도에서도 첫 번째로 시행하는 곳이 없다. 아직 선진국으로 가기에는 한참 멀어 보인다.

오늘도 길을 가다 움찔 멈춘다. 필자 바로 앞에 갑자기 나타나 담배를 뻑뻑 피우는 아저씨 때문에. 간접흡연의 피해를 아무리 이야기해도 담배 피우는 습관은 개선되지 않는다. 담뱃값을 아무리 올려도 흡연 인구가 줄어들지 않는 것과 같은 이치일까. 담배 연기가 눈과 코를 몹시 힘들게 만들지만 달리 방도가 없다. 이제부터 비흡연자들도 간접 흡연하지 않을 권리가 있는 세상이다. 그렇다면 선진국, 선진 도시는 비흡연자를 위한 사회 시스템을 어떻게 갖추었는지 궁금해진다.

필자가 다녀온 선진 도시 길거리에서 담배를 손가락에 끼고 활보하는 사람을 본 적이 단 한 번도 없다. 왜 대한민국에서는 길거리 보행 중 흡연자를 방치하는지 모르겠다. 길거리 흡연은 담배 연기뿐만 아니라 침과 가래 등 이물질을 동반해 길거리에 흔적을 남긴다.

사례 1 일본 도쿄의 길거리 금연구역은 2001년 확대됐다. 보행 중 담배를 피우던 한 남성의 담뱃불에 지나가던 키 작은 어린 아이 눈에 들어가 실명하는 사건이 계기가 됐다. 지금은 거의 모든 지역이 금연구역이며 적발 시엔 규정에는 **과태료 2,000엔(약 2만 원)부터 한화로 최고 20만 원까지로** 되어 있어서 위반자가 많으면 벌금을 더 올리는 정책을 지켜나가고 있다. 그래서 돈을 내고 들어가 담배를 피우는 유료 흡연소가 등장했다. 입장료는 1회 이용 시 50엔, 일주일 자유이용권은 500엔이다. 당연히 비흡연자에게 피해가 가지 않도록 시설을 잘 만들어 놓았다. 실제로 일본뿐만 아니라 미국·호주 등 금연 선진국들은 거리 곳곳에 흡연 공간을 따로 만들어 간접흡연 피해를 줄이고, 흡연권을 보장해주는 '분리형 금연 정책'을 시행 중이다.

사례 2 홍콩을 쇼핑의 도시, 금융의 도시로만 알고 있던 당신. 이제부터 한 가지를 더 알아야 한다. 홍콩은 2007년부터 술집과 식당을 비롯한 모든 실내에서의 흡연을 금하고 있다. 금연구역에서 담배를 피우다 적발되면 **벌금 5,000 홍콩 달러(약 81만 원)**를 부과하는 등 엄격한 흡연 규제책을 시행 중이다. 높은 담뱃세와 활발한 금연 운동 등으로 15세 이상 성인의 흡연율은 11.1%에 불과하다. 세계 최저 수준이다. 아마 홍콩은 세계에서 첫 '금연 도시'가 될 확률이 크다.

사례 3 영국의 금연구역법은 법규위반 시 비교적 무거운 범칙금을 부과하고 있다. 영국의 흡연에 대한 벌칙이 더 무거워 보이는 이유는 흡연자 당사자에게만 주는 벌금이 아니라는 점이다. 즉, 범칙금은 금연구역에서 흡연한 사람뿐 아니라, 흡연을 제재하지 못한 해당 금연구역의 책임자 혹은 소유주에게도 부과된다. 자동차의 경우는 운전자 또는 소유주까지도 함께 처벌 대상이 된다는 점이 특이하다. 범칙금 액수도 상당히 높은 편이다. 우선 금연구역임을 알리는 금연구역 표시 사인을 제대로 부착하지 않았을 경우 시설물의 책임자 혹은 소유주가 범칙금을 부과받게 되고, 15일 이내에 이 범칙금을 납부하면 150파운드(약 30만 원), 15일 초과 29일 이내에 납부하면 200파운드(약 40만 원)의 범칙금을 내야 한다. 이러던 **영국이 이젠 아예 금연 국가를 선포했다.** 2009년 이후 출생한 14세 이하 청소년은 성인이 돼도 법적으로 담배를 구매할 수 없도록 관련법을 손볼 예정이다. (2023년 10월 6일 자 신문 내용). 이는 2022년에 금연 국가를 선포한 뉴질랜드에 이어 두 번째다.

자, 위 사례들을 보니 어떤 생각이 드는가? 선진국은 거의 모두 금연 공동체적 성격의 법을 진행 중이다. 사회 전체가 금연을 표방 중이다. 지자체가 지정한 금연구역 안에 있는 시설물 소유주에게도 범칙금을 부과하는 아주 강력한 법 진행을 보면서 선진국은 역시 다르다는 생각을 갖게 만든다.

대한민국을 여행하는 외국인들에게 물었다. 무엇이 가장 불편하고 낯설게 느껴졌는지. 몇 년 전 국내 대표 일간지가 서울 각지에서 만난 외국인 관광객 100명을 심층 인터뷰한 결과를 보면, **응답자들은 '길거리 흡연'을 '한국 여행에서 이해할 수 없었던 일' 중 하나로 꼽았다.** 언제까지 서울이 외국인에게 이상한 도시로 비쳐야 할까.

선진국일수록 흡연하기 어렵게 만든 사회 시스템

일본 도쿄의 거의 모든 구에서는 걸어 다니면서 담배를 피우는 행위를 금하고 있다. 지역마다 벌금과 벌칙이 조금씩 다르지만 강력하게 규제를 하고 있기 때문에 걸으면서 담배를 피운다는 것은 꿈에도 꾸지 못할 일이다. 일본의 경우, 요즘은 한자리에 서서 담배를 피우게 만든 공중 흡연 구역이 생겨서 그나마 흡연자에게 위안을 주지만 이런 지정된 공간도 점점 사라져 가는 추세이다.

보행 중 흡연을 금지하는 구역을 알리는 사인을 길바닥에 만들어 놓은 도쿄 시부야의 안내 싸인물을 보면서 백해무익한 담배로부터 대부분의 시민을 보호하려는 공공질서의 단면을 보게 된다. 얼마나 많은 대한민국 여행객들이 보행에 흡연을 하면서 일본 거리를 돌아다녔으면 도쿄 신주쿠 거리 안내판에 한글을 넣은 '보행 중 금연'이라 적힌 철제안내판을 만들어 놓았을까도 생각해 본다. 일본 도쿄뿐만 아니라 금연은 전 세계적인 메가트렌드다. 일정 공간이 아니라 도시 전체를 금연도시로 만들려는 움직임이 대단하다.

가장 최근에 중국과 일본에서는 로봇을 활용한 금연 활동을 하고 있다는 뉴스다. 상가·철도 등 사람이 몰리는 지역에 순찰 로봇을 투입하고 있는 중이다. 중국은 2018년 12월 베이징의 번화가인 시단(西單) 지역에 바퀴 4개로 움직이는 순찰 로봇을 배치했다. 이 로봇에 탑재된 카메라는 얼굴 인식 기능으로 행인들 사이에서 수배자를 찾거나 금연구역에서 담배를 피우는 사람들을 단속하는 기능도 있다.

일본 역시 2018년부터 도쿄 도심에 있는 세이부 신주쿠역에 순찰로봇을 투입했다. 세이부 철도회사와 IT 업체 니혼 유니시스가 공동 개발한 이 로봇은 사람과 비슷한 1.67m 크기로, 역 주변을 돌아다니며 카메라로 수상한 사람이나 물체가 있는지 확인하는 기능과 동시에 금연지역에서 흡연하는 사람을 단속한다.

세계에서 첫 번째로 '금연 도시(금연 도시라 함은 전체 성인 인구 중 흡연자가 5% 이하가 되는 상태를 말한다)'를 목표로 진행되는 나라도 있다. 뉴질랜드는 2025년, 핀란드는 2040년에 '금연 국가'가 되는 것을 목표로 하고 있다.

공공디자인의 시작점

약 십여 년 전부터 서울을 비롯한 전국 지자체장들은 앞다투어 공공디자인 혁신에 대해 이야기를 해왔다. 그래서 대한민국 곳곳에서 진행되고 있는 공공디자인 프로젝트는 현재진행형이라 할 수 있다. 그렇다면 과연 지금의 지자체장이 바뀌고도 같은 방향으로 공공디자인이 발전해 나갈 수 있을까?

필자가 예전부터 지금까지 봐 온 대한민국의 공공디자인 개발 방식은 아주 간단하다. 기존 것을 부숴서 아예 흔적조차 보이지 않게 한 후, 그 위에 새로운 것을 짓는 형태다. 대한민국 전국 거의 모든 지자체가 도시를 개발하는 방식이 똑같다.

디자인은 그저 예쁘기만 하면 되는 일이 아니다. 디자인은 그 도시에 사는 도시인들과의 소통방식이다. 도시인들에게 이야기 속으로 안내하고, 100년 후 후손들에게도 같은 이야기를 전달해야 한다. 당연히 디자인 속에는 깊이 있는 콘텐츠를 내포하고 있어야만 한다. 그저 제일 높은 건물을 세우는 것이 아니다. 그저 큰 건축물, 근사한 뭔가를 만드는 것이 아니다.

그럼에도 불구하고 전국 지자체가 혈세를 공공디자인 영역에 낭비한 사례와 금액은 상상을 초월한다. 가장 큰 낭비 부분은 '공공조형물' 부분이다. 각 지자체에 준공된 공공조형물 6,287점에 대한 예산 사용 내역이 약 1조 1,254억 원 규모(2019년 6월 기준, 243개 지자체 중 163개 기준)라고 한다. 그야말로 '밑 빠진 독에 물 붓기'라는 표현이 딱 맞는 세금 누수 현상이 전국에서 진행 중이다. 주민의 동의도 없이 지자체 누군가에 의해 지자체당 몇십억 원의 세금이 줄줄 새고 있다. 특히 재정자립도 10% 미만인 지자체조차 예술성이라고는 1도 찾을 수 없는 공공조형물 조성 사업이 진행 중이다. '공공디자인'에 대한 철학이나 전략을 수립한 후에 진행되는 사업인지 의심이 되는 대목이다.

필자가 공공디자인 사례로 적극 추천하고 싶은 도시가 있다. 바로 영국 런던이다. 런던은 공공디자인 분야에서 최고라 생각된다. 그중에서 런던 시내 대표적 교통수단인 언더그라운드(UNDERGROUND)를 뽑을 수 있다. 빨강 동그라미 안을 가로지르는 진한 청색 띠 모양의 역 표지판은 그야말로 간단하지만 디자인이 전달하려는 정보와 스토리를 아주 쉽게 이해하도록 만들었다. 런던에 사는 주민뿐만 아니라 런던에 처음 도착한 외국 관광객에게도 아주 쉽게 이해토록 디자인되었다. 지하철 노선도 색깔별로 정리되었고, 현재 역과 앞으로 도착할 역 정보까지 일목요연하다. 지금도 전 세계 시각 디자이너들에게 런던 지하철은 '공공디자인의 정석'이라는 평가를 받는다. 그런데 이 런던 지하철 공공디자인이 백여 년 전에 만들어진 작품이라는 사실을 알고 나서 더 놀라게 된다.

필자가 추천하는 공공디자인의 첫 번째 할 일은 맨홀 뚜껑 디자인 변경부터라고 생각한다. 거대한 계획을 국민들에게 선전 포고(?)식으로 알려만 주는 것도 중요하지만, 내실 있게 하나하나 변화를 가져 보는 방안을 제안하고 싶다. 적어도 100년 앞을 내다 본 공공디자인인지 다시 한번 더 생각하고 공공디자인 개혁 전략을 단계별로 실천할 내용들을 차분하게 시민들에게 알려주길 희망한다.

거창한 변화가 도시를 바꾸는 것이 아니다. 도시를 변화시키는 것은 아주 작은 시설부터 시작된다. 전시행정으로 가장 좋은 공공 시설물로 광고판, 네온사인 등을 정비하고 싶겠지만 이것보다 가장 먼저 시정해야 할 부문이 맨홀이라 생각된다. 비가 오면 쉽게 빗물이 빠져나가 하수구로 내려가야 한다.

하지만 대한민국 서울의 맨홀은 각종 오물과 담배꽁초로 인해 빗물이 역류한다. 그 결과 2022년 8월, 서울에 폭우가 터진 날, 서울 강남역에서 차량에 올라간 제네시스 G80 차주가 온통 화제였다. 여기에 빗물에 잠긴 서울과 수 명의 목숨을 앗아간 반지하 물폭탄 사건들이 일어나게 된다.

필자가 다녀온 거의 모든 선진 도시의 맨홀은 도시마다 지역마다 다르다는 것을 알게 되었다. 전 세계 유명한 도시 모든 맨홀의 디자인과 색깔이 다르다는 것도 알게 되었다. 이 맨홀을 통해 시민들에게 이 지역의 차별점, 경쟁력 요소를 매일같이 알려 주는 셈이다. 그래서 서울시에서 시행하는 '디자인 도시, 서울' 프로젝트의 첫 번째 수행할 작업은 서울의 모든 맨홀을 25개 구(區)마다 다른 디자인으로 제작되기를 제안하고 싶다. 맨홀이라는 본래의 기능에 거리의 시각적인 미를 더하는 현실적인 요소, 더 나아가 주민들에게 해당 자치구에 소속된 자긍심까지 심어 주는 상징물로 역할을 제대로 해 주도록 맨홀 디자인의 변화를 기대해 본다.

두 번째 할 일은 도시 곳곳에 존재하는 공공의 시설물의 정확한 위치와 민간 시설물의 위치에 대한 구획을 알려주는 선 긋기 업무다. 필자가 다녀온 선진 도시는 '선의 도시'라 할 만큼 선과 경계가 간단명료하다. 예를 들어, 일본 도쿄의 경우도 선의 도시라 할 수 있다. 도쿄 전통 시장의 경우, 시장 내에 선을 그어서 소비자들이 쉽게 접근하고 지나갈 수 있도록 배려해 놓았다. 상인들은 보도 바닥에 그어진 경계선을 철저히 지킨다. 구획선의 수직면 밖으로 상품이 절대 돌출되지 않도록 상당한 주의를 기울인다. 반면에 다른 후진국들의 판매장소를 보라. 고객이 다니는 길이 어디이고 어디가 판매장소인지 구분이 쉽지 않을 것이다. 필자가 사는 동네에도 지하철역 가는 길을 매대로 막고 과일을 파는 과일 가게가 성업 중이다. 선을 파괴하는 중소 상인들이 너무 많다. 공공질서의 시작은 '선'임을 지자체 리더분들은 꼭 기억하기를 바란다. 그리고 이런 '선' 넘기를 즐겨 하는 분들에게는 엄한 벌을 준비해야 할 것이다.

도시의 선과 경계를 지키는 것은 다른 사람을 존중하고 공간의 공공성과 경관 질서를 확립하는 일이다. 거의 모든 선진 도시들은 선으로 시작해서 선으로 끝난다. 일본도 그랬고, 미국도 그랬고, 영국도 그랬다. 다만 대한민국만 아직 예외다.

마지막으로 공공디자인 관련 당부드리고 싶은 말이 있다. 필자가 일본 요코하마를 수차례 방문하면서 느낀 점이다. 즉, 요코하마 디자인의 핵심은 '올드&뉴', 전통과 현대의 조화를 위해 공공디자인이 역할을 한다. 그것도 40여 년간 줄곧 같은 방향으로 말이다. 요코하마가 진행했던 지난 40여 년간의 1,000여 개의 프로젝트들은 같은 방향으로 지속된 정책의 일관성을 유지했다. 아무리 자자체장이 바뀌어도 1971년 요코하마에 디자인팀이 만들어진 이래 같은 한 방향으로 공공디자인이 집행되고 있다는 점을 기억하기를 바란다. 정말 부러운 시스템이다. 대한민국은 지자체장만 바뀌면 지난 정권에서 추구했던 정책을 손바닥 뒤집듯이 간단히 폐기해 버리는 현실인데 말이다.

　대한민국은 각 지자체마다 선진 도시를 시찰하기 위해 자주 외국에 나가고 있다. 많은 예산을 투입해서 지자체장과 실무진들이 선진 외국에 자주 나가는데 아직도 공공디자인 부문은 개선할 점이 너무 많아 보인다. 해당 도시 투어를 할 경우에도 걸어 다닐 기회가 있어야 이런 디자인이 눈에 보일 텐데 말이다. 필자가 선진 도시를 열심히 걷고 또 걷는 이유가 여기에 있다. 걸으면 보이는 일이 자동차를 타면 절대 보이지 않는다는 지극히 상식적인 이야기를 하고 있다.

세계에서 최고인 화장실 문화

모든 서비스의 시작과 끝은 화장실이다

남의 집에 가면 화장실에 들러보라는 말이 있다. 화장실이 깨끗하면 그 집의 '청결 수준'을 엿볼 수 있어서다. 물론 그 집안 안주인의 위생에 관한 평소 생각을 알 수 있는 장소이기도 하다.

남의 집이 이 정도이니, 백화점이나 쇼핑몰 그리고 공중의 화장실은 얼마나 중요할까? 해당 도시 내지 건물 서비스 수준의 척도이자 기준으로 받아들여도 무방하지 않겠는가. 과연 우리네 대중시설의 화장실은 어느 정도 수준일까? 우리가 벤치마킹할 만한 해외 선진국의 화장실 문화를 살펴봤다.

대한민국을 방문한 외국인이 가장 놀라는 장소 중 한 곳이 어딘 줄 아는가? 물론 외국 관광객들이 가장 놀라는 것은 24시간 술을 마실 수 있는 술집 문화이겠지만, 이들이 한 번 더 놀라는 곳은 바로 해당 술집의 '화장실'이다.

첫째는 일부 화장실이 아직도 남녀 공용이라는 점이다. 칸막이 안에서 일을 보는 여성 칸의 바깥에서 남자가 일을 봐야 한다는 점이 이들을 당혹스럽게 만든다. 입구도 하나뿐이기 때문에 피할 공간도 없다. 외국인 남성이라면 세면대 거울 앞에서 화장을 고치는 여성을 보고 놀라는 것은 당연한 일이다.

둘째는 공중화장실 안에 있는 휴지통이다. 화장지를 휴지통에 버린 탓에 발생하는 악취와 보고 싶지 않은 미관 때문에 곤혹스러워한다. 어느 공중화장실에는 수압이 낮아서 화장지를 휴지통에 버려달라는 안내 문구를 문 안에 버젓이 붙여 놓은 곳이 많다.

마지막으로 외국인 관광객이 놀라는 것은 공중화장실 내부에 휴지가 없다는 점이다. 급한 볼일을 보고 마무리를 하고 싶은데, 화장실 안에 화장지가 없다면 얼마나 난감할까? 생각만 해도 끔찍하다. 정말 체험하고 싶지 않은 경험, 피하고 싶은 경험 아니겠는가! 그런데, 최근에는 시민에게 개방한 대한민국 청와대 관람하는 사람을 위한 간이화장실이 정말 더럽고 냄새가 장난이 아니라고 하는데, 정말 창피한 일 아니겠는가!

그렇다면 선진국의 화장실 문화는 어떨까 한 번 살펴보자.

① 고객지향적 에코화장실
일본 화장실은 필자가 가 본 전 세계 화장실 중에서 가장 깨끗하고 위생적이다. 그들의 화장실은 그냥 화장실이 아니라 '에코화장실'이다. 자연친화적이고 사용자 중심이란 소리다. 본받을 만한

점이 너무 많다.

최근엔 대한민국에도 많이 설치돼 있지만 필자가 일본에 처음 가서 놀란 부분이 '화장실 레버' 부분이었다. 지금으로부터 30여 년 전인 1990년 일본 도쿄를 처음 방문한 날, 소변용과 대변용으로 분리된 변기 레버를 보고 작지 않은 충격을 받았다. 30년 전 일이다. 물 하나라도 아끼는 습성을 가지려면 일상생활을 바꿔야 한다는 사실을 잘 보여주는 사례다. 일본 전역 어느 스토어를 가더라도 가장 감명을 받는 곳이 바로 공중화장실이다. 방문 고객의 눈높이에 맞춘 화장실 레이아웃과 디자인은 일본 상인들이 얼마나 고객 지향적인지를 알려 준다. 일본 스토어의 화장실 문화는 누구나 배울 만한 서비스임에 틀림없다.

② 손댈 필요 없는 IT 화장실

조만간 일어날 가상 시나리오 한 토막을 보자. "화장실에서 볼일을 보고 나서 내 자리에 도착하니 혈압·맥박·혈당·체중 등의 수치가 메일로 도착해 있다. 사물인터넷(IoT)의 발전 덕분이다. 화장실을 관통하는 무선통신이 이용자의 건강을 실시간으로 체크해준다." 이런 변화가 가장 빠르게 진행되고 있는 곳은 미국이다.

2015년 여름, 미국으로 비즈니스 여행을 다녀온 후 느낀 것 중 하나가 '공중화장실의 IT화'다. 화장실 이용 시, 이용자가 직접 손을 사용해 물체를 만질 일이 전혀 없다. 볼일을 보면 자동으로 물이 내려오는 전자동 방식이다. 손을 씻으려면 수돗가에 다가가 손만 내밀면 된다. 손 씻는 세정제 분출구도 손만 가져가면 저절로 나오는 자동 센서 방식으로 교체됐다. 가장 마지막 단계인 손 씻고 말리는 단계도 기계가 대신 해 준다. 화장실은 아시다시피 세

균이 참 많은 장소다. 2015년 그 당시 대한민국은 '메르스' 사태로 한참 시끄러웠던 시절이었다.

2019년 말부터 전 세계에 불어온 코로나 사태로 인해 손 닦는 행위가 아주 자연스러워지기는 했다. 하지만 아직도 서울 중심지 고급 화장실에서만 위생 관념 있는 화장실 문화가 전개되고 있는 듯 보여 갈 길이 멀어 보인다. 이왕 고급화장실로 바꾸는 김에 이용자의 기본 건강정보를 알려주는 첨단서비스를 기대해 봐도 될지 모르겠다.

필자는 대형 혹은 소형쇼핑몰에 가면 가장 먼저 화장실에 들른다. 그곳에서 쇼핑몰의 서비스 수준을 첫 번째로 판가름한다. 화장실은 인간의 생리현상을 해소하는 나만의 공간이다. 그래서 가장 안락해야 정상이다. 그런 의미에서 화장실 문화의 진화를 간파하는 건 '서비스 대국'으로 가는 지름길이다. 미국과 일본의 공중화장실 문화를 배워야 하는 이유도 여기에 있다.

향후 공중화장실 문화를 더 높이기 위해 필요한 시설들이 있다. 사회 약자를 위한 배려심 있는 공간이 더 필요해 보인다. 장애인과 노약자가 편하게 사용할 수 있도록 배려해야 할 것이다. 예를 들어, 휠체어 사용자를 위해 문턱을 없앤 공중화장실이 되어야 할 것이고, 더불어 유아를 동반한 어머니나 쇼핑백을 든 사람도 불편 없이 이용하게끔 별도의 시설이 있어야 한다. 여름철 냉방시설은 안 되더라도, 겨울철 수도관 동파를 방지하기 위해 난방시설은 갖춰야 한다. 그리고 이젠 남자 화장실에도 아기 기저귀를 갈아 줄 수 있는 시설을 만들어 놓아야 할 것이다. 나아가 남녀 공용 화장실을 넘어 성소수자 공용 화장실도 곧 등장하리라 본다.

지자체 축제 벤치마킹의 시작점

지자체 축제, 이제는 기본부터 바꿔야 한다

대학 다닐 때는 '축제'라는 말만 들어도 가슴이 설렜다. 축제에 참여한 사람들은 물론 구경하는 사람까지 공연에 임하는 사람의 동작 하나하나에 열광했다. 혼자 흥분하는 것이 아니라 옆 사람과 함께 하니 더욱 흥겨운 마당이다. 그러나 대한민국 지자체의 축제는 다르게 다가온다. 이제부터 대한민국 각 지자체의 축제는 완벽하게 바뀌어야만 한다.

대한민국은 축제 공화국이라는 말이 나올 정도로 지방자치제 도입 이후 각 자치단체 단위의 축제가 즐비하다. 그래서 그런지 '그 나물에 그 밥'이란 비판이 대세다. 지자체들의 축제가 특색 없이 비슷하고 내실이 부족한 이유는 간단하다. 지자체 축제를 열기 전에 축제 위원회라는 단체를 만들어 한시적인 태스크 포스팀(TF

팀)으로 운영되고 있는데, 이 TF팀에 속한 위원들이 각종 협회, 단체 등과 얽히고설켜 있기 때문이다. 관계자들도 다들 형님, 동생으로 맺어져 있다. 학연, 지연으로 똘똘 뭉친 축제 위원회에서는 이권단체로 전락하여 새로운 대안에 대해 상당히 부정적이다. 그러다 보니 무난한 노래자랑 대회나 미인 대회 그리고 지역문화와는 전혀 상관없는 백화점식 나열형 이벤트가 줄줄이 사탕으로 진행되고 있는 것이 현실이다.

그렇다면 경기도 고양시는 어떨까? 고양특례시 몇 년 전 자료에 의하면 한 달간 700여 회의 이벤트를 개최한다고 하니 아마 전 세계 기네스북에 올라갈 기록일 듯싶다. 그런데 한 달간 700여 개의 이벤트를 하는 예산은 얼마인지에 대한 보도자료 내용은 단 한 줄도 없다. 지자체의 축제 예산은 얼마인지 시민들에게 알려주지 않는다. 더군다나 전국 지자체 축제의 테마가 정권만 바뀌면 이어지지 않고 있는 것도 현실이다.

성공적인 세계 각국의 지역 축제를 보면서 느낀 점이 참 많다. 이들 성공적인 세계 각국의 지역 축제의 성공 비결은 지방자치단체 공무원, 지역 주민, 지역 상인이 혼연일체가 돼 축제의 역사와 전통을 계승 발전시킨다는 점이다.

대한민국처럼 '지역 축제에는 스토리가 필요하다'며 돈 주고 이상한 용역을 맡기는 나라는 거의 없다. 지방자치단체의 행사 또는 축제가 연간 1만 1,800건이나 열리는 나라. 비용이 많이 들어가는 행사 10건 가운데 7건의 수익은 제로. 사실 이름만 지역 축제지 실상은 동네잔치 수준이다. 민선 지자체장의 업적 쌓기용으로 축제만 한 게 없으니 묻지도 않고 효과를 따져 보지도 않은 채 무조건 열고 보는 것이다. 문제는 이런 예산의 대부분이 스타 연예인 초청 등에 쓰인다는 점이다. 이젠 세계에 이름을 알릴 수 있는 지역 축제쯤은 만들어야 하지 않을까. 우리가 벤치마킹할 만한 다른 나라의 지역 축제와 관련된 사례 3가지를 제시한다.

사례 1 네덜란드 암스테르담에 가고 싶다면 8월을 택하라. '프린센그라흐트(Prin Sengracht) 페스티벌'이 열리기 때문이다. 프린센그라흐트는 '왕자의 운하'라는 뜻이다. 이 축제 기간에는 다양한 콘셉트의 콘서트가 암스테르담 운하를 중심으로 160여 회나 열린다. 암스테르담은 '운하의 도시'라는 별칭답게 운하를 최대한 이용해 도시를 사랑하게 만든다. 도시에 활력을 불어넣는 암스테르담만의 방식이다.

사례 2 세계 3대 눈 축제는 퀘벡 윈터 카니발(캐나다), 삿포로 눈축제(일본), 하얼빈 빙설제(중국)다. 퀘벡은 폭설과 얼음 등 지역 특색을 십분 활용, 글로벌 축제로 발전시켰다. 삿포로 눈축제는 매년 2월 5일부터 일주일간 열린다. 1950년 삿포로 중고생들이 오도리공원(大通公園)에 눈 조각 작품을 만든 데서 유래했다. 삿포로 도심을 가로지르는 오도리공원 1.5㎞ 구간에서 열리는 눈 조각 경연대회, 얼음 조각 경연대회 등에는 매년 200만명만 명이 넘는 관광객이 찾는다. 하얼빈 빙설제는 매년 1~2월 쑹화강에서 열린다. 1963년에 시작된 이 빙설제는 7m 두께의 쑹화강 얼음으로 만든 2,000여 개의 작품을 전시한다. 눈요기와 맛요기가 이미 준비 완료되었다.

사례 3 오스트리아 서부의 도시 브레겐츠는 야외 오페라 덕분에 먹고 산다. 브레겐츠 호수 위에 만든 대형 무대에 오페라 공연을 올리기 때문이다. 브레겐츠 페스티벌은 1945년 오스트리아 브레겐츠의 보덴제 호수에서 출발한 대규모 야외 오페라 축전이다. 2년 주기로 여름마다 새로운 공연을 선보인다. 이곳에서 오페라를 보기 위해 전 세계에서 몰려든 관람객만 연 25만 명에 이른다고 한다.

그렇다면 축제 선진국이라 할 수 있는 다른 나라의 사례를 보면서 경제효과를 최고로 낼 수 있는 대한민국 지자체 축제의 대안을 제시해 보자.

유통9단 김영호가 제안하는 선진국 사례로 본 지자체 축제 개선안

첫째, 지역 축제에 국제적인 전시회와 학술대회를 겸한 온리원(Only One) 전략으로 수정해 보자. '굴뚝 없는 황금 산업'으로 불리는 전시산업에서 전 세계 1위 도시는 당연히 미국 라스베이거스다. 매년 1월 미국 라스베이거스에서 열린 CES(Consumer Electronics Show)는 4일간의 전시 기간에 한화로 수천억 원의 경제 효과를 가져왔다. **라스베이거스에는 매달 세계적 규모의 전시회가 서너 개씩 열린다.** 라스베이거스의 연간 관광객 수 3900만 명 가운데 10%가 넘는 500만 명은 전시회에 참가하러 온 비즈니스맨이다. 라스베이거스 관광청은 전시회에 온 방문객들이 일반 관광객보다 3~5배 정도 더 돈을 쓰고 가는 것으로 추정하고 있다.

대한민국에는 경제 규모에 비해 세계적인 대형 전시회가 하나도 없다. 국내에서 열리는 전시회의 경우 전체 관람객 가운데 해외 참가자의 비중이 겨우 2.3%에 불과하다. 아직도 국내용 행사에 머물고 있는 것이다. 그래서 필자는 제안하고 싶다. 대한민국의 경우, 지역 축제에만 머무르는 것이 아니라 전시회 혹은 학술대회를 함께 열어서 비즈니스와 엔터테인먼트를 동시에 개최하는 방안을 적극 검토해 보자. 방문객의 대상을 내국인이 아니라 해외 비즈니스맨까지 넓혀보자.

둘째, 지역 축제의 독특한 기획을 위한 전문가 영입이 관건이다. 대한민국 지자체 축제의 일등 브랜드는 당연히 전남 함평의 나비축제이다. 이런 변화는 1998년 방송 PD 출신 함평군수, 한 사람에 의해 시작되었다. 대학에서 농학을 전공하고 12년 동안 방송 PD를 하면서 농업·환경문제를 주로 다뤘던 그 당시 함평군수는 나비 전문가를 곤충연구소장으로 특채하고 나비축제를 기획, 성공리에 진행했다는 점을 기억하자. 그러므로 축제 연출전문가를 영입하는 것이 아니라 축제 주제의 선정 및 집행을 가장 잘 기획할 수 있는 전문가 혹은 전문가 집단을 초빙해야 할 것이다.

셋째, 축제 기간을 장기간으로 연장해 보자. 미국 오리건주의 애슐랜드 시는 인구 2만인 조그만 도시이지만 연간 40만 명의 관광객이 찾는다. 그 이유는 1935년부터 시작된 '셰익스피어 페스티벌' 때문이라 한다. 운동장처럼 넓고 유서 깊은 극장에서 아서 밀러의 비극 '다리에서 바라본 풍경'과 셰익스피어의 '한여름 밤의 꿈' 등의 연극을 봄부터 11월까지 거의 일 년 간 진행을 한다. 그래서 외지에서 온 관광객들이 편안한 시간에 고즈넉한 마을의 풍취를 만끽하며, 셰익스피어를 만나게 된다. 셰익스피어의 여러 작품을 연극무대에서 계속 보여주는 행사를 일 년 내내 함으로서 축제의 기간 개념을 수정한 셈이다.

넷째, 세계적인 행사를 유치하고자 적극적인 글로벌 영업에 힘을 쓰자. 스페인의 바르셀로나는 '세계 이동통신의 수도(Mobile World Capital)'로 불린다. 내세울 만한 휴대폰 업체 하나 없는 스페인이 이런 칭호를 얻은 데는 세계 이동통신사업자협회(GSMA)가 이 전시회를 바르셀로나에서 열기로 결정했기 때문에 지난 2006년부터 매년 2월 바르셀로나에서 열리고 있다. 바르셀로나는 앞으로 한화로 수조 원에 달하는 경제 효과를 얻을 것으로 기대하고 있다. 세계적인 행사를 고정적으로 유치해야만 해당 도시의 경제효과가 극대화될 것이다.

대한민국 지자체 축제는 일본처럼 100년 역사의 마쯔리가 아니어도 좋겠다. 제발 지자체장 임기마다 주제가 바뀌는 불상사만은 제도적으로 막아 주었으면 한다. 이제부터 대한민국 지자체는 축제의 기본부터 싹 바꿔야만 한다.

바르셀로나의 결혼식 문화를 보면 작은 결혼식이 답이다!

영화 '어바웃타임(About Time)'에 나오는 남녀 주인공의 결혼식 장면을 기억하는가? 성당 문을 열고 들어오는 신부를 맞이하는 신랑의 개구쟁이 같은 밝고 한없이 행복해 보이는 얼굴과 결혼식 당일 바람이 그렇게 불어도 웃음으로 승화하는 행복한 신부의 얼굴. 그리고 결혼식에 참석한 하객들 모습이 주제곡인 'How long will I love you'와 함께 하는 장면을 기억하는가? 가족과 친지만 참석한 비바람 부는 결혼식에서 신랑, 신부의 한없이 행복한 모습을 기억하는가?

세계 국가 중에서 대한민국처럼 결혼식을 화려하게 올리는 곳도 드물 것이다. 2023년 6월, 월스트리트저널(WSJ)은 결혼율과 출산율이 떨어지고 있는 대한민국의 문제점을 조명하면서 동시에 이상한 '호텔 프로포즈'에 대해서 지적한 기사를 전 세계에 타전했다. 내용인즉, '결혼식 전 비싼 장애물: 4,500달러짜리 화려한 청혼'이라는 타이틀로 말이다. 이어 대한민국의 웨딩 프로포즈는 하루 숙박비가 100만 원이 넘는 5성급 고급 호텔에서 명품 가방, 주얼리 등을 선물하는 게 일반적인 방식으로 자리 잡히고 있다고 비판 기사를 올린 것이다.

그렇다면 형식과 체면을 중시하는 왜곡된 대한민국 결혼식 문화가 MZ세대까지 전염된 것일까? 매년 결혼식 비용 관련 통계를 발표하는 웨딩컨설팅 업체 '듀오'가 발표한 2022 대한민국 결혼 비용 보고서에 따르면 2억 8,739만 원이 들었다고 한다. 이 통계는 최근 2년 내 결혼한 신혼부부 1,000쌍을 대상으로 조사한 결과라 한다.

하지만 필자가 여러 해외 선진국을 돌아다니다 보면 정말 멋진 신랑, 신부와 그들의 친구들을 길에서 많이 만날 수 있었다. 하지만 그 어떤 장면에서도 지나칠 정도로 화려하다는 생각이 들지 않는다. 필자가 체험한 선진국의 결혼식은 정말 결혼식 당사자가 주인공인 아주 소박하지만 정결하고 깔끔하고 가슴이 따뜻해지는 결혼식을 보았다. 영화 '어바웃타임(About Time)'에 나오는 남녀 주인공의 결혼식 장면처럼 말이다.

사례 1 필자는 일본에 사는 현지 친구들이 적지 않다. 그래서 귀동냥으로 들은 일본의 결혼풍습도 꽤나 많다. 일본은 결혼식장에 참석할 사람을 미리 선정해 초대장을 배포한 뒤 참석 여부를 통보받고 하객이 앉을 자리를 미리 정해 놓는다. 이를테면 지정석 형식이다. 결혼식 하객 수로 집안 체면을 운운하는 대한민국과 달리

50~100명 정도만 초대한다. 당연히 초대장이 없는 사람은 식장에 출입할 수 없다. 또한 하객이 귀가할 때는 반드시 답례품을 증정하는 관습도 있다.

사례 2 스페인 사람들은 결혼식 준비를 1년 정도 한다. 가톨릭 국가이므로 대부분 성당에서 결혼식을 올린다. 결혼식 의식 동안은 아무나 참관이 가능하지만, 결혼식 후 피로연은 반드시 초대받은 사람만이 참석할 수 있다. 결혼 당사자들은 꼭 초대하고 싶은 사람에게만 초대장을 보내고, 이를 받은 사람은 참가 여부를 미리 알려야 한다. 유럽 대부분의 나라가 그렇듯 스페인도 결혼식의 핵심은 '피로연 파티'다. 신랑, 신부와 양가 부모, 친척, 친구들이 한데 어울려 시작된 피로연은 밤새 이어지기도 한다.

사례 3 미국 대형마트를 결혼식장으로 활용한 사례다. 즉, '알디(Aldi)' - 일리노이주 바타비아(Batavia, Illinois) 소재 - 에서 '알디'를 너무 사랑하는 찐팬이 알디 매장에서 결혼식을 올린 뉴스가 NBC 방송이 운영하는 투데이(TODAY)에 실렸다. 대형마트 '알디'의 과일 파는 매장에서 이루어진 결혼식 기사를 보면 당신은 무슨 생각이 드는가? (참고로 해당 뉴스 내용은 Aldi가 기획한 해당 매장에서 결혼식을 올릴 의향이 있는 커플 찾기 이벤트에 응모하여 선정된 커플의 결혼식 뉴스다. 이들에게는 무료 결혼식, 무료 헤어와 메이크업과 전문 사진 촬영 그리고 일년 그로서리 이용권이 결혼선물로 진행되었다.) 대한민국에는 의무적으로 대형마트 휴무일 제도가 있다. 해당 마트의 젊은 충성고객을 위해 휴무일에는 결혼식장으로 무료 대여해 주는 방법도 상당히 칭찬받아 마땅한 일 아닐까? 대형마트 과일 코너 혹은 꽃 코너에서 열린 무료 결혼식을 통해 대형마트 회사 이미지 향상은 물론이고 결혼 당사자에게는 작은 결혼식의 상징성이 부여될 것이고, 결혼 비용의 대폭적인 절감은 신혼부부에게 큰 선물이 될 듯싶다.

자, 이제 대한민국 결혼식 문화로 돌아오자.

최근 들어 의식 있는 젊은 예비 신랑, 신부는 결혼식 비용을 최소화한 '작은 결혼식'에 관심을 갖고 있다. 하지만 막상 결혼식 날짜가 다가오면 이런 결심이 흔들린다. 신랑, 신부의 부모님들이 작은 결혼식에 대해 쉽게 이해하지 못하기 때문이다. 다른 사람, 다른 집과 비교당하기 싫다는 것이 주된 이유다.

하지만 필자가 누누이 '작은 결혼식'이 전 세계 메가트렌드임을 강조하는 이유가 있다. 2012년 5월에 세계가 깜짝 놀랄 만한 결혼식이 있었다. 주인공은 마크 저커버그 페이스북 CEO.

그는 친척, 친구들만 불러 결혼식을 조촐하게 치렀다. 그것도 바로 '페이스북'이 증시에 상장된 바로 다음 날, 나이 28세에 20조 원을 거머쥔 상태에서 말이다. 미국 캘리포니아주 팰러앨토에 있는 자기 집 뒤뜰에 친구, 친척 100여 명을 부른 뒤 깜짝 이벤트식으로 결혼식을 올렸다. 초청된 친구들조차 자신들이 결혼식 하객이라는 사실을 모른 상태에서 번개같이 즉석 이벤트가 거행됐다. 2018년 기준, 전 세계 부자 랭킹 7위인 그가 돈이 없어서 그런 결혼식을 올렸을까. 아니면 지인이 없어서 그랬을까?

아무나 결혼식에 초청하지 않고, 정말 자신의 결혼에 축복해 줄 만한 사람들만 초청장을 발송하는 결혼식. 하객도 자신이 선정된 것을 자랑스럽게 여기고 그 장소에 정중하게 의복을 갖추고 참석하는 결혼식. 피로연으로 신랑, 신부와 함께 어울려 파티를 즐기는 결혼식. 이 얼마나 아름다운 광경인가. 지금까지 해방 이후 남과 비교하는 졸부 근성의 보여주기식 대한민국 결혼식 문화는 쓰레기통으로 당장 가야 한다. 여러분도 그렇게 생각하지 않는가?

해변을 천국으로 만들려는 선진국의 노력들

해변의 대명사인 하와이 와이키키 해변에서는 음식을 먹을 수 없다. 하와이 와이키키 해변이 청결함과 아름다움으로 각광을 받는 이유다. 미국 LA에 있는 산타모니카 해변에는 특이한 볼거리가 있다. 해변을 따라 줄지어 있는 패션 스트리트 때문이다. 이곳에서 관광객들은 쇼핑도 하고, 산책도 하는 특권을 누린다. 이와 비교해 대한민국의 여름 해변은 어떤 모습인가? 고민해 볼 문제고 풀어야 할 숙제다.

국내·외 한 달 살기에 대한 니즈가 상당하다. 코로나 바이러스가 강타한 이래 국내 한 달 살기에 대한 욕망이 여행수요를 대체하려 한다. 그중에서 제주 등 해변을 끼고 형성된 도시에 관심이 많은 편이다. 강릉과 속초, 양양, 부산 등 동해를 낀 관광 도시에 관심이 많아 보인다. 하지만 대한민국 해변은 해외 유명 해변과 비교하기가 힘이 들 정도로 낙후된 편이다. 날이 갈수록 대한민국 해변은 해변으로서의 공공재 성격을 점점 잃어가고 있다.

아시다시피 대한민국의 여름 해변은 한마디로 무질서와 난장판, 그 자체다. 수년 전부터 전국의 해변은 10~20대들 욕망의 분출구 역할만 했다. 거의 모든 해수욕장 근처에는 개장 한 달 전부터 주인 없는 알박이 텐트들이 즐비하다. 해수욕장이 개장하게 되면 자릿세 명목으로 장사를 할 요량인듯 싶은 게 아예 매년 있는 연례행사가 된 지 오래다. 늦은 밤부터 다음날 새벽까지 해변 곳곳은 양심 없이 먹고 마신 자들이 버리고 간 더러운 흔적들이 휘날린다. 이들이 깔고 앉았던 돗자리 위에는 소주·맥주·치킨·과자 등 술과 안주가 나뒹군다. 한쪽에는 폭죽놀이의 잔재들이 수북하다. 탁월한 배달문화 덕분인지 해변까지 배달되지 않는 음식도 없다.

그 누구 하나 이런 공공질서를 파괴하는 자들을 말리는 어른조차 없다. 이런 저급한 바닷가 휴가 문화를 언제까지 지켜봐야 할까. 선진국 바닷가 마케팅 사례를 들여다보면서 전국 지자체 리더에게 제안하고 싶다. 제발 선진국의 해변 지키는 시스템을 도입해서 금수강산을 잘 지켜 후손들에게 물려주기를 바란다.

사례 1 하와이 와이키키 해변의 규제

하와이는 신혼여행의 핫플레이스(Hot Place)다. 하와이에 있는 6개 주요 섬 중에서 오하우는 호놀룰루 공항이 있어 가장 잘 아는 섬이다. 하와이를 대표하는 관광지와 해변들이 이곳에 다 몰려 있다. '와이키키' 해변에는 서핑을 하거나 일광욕을 즐기는 남녀들로 붐빈다. 해변의 모래는 곱고, 길이도 적당히 길어 천천히 걸으면서 생각에 잠길 수도 있다. 야자수 그늘에 누워 망중한을 즐기기에 해변을 중심으로 호텔과 레스토랑, 바 등 편의시설이 즐비해서 쇼핑을 좋아하는 분들에게는 쇼핑천국이 될 수도 있다.

여기에 해가 지면 하와이 원주민들이 관광객을 위한 무료 공연을 해준다. 바닷바람과 하와이안 뮤직은 오묘한 조화를 이루면서 '이곳이 천국이 아닌가'라는 착각까지 들게 한다. 와이키키 해변이 이토록 아름다운 이유는 간단하다. **이 해변에서 취식이나 음주가무를 할 수 없기 때문이다. 캔맥주조차 해변에서 마실 수 없다.** 이런 엄격한 규칙을 그 누구도 깨려 하지 않는다.

사례 2 인도네시아 발리의 새로운 프로모션 사례

발리의 쿠타 지역(Kuta Area)은 발리에서 가장 번화한 지역이다. 발리섬 최남단에 있는 해변 휴양지이기도 하다. 원래 작은 어촌마을이었는데, 1970년대부터 호주 등지에서 휴양객들이 몰려들면서 세계적인 휴양지로 탈바꿈했다.

이곳의 해변은 참 흥미롭다. 각종 이벤트가 열려, 관광객의 눈과 귀를 자극하기 때문이다. 필자가 방문한 날 오후에는 신차 오픈 이벤트가 열리고 있었다. 수많은 사람들이 저녁 바닷바람을 맞으며 신차의 위용과 멋진 포즈를 감상하고 있었다. 쿠타 해변에선 종종 자동차 출시 이벤트가 열린다. 많은 발리 주민과 외국인 관광객이 새로 출시될 자동차를 구경하는 진풍경이 연출되곤 한다. 해변도 능히 '비즈니스의 장'이 될 수 있다는 걸 발리가 보여주고 있는 셈이다. 쿠타 해변 바로 뒤편에 있는 '디스커버리 쇼핑몰(Discovery Shopping Mall)'이 있어서 해변이 싫증 나면 쇼핑을 바로 할 수 있는 환경까지 갖추어진 해변이다.

이곳 발리에는 전 세계 26개국, 80개 리조트를 운영하는 클럽 메드도 있다. 그래서 만약 아무것도 하고 싶지 않은 고민없는 휴가를 원한다면, 한 번의 예약으로 왕복항공권부터 공항 픽업 서비스, 식사·음료 같은 먹거리, 스포츠 활동·공연 등 놀거리까지 모두 서비스받을 수 있는 상품도 있다. 이런 고급 휴양용 호텔 및 리조트들은 모두 프라이빗 해변(Private Beach)을 채택하기 때문에 회원만 이용할 수 있어서 그런지 해변의 수준이 상당히 높다.

해가 진 오후 늦게 발리의 쿠타 해변에서 열리는 신차 소개 이벤트

사례 3 미국 LA 산타모니카 3번가

미국 LA에 있는 산타모니카 해변에는 다른 해변에 없는 것이 있다. 해변을 따라 클럽 모나코(Club Monaco), 디젤(Diesel), 갭(Gap), 게스(Guess) 등 글로벌 패션 브랜드들이 즐비하게 늘어서 있다는 점이다. 해변에서 일광욕을 즐긴 관광객들은 허기진 배를 채우기 위해 이 쇼핑 스트리트로 나온다. 음식점과 패션 브랜드, 푸드트럭 등 볼거리·놀거리가 즐비하다. 특히 저녁이 되면 산책을 즐기

는 관광객들이 늘어난다. 바닷가 산책에 패션스토어 쇼핑을 곁들이기 위해서다.

한마디로 바닷가에는 무엇이 필요한지를 알려주는 사례들이다. 왜 대한민국 해변들은 지옥으로 변하고 있는지, 왜 선진국 해변들은 천국으로 변하고 있는지 비교 사례를 알려 드리는 이유는 간단하다. 대한민국보다 경제적으로 잘 살지 못하는 브라질의 코파카바나 해변이 왜 유명한지 알아야 한다.

삼면이 바다인데도 불구하고 대한민국을 대표하는 세계적인 해변이 없다는 사실을 인정하고, 앞으로 바닷가 마케팅을 위해 무슨 시설과 무슨 공공서비스가 필요한지 바닷가에 위치한 대한민국 지자체장께서는 위 사례들을 잘 참고하기를 바란다.

깨진 유리창의 법칙과
불법 주차의 상관관계

얼마 전(23년 7월) 주요 신문 헤드라인을 장식한 미국 샌프란시스코 관련 뉴스를 보고 공중질서가 얼마나 중요한지를 알게 되었고, 그 아름답던 도시가 몰락하는 것도 한순간이라는 생각이 들었다. 주요 내용을 정리하자면, 미국에서 가장 부유한 도시로 꼽혔던 샌프란시스코가 범죄 소굴로 전락하고 있다는 내용이었다. 마약 거래, 절도, 폭력, 총기 사고까지 각종 강력 범죄의 온상이 되어 샌프란시스코의 제곱마일당 범죄율 지수가 938로, 캘리포니아 평균(83)의 11배에 달한다는 내용이다. 이에 따라 2023년 5월, 유니온 스퀘어의 대형쇼핑몰 소유주인 '웨스트필드'가 쇼핑몰 운영에서 손을 떼기로 결정했고, 고급 슈퍼마켓 체인점인 '홀푸드'는 매장 도난이 늘고 근로자의 안전이 위협받고 있어서 시내 중심가의 주력 매장들을 폐쇄했다는 뉴스뿐이다.

무엇이 샌프란시스코를 이토록 일순간에 타락의 길로 빠지도록 만들었을까? 주요 원인은 대마초의 합법화가 트리거 역할을 했다는 것에는 반대 의견이 없어 보인다. 2018년, 미국 캘리포니아주의 샌프란시스코 연방법원이 1975년 이후 유죄 선고를 받은 대마초 관련 경범죄를 모두 공소기각 판결하기로 결정했다. 동시에 기호용 대마초 판매를 합법화한 것이 화근이 된 셈이다.

하지만 이와는 대조적으로 도시의 위상을 다시 세운 도시가 있다. 바로 뉴욕이다. 쉬운 예로 뉴욕시 지하철 문화는 악명으로 유명했다. 이용자들이 지하철 좌석에 발을 올려놓거나, 오물을 버리거나 악취가 나는 냄새로 인해 지하철 이용이 힘든 경우도 있었다. 더군다나 징그럽게 생긴 아주 큰 쥐가 지하철 이곳저곳을 기어다니기도 했다. 하지만 깨진 유리창의 법칙[5]을 간파한 뉴욕시장의 고강도 공공질서 규제정책의 시행으로 인해 서서히 정상으로 되돌아간 적이 있다. 즉, 가장 기본적인 공공질서를 해치는 행위에 대해서는 단호한 규제 일변도 정책으로 더 큰 사회적 문제를 사전에 막은 셈이 된다.

이제부터 불법 주차가 대세인 대한민국 도심 주차에 대해 이야기하고 싶다.

사례 1 과연 대한민국 간선도로의 몇 %가 불법 주차일까? 실제

---

5 깨진 유리창 이론(Broken Windows Theory)은 미국의 범죄학자인 제임스 윌슨과 조지 켈링이 1982년 3월에 공동 발표한 깨진 유리창이라는 글에 처음으로 소개된 사회 무질서에 관한 이론으로서 깨진 유리창 하나를 방치해 두면, 그 지점을 중심으로 범죄가 확산되기 시작한다는 이론이다. 즉, 사소한 무질서를 방치하면 큰 문제로 이어질 가능성이 높다는 의미를 담고 있다. (위키백과)

로 밤이 되면 가관이다. 4차로여야 할 도로가 2차로가 되는 경우는 비일비재. 기나긴 도로에 차들이 꼬리에 꼬리를 물고 서 있는 경우도 많다. 최근 세계은행이 발표한 대한민국의 법질서(Rule Of Law) 지수는 200여 개국 중 46위를 기록했다(2013년 기준). 이 지수는 중동 카타르(36위), 남미 칠레(27위)보다 낮은 순위로, '계속 하락 중'이라는 게 더 큰 문제다. 불법 운전이 초래하는 국가적 손실이 엄청난데 이를 규제하는 법이 있는지도 모르겠다. 2023년 현재, 남을 배려하는 배려심이 더 줄어들었기 때문에 불법 주차율은 더하면 더했지 줄어들지 않고 있다.

사례 2 미국의 대형쇼핑몰 입구 혹은 호텔 입구에는 여러 대의 장애인 전용 주차 공간이 항상 비어 있다. 뿐만 아니라 입구에서 가장 가까운 곳에 장애인 전용 통로까지 마련해 둔 사회 시스템을 보면서 칭찬해 주고 싶었던 적이 한두 번이 아니다.

필자가 묵었던 LA 호텔 입구 바로 앞에 있는 장애인 전용 주차 공간, 장애인 이용자가 편리하게 이용토록 만들어졌음을 알 수 있다

하지만 우리의 장애인 주차 구역은 그렇지 않다. 얌체족이 많아서다. 걷는 게 불편한 장애인을 위해 마련된 장애인 전용 주차 공간에 차를 세우는 비장애인들이 증가하고 있는 셈이다. 장애인 주차 스티커가 붙어 있는 차에 실제로 장애인이 타고 있는지를 확인하고 단속하는 일이 드물기 때문인데, 장애인에게 주어진 혜택에 무임 승차할 때 부여되는 벌칙이 제대로 작동하고 있는지 검토해봐야 한다. 더군다나 장애인 주차 구역에 정상인이 주차해도 벌금이 너무 작아서 아무도 벌금에 대해 두려워하지 않는다. 점점 무서운 범죄를 행해도 벌칙은 거꾸로 아주 가벼운 사회로 가고 있는 듯한 대한민국이다. 필자가 제안컨대, **작은 위법행위에 대해 아주 엄중한 벌(혹은 벌칙)이 있으면 절대 깨진 유리창의 법칙이 성립되지 못한다.** 기초질서가 튼튼한 나라일수록 선진국이 많다는 사실은 절대 잊어버려서는 안 된다.

사례 3 일본에서는 주차장을 확보해야 건축물을 지을 수 있는 법률을 강하게 운영 중이다. 그래서인지 도로에 불법 주차 된 자동차를 찾는 건 쉽지 않다. 일본에서 주차장 확보는 생활기준인 셈이다. 주차장 위치도 자동차가 가장 주차하기 좋은 곳에 있다. 대한민국처럼 법 규정만 지키면 그만이라는 식으로 후미진 곳에 면적만 확보하는 편법은 쓰지 못한다.

대한민국은 과연 어떤가. 목적지에 조금이라도 가까운 곳에 불법 주차하는 것이 일상화된 지라 주말에 대형교회 같은 종교시설 근처에는 불법 주차 차량이 넘쳐난다. 때문에 인근에 사는 주민들이 겪는 불편이 도를 넘었다.

필자가 세계 선진 도시를 시장 조사를 하면서 느낀 점 중 하나는 자동차를 소유하지 않고 공유하는 이들이 늘고 있다는 거다. 선진 도시의 선진 시민들은 대중교통인 지하철과 버스가 점점 발달하면서 도심에 차를 갖고 들어가는 게 민폐라는 걸 알게 됐기 때문에 대중교통 혹은 공유 차량을 이용한다. 도심에서는 공유 차량을 이용하는 것이 더욱 편리하고 사회에 도움을 준다는 것을 알고 생활화하고 있다는 얘기다.

몇 년 전 싱가포르의 국부(國父)로 추앙받던 리콴유 전 총리가 세상을 떠났다. 싱가포르에 한 번이라도 여행한 이들은 잘 알겠지만 시내 곳곳에서 쓰레기를 찾는 게 정말 어려울 것이다. **다민족 도시 국가인 싱가포르가 이토록 발전한 근본 이유는 무엇인가.** 바로 초대 총리였던 리콴유식 국가 운영의 성공 덕분이다. 기초질서 확립부터 부패단속까지 국가의 기본을 탄탄히 했던 게 성공의 발판이 된 것이다. 물론 사회 지도층의 솔선수범이 큰 역할을 했다.

시민이 편안하게 사회생활을 하기 위해 가장 먼저 필요한 것은 공중도덕 등 기초질서 아니겠는가. 그는 총리 직속 기구로 공무원 비리 조사조직을 이끌어 세계에서 손꼽히는 공직사회 청렴 국가로 만들었다. 누구나 아는 아주 쉬운 방식을 철저하게 30여 년간 지켜오면서 국민들의 민도를 높였고, 아시아를 이끄는 선도국가로 자리를 잡은 사실을 결코 잊지 말아야 할 것이다.

다음은 다른 선진국 사례를 들어 제안하고 싶은 공공서비스 내용이다.

① 일본의 경우, 2007년 6월 도로교통법이 개정되면서 주차위반 단속 업무가 경찰에서 민간에 위탁됐다. 주차위반 단속 업무를 넘겨받은 민간 업체들이 길거리에 불법 주차 차량을 발견하면 즉각 과태료 스티커를 붙이기 때문이지 더더욱 일본 대도시에서 불법 주차 차량을 발견하기 힘들다. 이제부터 대한민국도 주차단속 업무를 민간에게 위임해야 할 것이다. 그래야 도심에서 불법 차량을 찾기 어려워질 것이다.

② 홍콩에서는 규정 구역 이외에 주차하면 벌금 320~450홍콩달러(2015년 기준, 약 4만 4,500원~6만 2,600원)를 부과한다. 심지어 정차는 아예 허용하지 않는다. 대한민국처럼 단속에 걸린 운전자가 경찰과 실랑이하는 모습은 상상도 할 수 없는 공권력을 지녔다.

2023년, 대한민국에서는 또다시 금융 관련 사건, 사고가 계속 터진다. SNS, 유튜브를 통해 주식리딩 등으로 사기를 친 것이다. 이 중에는 수십만 명의 구독자를 거느린 유명 유튜버까지 해당 명단에 있었다. 주식 혹은 금융 관련 범죄자들의 공통된 점은 잡혀도 전혀 무서워하지 않는다는 것이다. 최근 연달아 터진 무더기 하한가 사태 피의자들의 주가조작도 처음이 아니라는 점이다. 또한 일부 외국 기관들 및 이들과 공모한 전주(錢主)들의 공매도를 이용한 엄청난 시세차익에 대한 불법이 진행되고 있는 등 **주가조작 수법은 날로 교묘해졌는데도, 적발된 범죄에 대한 처벌이 솜방망이 수준이니까 계속 재범을 양산하고 있는 대한민국이다.** '청담동 주식 부자' 사건도 불법 투자 매매로 피해자 200여 명을 양산하고 시세 차익 130

억 원을 거두었는데 3년 6개월간 징역형으로 끝. 유죄가 입증돼도 집행유예로 그치는 경우가 많고, 실형이 선고되더라도 형량이 너무 낮다.

이외에도 주식 관련 사기꾼과 너무 약한 솜방망이 형벌의 사례는 너무 많다. 미국이 금융 사기 범죄에 대해 100년 이상의 징역형을 선고하는 것에 비해 대한민국은 형량이 너무 낮다. '주가조작 범죄는 감옥에 가도 남는 장사'라는 말이 나오는 이유다. 한번 주가를 조작하면 패가망신할 정도로 강한 처벌을 내려야 하는 것 아닌가?

법이 있으면 제대로 지켜야 하고, 범법을 했으면 그에 응하는 벌칙을 받아야 하는 것은 상식이다. 상식이 통용되지 않는다면 어찌 선진국이라 할 것인가? 대한민국의 공권력도 제대로 설 수 있도록 자정의 노력이 필요해 보인다.

법이 있으면 무엇 하는가. 지키는 사람이 안 보인다.

법을 안 지키면 무엇 하겠는가. 솜방망이 처벌만 있을 텐데 말이다.

아무리 좋은 규정이 있더라도 감시, 처벌이 제대로 이뤄지지 않는다면 있을 이유가 없다. 그토록 아름답던 미국 샌프란시스코가 범죄의 도시로 타락한 사실을 보면 잘 알 수 있다. 깨진 유리창의 법칙이 왜 중요한지 말이다.

지구를 지키는
마지막 솔루션 5가지

"4,000조 원 집어삼킬 '뜨거운 놈'이 온다"

지난 2023년 6월 9일 자 조선일보에 나온 헤드라인 제목이다. 역대 4번째로 큰 슈퍼 엘니뇨로 인해 지구는 가뭄과 홍수가 최악일 것을 예측한 뉴스다. 이 정보의 발신처는 스위스 제네바의 세계기상기구(WMO) 본부에서 지역기후예측국장이 발표 내용이다. 2023년 9월까지 엘니뇨가 시작될 확률이 80%이며, 앞으로 2년 동안 지구 기온이 심각하게 상승할 것이 예상되므로 대비가 필요하다는 내용이다. 엘니뇨 현상으로 인한 피해 규모는 미국 다트머스대 연구진에 따르면 2029년까지 전 세계적으로 3조 달러(약 4,000조 원)라고 예측했다.

 기후에 민감한 천연자원이나 식재료의 가격을 끌어올리는 주범이 엘니뇨라는 상식은 잘 아실 것이다. 그냥 엘니뇨가 아니라 슈퍼 엘니뇨가 앞으로 2년간 지구를 괴롭힐 확률이 점점 높아지고 있다. 아마 전조현상인지 모르겠지만, 지구 곳곳에서 이상 기후로 인한 재해가 끊이지 않고 나타나고 있다. 기후의 급격한 변화로 인한 곡물 가격 불안정이 불러오는 나비효과로 인해 전 세계 금융시장까지 악영향을 미친다.

 더불어 엘니뇨는 전염병이 퍼질 가능성을 높인다는 점에서도 인류에게 너무나 큰 위협이다. 미 항공우주국(NASA)에 따르면 엘니뇨가 나타난 지역의 전염병 발병 확률은 엘니뇨 영향이 없었던 지역보다 최대 28%가량 높았다고 한다. 행여 코로나 엔데믹 시간이 다시 역순으로 진행될까 두렵기까지 하다.

기후 분야에 있어서 팬데믹이 점점 가속화되고 있는 것은 변하지 않는 사실이다. 각종 이상 기후가 지구인들에게 위기의 전조를 알리는 중이다. 이젠 이런 기후 변화는 일개 국가가 아니라 전 세계가 함께 공동으로 대처해야만 할 단계에 이르렀다. 그래서 글로벌 거버넌스가 필요한데, G2라 불리는 미국과 중국이 합심해도 모자랄 판국에 서로에 대한 견제가 도를 넘어섰다.

물론 항상 위기를 기회를 가져다준다. 지구 온난화와 코로나19 팬데믹으로 인해 많은 피해를 보았지만, 새로운 투자 기회도 가져다주었다. 즉, 실내 비즈니스가 각광을 받기 시작했다. 재택근무와의 절충을 통한 실내 비즈니스의 발전이다. 실내 복합쇼핑몰, 돔구장, 실내 놀이공원 이용률이 높아진다. 또한 실내 공기, 온도, 습도를 적절하게 조절하는 실내 인테리어 사업의 활황 등을 들 수 있다. 나아가 실내 생활에 지친 현대인을 위한 스트레스 해소 서비스도 발전할 것이다.

가장 대표적인 친환경 브랜드가 앞으로도 발전 가능성이 가장 커 보이는 시점이다. 그런 측면에서 '파타고니아'의 친환경 경영 철학은 다른 기업에게 미치는 영향력이 가장 강력해질 것으로 예측된다. '파타고니아' 경영 철학에 동조하는 기업들이 하나, 둘씩 나타나리라 예상된다. 또 그래야만 될 것이다.

최근에는 '파타고니아'가 갑자기 맥주 사업에 뛰어들었다. 맥주를 만들기 위한 원료인 밀이 아니라 여러해살이 밀 품종인 컨자(Kernza)를 통해 ESG 경영에 앞장선 것이다. 컨자는 긴 뿌리를 통해 영양분이나 물을 모으는 기능이 뛰어나 생육에 필요한 물이나 비료 사용량이 적고, 뿌리 길이가 3미터가 넘을 정도로 땅속 깊이 뻗어나가는 특성 덕택에 상당량의 이산화탄소를 땅속에 저장할 수 있다는 사실에 착안한 뉴 비즈니스다. 이본 쉬나드 CEO의 경영 철학인 최고의 질을 갖춘 제품을 제공하되, 그 제품을 생산할 때 환경적인 피해를 최소화해 만드는 것을 실천해야 할 것이다. '파타고니아'처럼 제품 생산 과정에서 불필요한 환경오염, 자원 낭비를 막는 것에 역점을 두는 기업이 많이 탄생하길 기원해 본다. 환경을 생각하면서 매출을 올리는 성장하는 기업이, 브랜드가 주류가 되는 세상을 기원해 본다.

그렇다면 우리 인류는 이 하나밖에 없는 지구를 위해 무엇을 해야 할까? 그것이 바로 ESG 경영이라는 것이다. 지구를 위한 마지막 솔루션이다. 그런데 이 ESG 경영을 하면서 수많은 기업들이 잘못된 프레임을 갖고 있다. 즉, ESG 경영(환경·책임·투명경영)을 자선사업이라 생각하는 경향이 크다는 점이다. ESG 경영을 실천한다는 기업들이 흔히 범하는 실수가 바로 공익적 목표와 사업 모형을 분리하는 실수를 범하고 있다.

또 하나, ESG 경영이 추구하는 사회적 가치와 주주 이익의 충돌이라는 리스크를 제대로 넘어가지 못하는 기업들도 많다. 원칙적으로 환경을 중시하고 기업의 사회적 책임을 강조하는 ESG 경영에 반대하는 사람은 없다. 하지만 기업은 수익을 내야만 하는 숙명을 가지고 태어났다. 명분과 실리의 충돌이다.

대부분의 회사 주주들은 환경을 보호하고 사회적 책임을 다하라고 회사에 투자하지는 않는다. 주주가 기업에 투자한 이유는 매출과 이익을 높여 주가를 올리거나 더 많은 배당을 원했기 때문이다. 여기서 기업의 CEO는 갈등하게 된다. 이런 갈등 구조를 원만하게 해결하는 기업들이 나타나기 시작했다.

사례 네덜란드 소매기업 알버트 하인(Albert Heijn)이 2023년 4월부터 매장에서 새로운 실험을 시작했다. 유럽에서 여행을 하다보면 자주 마주치게 되는 식료품 위주의 할인점인 '알버트 하인투고(Albert Heijn to Go)' 매장 안에 있는 커피 코너에 '트루 프라이스(True Price)'라는 안내판을 내걸었다. 많은 소비자들이 이 안내판이 뭘 의미하는지 한 번 더 생각하게 만든다. 과연 '알버트 하인투고' 매장에서 파는 커피의 '실제 가격' 혹은 '진짜 가격'은 무엇을 의미할까?

결론만 미리 말한다면, 이곳에서 파는 커피의 '진정한 가격=판매가+환경비용'이라는 것이다. 커피 코너 가격 안내판에 메뉴 하나당 일반 가격과 실제 가격 등 두 개의 가격이 표시되어 있다. 즉, 실제 가격은 정상 판매가에 사회적, 환경적 비용을 더한 가격임을 알려준다. 커피 생산으로부터 최종 판매점까지에 이르는 공급망 과정에서 발생하는 부정적 비용을 모두 합한 가격이 진정한 가격이라는 논조다. 예를 들어 에스프레소 커피 한잔은 2유로에 판매하지만, 사회, 환경적 비용이 합쳐진 진정한 가격은 2.1유로라는 것을 자연스럽게 알려준다. 이 회사는 추가로 발생하는 수익에 대해 모두 환경 관련 활동에 사용하겠다는 의사를 밝힌 바 있다. 이런 지속적인 행사를 통해 지속 가능 소비에 대한 고객 인식을 높이는 동시에 친환경 소비 성향을 가진 고객들의 지지를 얻어냄으로써 브랜드 가치를 고양시키겠다는 의도로 보인다. 그것도 아주 자연스럽게 말이다.

* 참고로 '알버트 하인투고'의 모회사는 '어홀드 델하이즈(Ahold Delhaize)'인데 네덜란드 1위 소매기업이면서 글로벌 전체 소매 시장에서 13위를 차지하는 기업이다. 이 회사는 각 비즈니스별 핵심성과지표인 KPI(Key Performance Indicator)에 ESG를 연동시켜 지속 가능 경영에 선도적인 행보를 보이는 소매기업이다.

품격 있는 소비, 착한 소비, 지구환경을 생각하는 ESG

몇 년 전 대한민국에서는 ESG 채권이 열풍이었다. 그린본드가 발행되기도 하는 등 친환경·사회책임·지배구조 개선을 위한 자본 조달 목적으로 발행되는 채권이 인기였다. 세계를 흔드는 품격 있는 소비, 착한 소비를 위한 ESG 메가트렌드에 대해 알아보자.

ESG란 많은 분들이 아는 대로, 기업의 비재무적 요소인 환경(Environment)·사회(Social)·지배구조(Governance)를 뜻하는 말이다. 기존 기업의 재무적 성과만을 판단하던 전통적 방식과 달리, 장기적 관점에서 기업 가치와 지속가능성에 영향을 주는 ESG(환경·사회·지배구조) 등의 비재무적 요소를 충분히 반영하여 평가하는 것이 최근의 추세다. 기업의 ESG 성과를 활용한 투자 방식은 투자자들의 장기적 수익을 추구하는 한편, 기업 행동이 사회에 이익이 되도록 영향을 줄 수밖에 없다.

특히 코로나19 이후, 투자 패러다임을 빠른 속도로 바꾸고 있는 중이다. 2019년까지만 해도 '지속 가능한 투자'에 관한 논의

가 의무사항이나 구색맞추기 정도로 여겨지는 분위기가 있었지만 2020년부터는 다른 양상으로 전개되고 있다. 일반 투자자들도 ESG에 대한 인식이 수익률뿐만 아니라 투자 기회 자체를 좌우할 수 있다는 것을 깨닫게 되었다. 즉, 기후 변화 등 각종 재해로 인한 리스크가 실제로 나타났을 때 자본 시장이 상당히 큰 충격을 받는다는 것을 직접 느꼈기 때문이다.

세계적인 투자은행인 '맥쿼리'의 지속성 부문 글로벌 대표에 의하면, 글로벌 큰손 150명(총자산 20조 달러 이상)을 대상으로 설문 조사한 결과 약 80%가 ESG를 고려 요인으로 삼으면 투자 수익률이 더 높아질 것이라고 답했다고 한다. 전문가들은 저탄소 경제와 이를 지원하는 녹색금융이 새로운 투자 기회가 될 것으로 내다봤다. 전기차와 수소차 등 친환경 자동차 시장이 커지고 있는 것이 대표적인 사례다. 에너지산업도 석유와 천연가스에서 풍력 태양광 등 재생에너지로 빠르게 이동하고 있는 중이다.

여러분은 '그레타 툰베리'라는 소녀를 알 것이다. 그녀를 안다면, 세계를 휩쓸고 있는 착한 소비와 그레타 신드롬에 대해 한번쯤 생각을 해 보셨을 것이다. 즉, 친환경·공정무역 제품을 사용하며, 생활 속에서 착한 소비를 실천하는 의식 있는 소비문화 말이다.

스웨덴 스톡홀름시 구도심 감라스탄에서 국회의사당으로 향하는 다리 인근에는 매주 금요일 한 무리의 사람들이 모인다. 이곳에는 어김없이 2003년생, 그레타 툰베리가 나타난다. 아스퍼거

증후군[6]을 앓고 있는 그레타는 왜 세계가 주목하는 환경 운동가가 될 수밖에 없었을까?

또한 그녀는 '미래를 위한 금요일'이라는 모임을 주최한다. 매주 금요일마다 등교를 거부하고 기후 온난화 대책 마련을 촉구하는 운동(Fridays for Future, #FridaysForFuture)'을 촉발시켰다. 2019 노벨 평화상 후보가 되기도 했고, 10대 환경 운동가로서 세계의 명사가 된 그녀의 이야기를 담은 책,『그레타 툰베리의 금요일』이 국내에 도 소개된 바 있다.

이처럼 MZ세대를 중심으로 생활 속의 착한 소비를 주창한 결과, SNS를 타고 기성세대도 동참하게 만든다. 그레타로 대변되는 Z세대는 당장 눈앞에 닥친 기후 변화 증거를 앞세워 적극적으로 일상 속 변화를 일으키자고 주장한다. 나아가 그것을 행동으로 실천하고 있다. 탄소 배출을 줄이기 위해 채식을 선택하고, 제품 생산 과정까지 따져서 소비를 하는 의식 있는 젊은 소비자들이 점점 확산되고 있다.

남는 음식을 버리지 않고 공유하는 일, 일상 속에서 쓰레기를 줄여 친환경 삶을 실천하는 '제로 웨이스트' 운동 나아가 포장지 없는 마트에 가거나 공정무역 식품만 구매하는 등 '착한 소비'가 기업을, 산업을, 세상을 바꾸고 있는 중이다. 예를 들어, 네슬레와 이케아 등 글로벌 대기업은 최고지속가능책임자(Chief Sustainable Officer)라는 새로운 직책을 만들어 전 세계 원자재 조달 방식을 바꾼다. 또한 세계 최대 연기금인 일본 공적연금(GPIF)도 미래 세대

---

6   주: 대인관계에서 상호작용에 어려움이 있고 관심 분야가 한정되는 특정을 보이는 정신과 질환

소비 변화에 맞춰 ESG 투자를 확대하고 있는 중이다.

글로벌 기업들, 특히 유럽에서는 장기투자 기간이 적어도 5년 이상이고, 8~10년 동안 투자하는 것이 상당히 보편적이다. 이에 반해 아직까지도 뒤처져 있는 대한민국 투자자들은 이제부터라도 세계적 추세에 발맞춰서 사회책임투자와 투자에 있어 환경적, 사회적, 지배구조적인 요소인 ESG 기준에 더욱 신경을 써야 할 것이다.

약 10여 년 전부터 우리는 전기차 관련 업체와 산업에 관심을 많이 가지게 되었다. 많은 사람들이 기존 석유 중심의 자동차업계에 불어닥친 '바퀴 달린 아이폰'인 전기차 에코시스템(생태계)의 폭발적인 성장세를 유심히 지켜보고 있다. 나아가 2차 전지에 대한 관심이 주식 시장에서 폭발적으로 늘어났다.

금융위기 이후 세계 각국의 그린 이코노미 육성 정책에 힘입어 전자·IT·화학 등 다양한 분야의 기업들이 전기차 산업에 직접적으로 뛰어들었다. 엔진이 모터로 대체되고, 연료탱크가 배터리로 바뀌면서 전기차의 에코시스템은 기존 내연기관 자동차와는 완전히 다른 세상을 암시해 준다. 아이폰이 애플리케이션을 공급하는 콘텐츠 기업들의 산업 생태계를 통해 기존 이동통신 업체들의 기득권을 무너뜨렸듯이 앞으로 전기차 에코시스템은 기존 자동차업계의 부품·에너지·금융 등 자동차와 연계된 모든 산업의 판을 변화시킬 것임이 틀림없어 보인다. 이러한 에코시스템의 변화는 비단 소재, 부품, 장치업체들만의 문제가 아니다. 연료 분야에서도 석유에서 전기로 무게추가 옮겨지면서 주유소와 정유업체들이 쇠퇴하는 반면에 전력 회사들의 힘이 막강해질 것으로 예측된다.

또한 아주 새로운 변화는 기존의 수많은 '주유소'가 '충전소'로 바뀔 것이라는 예측이다. 이는 정유업체에 쏠려 있던 에너지 업계의 무게 중심이 전력업체 쪽으로 옮겨 갈 수 있다는 것을 의미한다. 그래서 기존 정유업체들은 재빨리 전기차 충전 인프라에 대한 투자를 시작했다. 전기차 시대가 와도 자사의 고객들이 주유소에서 연료를 넣던 과거 습관을 그대로 유지한다면 정유업체들은 가솔린이나 디젤 대신 전기를 팔아 수익을 올릴 수 있다.

유럽의 정유·에너지업체 이온(E·ON)은 벌써 독일 뮌헨을 중심으로 유럽 전역에 수백 개 이상의 전기차 충전소를 계속 세우고 있는 중이다. 최근의 ESG 경영에서 한발 더 나아가 '기후테크'라는 신종 산업도 선진국을 중심으로 착착 진행 중에 있다. 기후(Climate)와 기술(Technology)의 합성어인 '기후테크' 비즈니스는 탄소를 감축해 사회와 환경에 긍정적인 영향을 주는 혁신 기술로 대체에너지 생산과 자원순환 등을 꼽을 수 있다. 아시다시피 **전 세계 기후 리스크가 점점 커지고 있기 때문에 이 분야에 먼저 투자를 해서 더 큰 부를 가져갈 수 있는 기회를 선점하려는 노력의 일환**으로 보면 된다. 글로벌 '기후테크' 시장을 선점하기 위한 해외 주요국 간 경쟁이 갈수록 심해지고 있다는 이야기다. 탄소중립 시대가 본격화되고 이에 따라 '기후테크' 산업은 더욱 가파르게 성장할 것으로 예상되기 때문에 대한민국도 이 새로운 산업을 통해 미래 먹거리에 동참하면서 동시에 ESG 경영에도 참여하게 되는 셈이다.

더 나은 세상을 만들기 위해 글로벌 기업들과 국내 기업들은 ESG를 고려한 새로운 전략 마련에 발 벗고 나섰다. ESG 메가트렌드는 개개인보다 기업들에게 미치는 영향력이 막대함을 고려할 때 기업들의 전략 수정은 선택이 아니라 필수가 된 세상이 되었다.

과대포장,
플라스틱 이용은 이제 그만!

2019년 10월, 소셜 미디어에 화제가 된 한 장의 사진이 전 세계인들을 경악하게 만들었다. 미국 플로리다 해변에 부화한 지 얼마 안 돼 숨진 아기 거북이가 떠밀려왔다. 사람들을 더욱 충격에 빠뜨린 건, 아기 거북의 작은 몸에서 발견된 104개의 플라스틱 조각이었다. 무려 104개! 플라스틱을 먹은 바다거북은 더 이상 음식을 먹을 수 없어 죽고 말았다.

해양 쓰레기의 거의 대부분을 차지하는 플라스틱. 우리는 어떻게 지구를 깨끗하게 지킬 수 있을까? 몇 년 전, 대한민국 대학생 두 명이 과자 봉지 160개로 뗏목을 만들어 서울의 한강 건너기에 성공했다. 과자 봉지를 이용한 한강 건너기 퍼포먼스는 우리가 얼마나 과대포장 환경 속에서 살고 있는지 여실히 알려 주는 계기가 되었고, 대한민국 과자 제조업체에게는 긴장감을 잠시, 아주 잠시 불러일으켰다. 하지만 이런 소비자의 노력도 잠깐 반향만 일으켰을 뿐, 항구적인 대책을 세워 소비자 주권을 되찾지는 못하고 있는 상태다.

몇 년 전부터 새벽배송을 주로 사용하는 소비자층이 늘었다. 새벽 현관문 앞에 도착한 박스들. 바로 전날 저녁에 주문한 신선식품에 대한 배송 결과다. 이것저것 주문을 하다 보니 전체 주문금액이 몇 만 원이지만 현관에 도착한 배송 박스 수는 무려 7개나 된다. 냉동식품용 스티로폼 아이스박스에는 드라이아이스 보냉팩 3개나 들어 있고, 상온 식품용 일반 종이박스마다 주문한 제품이 하나 혹은 두 개만 들어 있다. 주문한 제품은 박스 부피의 약 3분의 1 정도를 차지한다.

전형적인 과대 포장 방식이 새벽배송의 대부분을 차지한다. 신선식품 온라인 배송과 각종 음식 배달 앱 이용이 늘어나면 늘어날수록 포장재 및 식품 용기 폐기물도 급증한다. 특히 신선식품 배송에 따른 폐기물의 양이 정말 많은데, 그 이유는 일반 공산품류와 달리 배송 과정에서 신선도를 제대로 유지하려는 유통업체의 물류정책 때문이다. 소비자를 위한 서비스 차원에서 보면 포장재와 보냉재가 많이 쓰여야 하겠지만, 지구를 생각하면 투머치일 수밖에 없는 유통구조다. 새로운 포장 방식의 개발이 적극적으로 필요해 보인다.

필자는 해외 마켓 조사를 하게 되면 상당히 많은 제품군을 조사하게 된다. 식품 분야, 패션 분야, 생활용품 분야 등 다양한 업종 제품군의 포장 상태 및 포장 방식 그리고 포장 외관에 기재된 소비자를 위한 정보 등을 유심히 관찰하게 된다. 아시다시피 대한민국은 선물 과대포장이 일상화되었다. 하지만 **대부분의 선진국에서는**

과대포장의 제품을 찾을 수 없다는 것이 필자의 해외 시장 조사 결과다. 해외 선진국 소비자들은 스스로 과대포장 제품을 구입하지 않고, 친환경적인 이미지를 주는 제품 위주로 구매를 하는 소비자 의식이 명확히 있기 때문이라 보인다.

세계적인 기업들은 대부분 선물 세트 자체에 손잡이를 만들어 추가 쇼핑백 사용을 줄이거나, 플라스틱 용기 대신 옥수수, 감자 전분으로 만든 생분해성 용기를 사용하거나 스티로폼 대신 재생 용지를 완충제로 쓰는 등 '친환경 포장'을 위해 애쓴다. 심지어 포장재를 먹을 수 있는 시도가 진행 중에 있다.

사례 1 독일 등 유럽에서 전개되는 '포장제로' 마켓

2015년 9월 독일 베를린에서 문을 연 한 슈퍼마켓은 '포장 제로' 전략을 썼다. 기존 슈퍼마켓과 달리 용기를 재사용하고 원하는 상품을 원하는 양만큼 구입할 수 있는 방식이다. 이를테면 **소비자가 원하는 크기의 용기를 가져오는 'BYOC(Bring Your Own Container)' 전략이다.** 물론 여러 나라 소비자들 중에서도 '자신만의 용기'를 갖고 쇼핑을 보는 이들이 많지만 그다음이 다르다. 독일 슈퍼마켓은 소비자가 원할 경우 재활용이 가능한 용기, 분해가 가능한 종이가방을 준다. 이런 '포장 제로 숍 프로젝트'는 독일뿐만 아니라 프랑스, 덴마크 등 유럽과 아시아권에서는 싱가포르가 제일 먼저 시행 중에 있다. 대한민국도 빨리 배워야 할 시스템이다.

사례 2 친환경 포장 방식과 해양 쓰레기 줄이기가 진행 중인 동남아시아

플라스틱 폐기물로 골머리를 앓는 동남아시아 국가 중에서 베트남에서 가장 먼저 2019년부터 친환경 포장 방식을 도입했다. 베

트남 진출 대형마트 중 대한민국의 롯데마트부터 처음 시작했는데, 우선 친환경 비닐봉지를 채택했다. 옥수수 전분으로 만든 이 비닐봉지는 자연 상태에서 6개월~1년이면 분해된다. 환경보호를 위해 플라스틱 폐기물을 줄이기 위해 하나씩 제도를 개선하고 있다. 참고로 유엔환경계획(UNEP)에 따르면 중국, 인도네시아, 필리핀, 베트남, 태국 등은 세계에서 가장 많은 양의 플라스틱 폐기물을 바다에 버리는 국가들이라고 한다.

그래서 그런지 태국도 해양 쓰레기를 줄이기 위한 노력이 줄기차다. 태국 천연자원부와 환경부는 2020년부터 플라스틱 쓰레기 수입을 전면 금지하고, 10년 안에 현지 생산 플라스틱 쓰레기의 재활용 비율을 100%로 높인다는 목표를 잡았다고 언론에 공포한 바 있다.

하나밖에 없는 지구를 살리는 운동의 일환으로 전개되는 공유경제도 한몫하는 중이다. 우버, 에어비앤비와 같은 공유경제의 급성장을 통해 불필요한 소유과 과소비를 줄이려는 현명한 소비자들이 늘어나고 있다. 공유경제의 범위는 점점 늘어나고 있어 상당히 고무적인 현상이라 생각된다. 기존 자동차와 숙박, 사무실 개념으로부터 시작된 공유경제 아이템들이 의류, 가구, 가전 등으로 꾸준히 확장되고 있다. 이런 현상의 주역은 단연코 전 세계의 MZ세대다. 젊고 현명한 소비의 주체세력 덕분에 소유에 대한 집착이 갈수록 줄고 있는 듯 보인다. 지구를 위해 너무 다행스럽다.

이제 결론으로 들어가 본다. **대한민국 제품들의 과대포장 이력은 20~30년 전으로 거슬러 올라간다. 이는 자신의 이력을 되도록 과대포장하려는 기성세대부터 시작된 암묵적 사회용인 현상이 아닌가 싶다. 이제부**

터라도 **포장의 순기능에 집중**해서 원가를 줄이기를 바라며, 플라스틱 사용을 자제해 주기를 바란다. 또한 불필요한 기능이 많은 상품의 부가 기능을 빼고 제조한다면 새로운 가격이 눈에 보이기 시작할 것이다. 그리고 **에코포장을 통해 회사와 상품의 혼을 제대로 표현하는 콘텐츠 제공에 많은 경영 노하우가 필요해 보인다.**

최근 '플로깅(Plogging, 쓰레기를 줍는다는 뜻의 스웨덴어와 조깅(Jogging)의 합성어)'이 MZ세대를 중심으로 전개되고 있다. 스웨덴에서 2016년부터 시작된 플로깅은 현재 세계 각국으로 확산되고 있어 상당히 환영받고 있는데, 길바닥에 아무렇게나 버려진 플라스틱을 수거하면서 몸을 굽히면서 스쿼트를 하고, 러닝을 하는 등 생활 속 운동과 환경보호를 함께 하려는 활동이다. 지구를 지키려는 소비자들이 많이 동참했으면 좋겠다.

일본 무채색 매장으로부터의 에코 경영

포장지도 이젠 경제다. 어떤 포장지를 쓰느냐에 따라 그 기업의 평판이 달라질 수도 있다. 과장이 아니다. 일본의 무인양품(無印良品)은 '제품을 비닐이 아닌 끈으로 묶어' 에코 경영의 전도사로 떠올랐다. 해외 시장을 조사하면서 식품, 패션, 생활용품 등 다양한 업종 제품군의 포장 상태, 포장 방식도 유심히 관찰한다.

선진국은 옛날 방식으로 제품을 포장하지 않는다. 친환경 포장지를 사용한 지 오래다. 진열 방식에도 '친환경적 요소'가 적용되고 있다. 일본 무인양품(無印良品)은 티셔츠 등 의류 제품은 비닐 포장 대신 끈으로 묶여 진열된다. 비닐은 환경을 해치는 물질이지만, 끈은 친환경 소재다. 소비자들이 옷을 사기 전에 직접 손으로 만져보고 어떤 소재로 만들었는지 알기 원하기 때문에 비닐을 벗겨 놓는 것이 훨씬 구매에 수월하기도 하니 1석2조 아닌가 싶다. 더 나아가 에코 경영을 하는 회사임을 만천하에 알리는 홍보 역할까지 한다.

'브랜드가 아니라 양질의 상품이 중요하다'는 기치 아래 설립된 '무인양품'은 로고와 장식을 최소화하고 포장을 간소화하는 등의 원가 관리를 통해 비용을 낮췄다. 이런 전략이 최근 소비자들의 기호에도 맞아떨어져 글로벌 패션 브랜드로 급성장하고 있는 중이다. 케미포비아(화학제품 공포증)가 확산되고 있는 요즘, 브랜드에 색깔을 뺀 경영, 어깨에서 힘을 뺀 경영으로 전 세계 소비자들로부터 환호를 받는 무인양품의 환경보호 전략을 본받을 필요가 있다.

무채색으로 일관한 무지루시료힌(무인양품) MUJI

'무인양품' 브랜드는 문자 그대로 '브랜드는 없지만 좋은 품질의 상품(No Brand, Good Product)'이라는 뜻이다. 누구나 잘 알듯이 브랜드 제품은 광고, 홍보라는 과정이 필요하기에 기본적으로 가격이 비쌀 수밖에 없다. 여기에 각종 포장과 패키지 제작 등에 들어가는 추가 비용 등이 발생한다. 하지만 초창기부터 상품의 본질에만 집중했다. '끊임없이 좋은 상품이란 무엇인가'라는 지상 명제에 대한 해답을 찾기 위해 창립 이래 지금까지 줄곧 지켜온 경영 철학이다. 소비자의 관점에서 좋은 상품의 새로운 가치와 매력을 탐구하고 제공하는 것을 업의 개념으로 생각한 무인양품 창업자인 쓰쓰미 세이지(堤淸二)의 경영 철학이 아직도 유효하다.

글로벌 토털 생활 브랜드인 '무인양품'

'무인양품'은 의류, 키친용품, 가구에서 최근에는 신선식품류와 호텔업까지 일본의 실용적인 라이프 스타일을 전 세계에 알리고 있다. 특히 내추럴한 의류는 누구나 쉽게 구입할 수 있는 부담 없는 가격대이며, 주방가전과 식기류도 인기리에 판매되고 있다.

매장에 들어서게 되면 느껴지는 자연주의는 밋밋하지만 은은한 느낌을 지울 수가 없게 된다. 그리고 브랜드가 한국말로 하면 '이름이 없다'는 뜻이 바로 브랜드가 되어서 더욱 눈이 가는 스토어다. 대한민국에서는 '롯데그룹'이 수입하여 유통시키고 있다.

1980년 세이유백화점에서 식품과 가정용품을 파는 영업매장으로 시작해 1989년 독립한 중저가 의류, 생활용품 업체 무지루시료힌(無印良品: 무인양품). '무인양품'이 각광을 받기 시작한 것은 1990년 초 일본에선 거품이 꺼지고 극심한 불황이 시작된 시기부터였다. 허리띠를 졸라매야 했던 소비자들은 양질에 저렴한 가격을 제안하는 심플한 디자인이 마음에 들기 시작했고, 한 차원 높은 소비를 느끼게 해 주었다.

'무인양품' 제품은 소재와 기능만 남겨 두고, 필요 없는 기능을 모두 제외시킨다는 디자인 철학을 가지고 있다. 물론 친환경 소재를 사용하고 포장도 간소하다. 여기에 소비자들의 아이디어를 인터넷상에서 끌어모아 제품에 반영시켜 성공시킨 사례가 많다.

그 대표적 사례가 바로 '몸에 맞는 소파'다. 겉으로 보기엔 대형 쿠션같이 생겼지만 사람이 앉는 자세에 따라 모양이 변하면서 몸을 푹신하게 감싸 준다. 이 제품은 출시 후 1년 6개월 만에 6만

3,000여 개가 팔려나갔고, 지금까지도 스테디셀러다.

최근에는 사업도 다각화하고 있는데, '단순한 음식'을 콘셉트로 한 레스토랑 경영과 친환경 회사라는 명성에 걸맞게 캠프장도 운영한다. 여기서 한발 더 나아가 '무지 하우스'란 사업부를 만들어 주택사업도 하고 있다. 이 주택엔 물론 '무인양품'의 가구와 생활용품이 들어간다.

2018년부터 본격적으로 신선식품 등 식품 사업에 집중하고 있다. 첨단화에 묻혀 잊고 있던 정작 소중한 소비자들의 먹거리를 취급해야 한다는 역사적 소명 의식을 갖고 식품 사업에 진출했다고 한다. 기존 무인양품 매장의 고객 방문 횟수는 월평균 1~2회였지만 식품을 추가함으로써 고객들이 매일 이용하는 점포로 바뀌는 게 목표다.

또한 무인양품의 새로운 도전은 계속되고 있는 중이다. 무인양품 브랜드 이름 '무지(MUJI)'를 사용한 '무지호텔(MUJI HOTEL)'이 2018년 1월 중국 선전에 처음 문을 열었다. 무인양품의 브랜드 컨셉과 내장 디자인 그리고 무인양품 가구와 생활용품 등으로 채운 호텔이다. 마치 무인양품 매장을 그대로 호텔 방으로 옮겨놓은 듯한 분위기를 연출했다고 한다. 현재 일본 도쿄 긴자와 베이징, 선전 등 3곳을 오픈했다. 향후 호텔과 같은 대형건물에 대형 무인양품 매장과 레스토랑을 함께 운영할 예정이다.

필자가 '무인양품'을 ESG 경영의 대표 사례로 소개하는 이유는 브랜드가 탄생한 이래 지금까지 경영 철학을 수정하지 않고 줄곧 지켜왔다는 점을 들 수 있다. 1980년 설립 당시 무인양품의 노 브랜드 전략은 글로벌 금융 위기 이후 미니멀리즘과 간소한 라이프 스타일을 원하는 소비자층을 중심으로 더욱더 호응을 얻게 되었다. 상품에 불필요한 기능이나 특징을 넣지 않는 상품 디자인이 좋다. '나답게 나 자신을 사랑하고 싶다는 사람'에게 도움을 줄 수 있는 상품을 만드는 게 목표라는 무인양품의 사장 인터뷰를 보면서 더욱 믿음이 간다.

이처럼 조그만 하나의 스토어에서 점점 사업을 발전시켜 종합생활기업으로 발돋움하는 기업 사례로 '무인양품'을 적극 추천하는 바이며, ESG 경영이라는 메가트렌드의 흐름에 반보만 앞서면 소비자에게 칭찬도 받고 사업도 번창시킬 수 있다는 것을 알려 주는 기업이다.

[2017년 2월 현재의 무인양품 현황]

영업 국가: 일본 포함 미국·중국·인도 등 24개국
매장 수: 935개(일본 454개, 해외 481개)
연 매출: 3,332억 8,100만 엔(3조 4,000억 원, 2016년 3월~2017년 2월)

※ https://www.muji.net

발리의
코워킹 스페이스(Co-Working Space)는
공유 오피스의 표본

'지구상의 마지막의 낙원', '세계의 아침' 등으로 불리며 전 세계 여행인들의 가슴을 흔들거리게 만드는 세계적인 유명한 관광지, 발리. 발리에는 크고 작은 사원이 2만여 개가 있고, 3,333개의 신이 있다고 한다. 인도네시아는 대부분 이슬람교를 믿고 있는데, 유독 이곳 발리는 힌두교인이 많은 섬 도시. 여기에 세계 각국 젊은이들이 반드시 방문하려고 한다. 그렇다면 왜 전 세계 젊은이들은 '발리'로 떠날까?

전 세계 젊은이들이 발리에 모여 뭔가를 꾸미고 있다. 바로 디지털 노마드의 삶을 향한 추구다. 우리가 알고 있던 '발리'와 해변, 그리고 맛있는 음식들을 넘어선 디지털 세상 나아가 공유경제의 세상이 발리에서 전개되고 있다.

발리에는 '우붓'이라는 곳이 있다. 평소 '우붓'은 예술인의 마을로 불린다. 발리 중부에 위치해 있는데 울창한 밀림과 평화로운 논과 밭이 어우러진 조용하고 평화로운 마을이다. 이곳은 원래 약

초와 허브 산지로 유명했었는데, 19세기 후반부터 예술가 마을로 거듭나면서부터 전 세계 예술가들이 '우붓'에 정착하면서 더욱 유명해진 마을이다. 그래서 현재는 전 세계 여행자들이 끊임없이 찾게 되는 매력적인 여행지로 점점 변모해가고 있다.

그런데 이곳이 이제는 공유경제의 일환인 '코워킹(Co-Working)' 스페이스로 더 유명해지고 있다. 거리 자체가 예술인 '우붓'을 이곳저곳을 기웃거리다가 만나게 되는 코워킹 사무공간, **'후붓'은 '허브 인 우붓(Hub in Ubud)'의 약자다.**

※ https://www.coworker.com/indonesia/bali/hubud

2012년 설립 이후 전 세계에서 수만 명 이상이 다녀간 '후붓'을 만든 창립자는 부인과 함께 10년간 유엔에서 일하면서 세계 많은 국가들을 다녔던 경험이 있는 캐나다 국적의 '스티브 먼로'다. 그는 직장을 그만두고 발리로 돌아와 정착했는데, 1년 동안 발리에 살아보니 자신들처럼 삶의 전환점을 찾고 싶어서 떠돌다가 온 사람들이 너무도 많은 '발리'를 발견하게 된다.

아시다시피 '에어비앤비'와 '우버'로 대표되는 공유경제는 지난 10여 년간 전 세계 실물경제를 보완하면서 새로운 경제영역을 포지셔닝하고 있다. 그런데 '후붓'처럼 시공간을 초월해서 일하는 방식을 제안하는 사업을 '발리'에서 가장 먼저 제안했다는 점이 그의 사업적 안목을 높이 사고 싶다.

전 세계 직장인들은 머지않아 로봇과 인공지능(AI)으로 인해 직업이 바뀌는 텀(Term)이 점점 짧아질 것이고, 자유로운 근무, 자유로운 주거 방식을 추구하면서 동시에 이를 서로 공유할 수 있는 삶을 추구하는 보편적 근무 방식이 될 트렌드가 세계 곳곳에서 전개되고 있다. 나아가 나이가 많은 부부 혹은 적은 부부 둘이서 '해외 유명 도시에서 한 달 살기'가 메가트렌드가 된 지 오래다.

'후붓'은 단순히 사무실 공간만 제공하는 것이 아니라, 코워킹·코리빙·코러닝·코기빙(Co-Working, Co-Living, Co-Learning, Co-Giving) 등 함께 일하고, 함께 살고, 함께 배우고, 함께 주는 것을 지향한다. 필자는 사실 일단 이 부분에서부터 마음에 든다. 같은 생각을 하는 전 세계인들이 모여서 비슷한 노선의 삶을 사는 것을 도와주는 역할을 하는 동화 같은 마을 공동체 비즈니스다. 일단 이곳에서는 사무공간을 자유롭게 사용하는 것은 물론 자신의 지식을 강의를 통해 전파하기도 하고, 비슷한 분야에서 일하는 사람들끼리 그룹핑되어 수시로 정보를 교환하기도 한다.

아시다시피 전 세계에 불어닥친 로봇과 인공지능(AI)의 시대. 과연 인간은 앞으로 어떤 일을 어떻게 하면서 삶을 살아갈 것인가? 누구에게나 직업과 창업 그리고 가족 나아가 내 인생은 어떻게 될지에 대한 불안감과 함께 희망을 기대하게 된다. 그런 측면에서 보면 이곳은 미래, 우리의 일상생활을 타임머신 타고 온 이상향의 장소일지도 모른다. 세계 각국에서 온 디지털 노마드족들은 근무 시간과 장소에 구애받지 않고 일하기도 하고 쉬기도 하고, 사랑하기도 한다. 출퇴근 개념도 없고 고정적으로 속한 회사도 없지만 이들은 자율적으로 하루 일상을 보낸다.

한참 일을 하다가 눈을 들면 창밖으로 드넓은 논밭 풍경이 시원하게 펼쳐진다. 세계 각국에서 온 다양한 직업의 사람들이 연령과 상관없이 다양한 주제로 토론을 벌이기도 하고, 일주일에 10회 이상 다양한 강의를 들으며 새로운 지식을 공유하는 곳이다. 물론 줌(Zoom)이나 화상을 통한 미팅은 수시로 열린다.

이제부터 어느 직장에 다니느냐보다 어떤 역량을 가지고 있느냐가 내 직업에 대한 정체성을 표현할 것이다. 수시로 필요로 프로젝트성 비즈니스에 동참할 수 있는 역량만 갖추고 있다면 해당 플랫폼을 통해 내 재능을 제공하면 될 뿐이다. 일하는 시간도 장소도 내가 결정할 수 있는 기회가 계속된다. 나만의 디지털 노마드 역량은 차곡차곡 쌓여서 더 큰 프로젝트에 참여할 수도 있을 것이다. 그야말로 창의적 역량이 정말 중요해지는 시대가 온 것이다.

이곳, 공유 오피스 '후붓'을 처음 설립한 '스티브 먼로'는 이 지구에는 삶의 안정성을 보장받기 위해 매일 똑같은 시간에 출근하고 싶지 않은 일을 하는 이들이 얼마나 많은지 잘 알고 있다. 그래서 미래엔 자신의 역량을 기반으로, 원하는 일을 하고 싶은 만큼 하는 선택권이 열릴 수 있도록 후붓을 설립했다고 한다.

그저 그런 관광 도시였던 발리에 이젠 새로운 삶과 직업을 찾고자 찾아오는 사람들이 늘고 있다는 느낌이다. 그들은 새로운 영감을 얻기 위해 이곳까지 날아온다. 발리 중에서 우붓은 예술가들, 창작자들, 작가들이 모이는 집합 장소, 새로운 디지털 노마드 삶을 추구하는 사람들이 모이는 장소로 변하고 있다. 특히 IT 중심의 창작자들이 모여들고 있다.

최근에는 '후붓'과 유사한 코워킹 스페이스인 '아웃포스트(Outpost)'가 탄생했다. 이곳은 인터넷 사용 시간을 중심으로 회원 등급을 매기는 '후붓'과는 달리 시설 이용 시간의 길고 짧음으로 회원 등급을 구분하고 있다. 그리고 회원에게는 인근 호텔 수영장을 무료 이용할 수 있는 권한을 주고, 인근 제휴 업체로 요가센터, 레스토랑, 리조트, 빌라 등을 늘려 회원 혜택을 늘리는 전략을 전개 중에 있다. 아웃포스트는 후붓(Hubud)에서 남쪽으로 약 2km 정도 떨어진 곳에 위치해 있다. 매주 목요일 오후엔 테라피 써스데이(Therapy Thursday)라는 무료 마사지 이벤트가 진행되기도 한다. 2023년 현재 발리에 3곳, 스리랑카에 한 곳 등 4군데에 지점을 가지고 있다.

※ https://destinationoutpost.co/

그리고 이곳 '후붓'에서 만날 수 있는 또 하나의 예술은 바로 먹을거리다. 이곳에는 유난히 오랜 시간 같은 자리를 지키며 사랑을 받아온 레스토랑들도 많다. 역사가 살아있는 오래된 레스토랑부터 단돈 2~3,000원이면 한 끼를 해결할 수 있는 로컬 레스토랑까지 다양한 먹을거리까지 포진하고 있다. 당연히 전 세계 젊은 관광객들을 붙잡아 한 달 이상 체류를 하게 만든다. 이곳은 관광객이 소비만 하도록 독려하는 곳이 아니고, 생산도 병행할 수 있다는 점이 필자가 이곳을 추천하는 이유다. 대한민국 지방에서도 소비와 생산을 동시에 할 수 있는 플랫폼이 곧 탄생하기를 희망해 본다.

솔루션 05

진실을 파는 아이스크림 브랜드의
앞서가는 윤리 경영

여러분은 세상 그 어떤 아이스크림 가게가 '진실과 정의는 이긴다' 고 주장할까? 이 아이스크림 업체는 창업 초기부터 지금까지 일관된 경영 전략과 마케팅 정책을 유지하고 있다. 그래서 존경스럽기까지 하다.

미국 뉴욕에서 태어난 '벤앤제리스' 창업자인 벤 코헨&제리 그린필드는 처음부터 아이스크림 사업에 올인한 사람들이 아니다. 벤 코헨은 수공예를 하고 싶어 했었고, 제리 그린필드는 의대생이 되고 싶었던 사람이었다. 하지만 인터넷도 없던 1970년대에 원격 교육 대학에서 아이스크림 제조 수업을 듣고 난 후에 아이스크림 사업에 꽂혔다고 한다. 이 수업은 상업용으로 대량 아이스크림을 만들어 내는 수업이 아니라 집에서 유기농 우유와 방목란 등 아주 제대로 된 재료를 가지고 가족들이 먹을 수 있는 건강한 아이스크림을 만드는 방법을 가르쳐 준 수업이었다.

두 사람은 미국 버몬트주 '벌링턴'이라는 도시에서 1978년 아이스크림 가게를 처음 열었다. 가족들을 위한 맛과 영양을 갖춘 아이스크림이 탄생하자 사람들의 입소문이 나기 시작한다. 그러니 당연히 해당 지역의 대기업 아이스크림 회사가 이런 작고 꼴 보기 싫은 업체를 그냥 둘리가 만무했다. 세상은 다 똑같은가 보다. 기존 대형 업체가 신생업체의 시장을 뺏기 위한 심술을 부리는 것은 동서양이 똑같다.

기존 대형 아이스크림 회사는 이 작은 기업을 시장에서 퇴출시키기 위해 작업을 벌인다. 신생기업의 초창기 사업이 조금 잘되기 시작하면 동종의 대기업이 이 작은 기업을 시장에서 퇴출시키기 위해 이상한 술수를 쓰기 시작한다. 그렇다면 이럴 경우에는 어떻게 대처해야 할까? 중소기업이 고객에게 보여줄 수 있는 것은 무엇일까? 작은 기업이 가진 것 중에서 **진실만큼 강력한 힘을 가진 것은 없다.** 제품이나 서비스의 수준과 본질에 대해 고객에게 직접적으로 밝히는 것이다.

대기업 아이스크림 업체인 '필즈버리'는 전국 중간상에게 '벤앤제리스'의 아이스크림 취급을 금하도록 명령을 내린다. 갑자기 시장을 빼앗긴 '벤앤제리스'는 처음에는 소송을 걸려 했으나 시간과 비용 모든 면에서 불확실했기 때문에 다른 방법을 채택한다. 즉, 고객에게 그들의 진실을 보여주기로 한 것이다. '벤앤제리스'는 필즈버리 본사 건물 앞에서 '도우보이(필즈버리의 마스코트 인형)는 세상이 두렵지 않은가'라고 피켓을 만들었고 같은 내용의 대형 스티커도 거리에 붙였다. 버스 안, 비행기 안에도 광고를 실었다. 아이스크림 포장 상자에도 똑같은 문구와 함께 800번 전화 서비스 안

내7를 기재하는 반격을 가했다.

이 이야기는 실제로 1970년대 일어난 이야기다. 고객들은 그제야 '벤앤제리스'가 곤경에 처한 것을 알게 되고, 사회적 여론이 형성되어 드디어는 중소기업이 승리하게 되었다는 해피엔딩 스토리다.

우리나라도 같은 불공정한 거래를 당하게 되면 여론을 이용하라는 것, 진실을 알리는 것만이 중소기업이 할 수 있는 마지막 카드라는 것을 기억해 주기를 바란다. 무턱대고 법에만 호소하지 말라. 배부른 변호사에게 더 배부르게 하지 말고, 여론에 호소하는 방법을 찾아야 한다. 이젠 SNS를 최대한 이용해도 괜찮다.

작은 아이스크림 가게였던 벤앤제리스가 대형 경쟁사의 영업방해를 이겨냈던 원동력은 앞서 언급했듯 '진실과 정의는 이긴다'였다. 이후에도 벤앤제리스는 '진실과 정의'의 편에 섰다. 1990년대 초, 자신들의 공장이 있던 버몬트 지역의 우유 가격이 폭락하자, 지역 축산농가를 위해 우유를 더 비싸게 공급받은 사례는 대표적이다. 1985년부터 벤앤제리스 재단을 설립해 세전이익의 7.5%를 지역 사회에 환원하고 있다.

---

7 참고 : 800번은 농가보존 후원 무료 전화번호다. 벤앤제리스가 지역 양농업자와 함께 '착한 아이스크림'을 만든다는 걸 우회적으로 광고했던 것으로 풀이된다.

작은 아이스크림 가게의 계속되는 도전

아울러 국방예산의 1%는 평화를 장려하는 프로젝트나 활동에 쓰여야 한다고 주장하는 단체 '평화를 위한 1%'의 설립을 지지하기도 했다. **벤앤제리스는 2000년 다국적기업 유니레버에 인수됐지만, '진실과 정의는 이긴다'는 철학은 이어지고 있다.** 유니레버 측이 벤앤제리스의 미션을 지킬 것을 약속했기 때문이다. 인수 후에도 2006년 세계 최초로 공정무역 인증 재료로 만든 바닐라 아이스크림을 출시했고, 2010년에는 그 종류를 추가했다.

그리고 몇 년 전, 미국에서 발생한 백인 경찰관이 무릎으로 죄 없는 민간인인 '조지 플로이드'라는 흑인의 머리를 눌러 사망케 한 사건을 잘 알 것이다. 이런 사회적 상황에 대해 아이스크림 가게 '벤앤제리스'는 분명한 정치적 입장을 표명하고 나섰다.

그들이 발표한 성명서의 내용을 보자.

"우리 벤앤제리스 직원들은 너무 화가 납니다. 미니애폴리스 경찰이 흑인 한 명을 살해한 것에 대해서 말입니다. 우리는 소리 높여 이야기해야 합니다. 우리는 살인의 피해자와 함께 서야 합니다. 피부색 때문에 억압하는 자들을 향해 말입니다. 우리는 백인우월주의를 철저히 무너뜨려야 합니다."

놀랍게도 벤앤제리스는 대안까지 제시했다.

"우리는 그 방법으로 4가지를 제안합니다. 첫째, 대통령과 의회 등은 사과할 것. 둘째, 1619년부터 이어진 흑인 차별의 부정적 효과를 평가할 수 있는 법률안을 통과시킬 것. 셋째, 경찰의 권력 남용을 막을 수 있는 국가적 태스크포스를 만들 것. 넷째, 법무부는 시민 권리 관련 부서를 통해 유색인종의 권리를 보호할 것."

이런 용감한 행동 덕분인지 벤앤제리스는 실리콘밸리의 수많은 IT 기업의 존경을 받는 기업으로 우뚝 섰다. 창업 이후 이익만을 좇는 회사가 아니라 공동체를 우선으로 여기는 회사라는 걸 끊임없이 호소하고, 실천한 결과다.

만약 대한민국에서 비슷한 사건이 발생한다면 아이스크림 제과 회사가 이런 사회적 목소리를 낼 수 있을까? 그런데 최근 코로나 사태 후 미국에서 일어나고 있는 사회 이슈에 대해 '벤앤제리스'는 선명한 자신들의 언어로 사회에 이야기를 한다. 벤앤제리스는 1970년대 개업 이래 지금까지 소비자들로 하여금 자신들의 이익을 우선시하는 회사가 아니라 소비자와 제품공급자 등을 포함한 공동체를 우선으로 여기는 회사라는 것을 끊임없이 전달했고, 대부분의 소비자는 이 회사를 잘 이해하고 있다는 점이다.

뻔히 보이는 압력을 어떻게 개인 혹은 힘없는 일개 회사가 이겨낼 수가 있을까? 그러나 포기하지 마라. 요즘같이 모바일이 발달한 세상에서는 여러 채널을 이용해서 동병상련의 기업과 개인의 힘을 모을 수 있는 장을 열어라! 그래서 **갑질하는 대기업과 단체에게 본때를 보여 주어라. 이런 사건이 일어나면 제발 혼자 고민하지 말고, 힘을 모으는 방법, 그것을 잊지 마라!**

이번 사례의 기업 '벤앤제리스'처럼 사회적 운동에 적극 동참하시고, 기업가 정신을 보여 주어라. 사회적 책임을 다하기 위해 공동체에 기업 이익의 일부를 환원하는 정책도 유지하면서 사회와 함께 기업을 키우시기를 바란다. '진실과 정의를 파는 기업'이 승리하는 현장을 대한민국에서도 보고 싶다.

※ https://www.benjerry.com/

CHAPTER 2

글로벌 마켓 현장에서
배운 '다름'

필자가 초등학교 시절부터 귀에 못이 박히게 들은 어른들의 이야기가 있다.

"다른 애들과 똑같이 행동하고 말하렴. 다른 사람과 잘 어울리려면 너무 튀면 안 돼, 알았지!"

'모난 돌이 정 맞는다'는 속담이 있어서 그런지 조금만 튀면 안 되는 숨 막히는 사회를 물려주려는 꼰대 어른들이 너무 많았다.

어릴 적부터 남들과 다르면 큰일이 나는 줄 알았다. 선생님들은 언제나 미리 만들어 놓은 규격에 나를 포함한 모든 아이들을 집어넣었다. 그 틀에서 조금이라도 나오게 되면 여지없이 체벌이나 듣기 싫은 말을 들어야 했다. 그러던 중 나로 하여금 다름을 추구하는 동력을 만들어 준 사건이 발생한다. 중학교 1학년 체육 선생 덕분에 더욱 남과 다른 삶을 추구하는 계기가 된다.
중학교 입학과 함께 공부 열심히 하라는 부탁과 함께 아버지께서 시계를 사주셨다. 그야말로 지금으로 치면 고가의 스마트폰을 선물로 받은 셈이다. 그런데 이 시계를 차고 학교에 간 이후가 문제가 발생한다. 체육 시간에 시계를 찬 채 수업에 들어간 것이 화근이다. 체육 시간의 시작은 4열 종대로 서서 출석을 신고하는 것부터 시작된다. 교단 위에 선 체육 선생은 학생들의 출석 신고를 받고 난 후에 나를 콕 찍어 지목한다.

"너, 시계 오른손에 찬 놈! 왜 오른손에 시계를 차? 빨랑 왼손에 차!"라고 명령을 한다.

그 당시 다른 친구들이 왼손에 시계를 차지만, 오른손에도 찰 수 있다는 생각으로 오른손에 시계를 찬 것이 그 체육 선생 눈에는 이상했고, 기분이 나빴나 보다. 할 수 없이 바로 왼손으로 바꿔 차는 척하고, 좀 있다가 바로 오른손으로 다시 원위치한 상태로 시계를 찼다. 그리고 체육 시간에 나눠준 공을 갖고 축구를 하느라 정신이 없었다. 체육 시간이 끝나고 다시 4열 종대로 모여 인원 체크하는 시간이다. 체육 선생은 귀신같이 오른손에 시계를 그대로 차고 있는 필자를 발견한다.

"야, 너 나와!"

나가자마자 귀싸대기를 날린다.

"이 ○○가 내 말이 말 같지 않아? 왼손에 차라고 했지…."

그 이후부터 필자는 절대로 체육 시간에 시계를 차고 나가지 않았다. 그리고 더더욱 시계를 오른손에 차고 줄곧 학교를 다녔다.

이런 습관이 오늘로 이어져서 난 시계를 오른손에 찬다.

다름은 틀림이 아니다

아무리 세상이 기술 발달로 인해 일일생활권이 되고, 빠른 사무환경이 되었다 해도 각국의 역사와 문화는 다르다. 아무리 세계화, 글로벌화 되었다 해도 서로 다른 문화권에서 자란 세계인들은 다른 것이 당연하다. 그런데도 불구하고 자신의 신념, 자신이 믿는 정치와 종교만을 주장한다. 그래서 세상은 늘 싸움과 전쟁이 공존한다. 거의 모든 세상은 반으로 딱 갈라져 이전투구를 하는 중이다. 다름을 그냥 그대로 받아들일 수는 없을까?

다름은 나만의 아이덴티티다

세상이 복잡해지고, 세상 라이프 스타일이 비슷해질수록 나만의 삶을 추구하는 사람들이 늘어난다. 기존 삶의 프레임을 거부하면 이단아인가? 이젠 시장을 하나로 보고 만드는 대량 생산 시스템이 점점 힘을 잃고 있다. 100인 100색의 시대로 바뀌고 있는 중이다. 나만의 아이덴티티로 삶을 살려는 개성 강한 현대인들, 특히 MZ 세대의 달라진 인생관이 잘못된 것인가? 기성세대가 만들어 놓은 옳고 그르다는 관점이 아닌 '다름'의 관점이 더욱 중요한 세상이다. 세계 리테일 현장에서 진행되고 있는 '다름'의 현장으로 떠나보자.

북미

미국과 캐나다를 여행한다는 것은 그렇게 호락호락한 여행이 아닐 것이다. 우선 미국과 캐나다의 땅 넓이가 상상하는 것보다 너무 넓기 때문이다. 간단히 이야기 하면 미국 '캘리포니아'라는 한 주의 크기가 한반도 넓이보다 넓다. 그러므로 한 번 에 미국이나 캐나다를 다 보겠다는 생각은 접어 두는 것이 좋겠다. 대신 한 분야 혹은 한 지역을 집중 조사하는 방법은 가능하다. 그래서 나는 여러 번 시간을 두고 천천히 지역별로 관찰하는 방법을 채택했다.

새로운 트렌드를 알기 위해 미국으로 비즈니스 여행을 떠난다면 첫 번째로 추 천하고 싶은 장소가 바로 미국 서부의 대표 도시인 LA와 미국 동부의 대표도시인 뉴욕을 반드시 방문하길 추천한다. 마켓의 흐름을 파악해야 할 머스트해브(Must Have) 도시라고 할 수 있다.

이처럼 새로운 마켓의 변화를 통해 큰돈을 벌 수 있는 기회가 미국에 많이 있는 것은 분명해 보인다. 그래서 미국을 '기회의 땅'이라고 부르는가 보다. 참으로 돈 벌 많은 기회가 곳곳에 숨어 있는 나라, 미국을 제쳐놓고 뉴 비즈니스를 논하는 것 은 단팥 없는 찐빵이라 할 수 있다.

여기서 내가 주장하고 싶은 것은 누구보다 먼저 마켓의 변화를 알아차린다는 것 이 중요하지만, 더 중요한 것은 이러한 새로운 마켓이나 트렌드의 변화를 제대로 해석하는 능력이다. 이런 능력이 갖추지 못한다면 립서비스에 능숙한 개인이나 집단으로부터 사기를 당하는 수모를 겪을 수도 있다.

팬데믹 시절에 더 성장하는
MWC

유통업태 중에서 2020년 1월 이후 미국의 코로나 팬데믹 대유행 기간 동안 대형 **회원제 창고형 도매점**(Membership Warehouse Club)들보다 많은 혜택을 입은 회사는 없을 것이다. 코스트코, 샘스클럽, BJ's, 과연 이들은 어떻게 이런 어려운 시절에 더 성장할 수가 있었을까? 기존 유통 채널들과 어떤 다른 영업 전략을 기획, 집행했을까?

코로나 초기에 쇼핑객들은 식료품과 생활필수품을 판매하는 회원제 창고형 도매점들이 문을 닫지 않고 영업을 하였기 때문에 코스트코, 샘스클럽, 비제이(Costco, Sam's club, BJs)로 몰려들었다. 특히 화장품과 위생용품은 패닉바잉으로 구매 자체가 불가능할 정도였지만, 이들 회사들은 구매 제한을 걸었음에도 불구하고 나름대로 대량 구매가 가능한 소매점이었기 때문이었다.

그럼 먼저 MWC(Membership Warehouse Club)은 무엇인지 정리

하고 시작하자. MWC란 회원제로 운영되는 창고형 할인매장으로, 일반 할인점보다 저렴한 가격으로 대량 판매한다. 1976년 미국 샌디에이고에서 문을 연 프라이스클럽(현 코스트코)이 시초다. 그럼 우선 MWC의 특징부터 알아보자.

첫째, 일정액의 연회비를 받는 회원제여서 정기적이고 안정적인 고객을 확보할 수 있다.

둘째, 대부분 도심 외곽 지역의 넓은 부지에 창고형 매장을 갖추고 있으며, 매장의 높이는 4~5m 정도이다.

셋째, 대량 매입, 대량 판매의 형식을 취하며, 박스 및 묶음 단위로 판매하는 것을 원칙으로 한다.

넷째, 판매 물품은 다양한 품목이 아니라 구매빈도가 높은 품목, 즉 고회전 품목을 위주로 구성한다.

다섯째, 일반 할인점에 비해 식품 비중이 높으며, 배달은 하지 않는다.

여섯째, 팔레트에 실린 상품을 그대로 매장으로 옮겨 진열하는 방식으로 물류비용과 인건비, 실내장식비 등을 대폭 낮춤으로써 일반 할인점보다 20~30% 저렴한 가격에 판매한다.

이들 MWC들은 팬데믹 기간 동안 매출과 이익액 급증으로 주가가 상승했다. 가장 중요한 소비자 구매변화는 **코로나 감염증 우려로 그동안 여러 장소를 복합쇼핑하던 구매습관을 버리고, 한두 군데에서 원스톱쇼핑을 하였다는 점이다. 그래서 이제까지 식품 중심 채널보다는 비식품까지 판매하는 복합적인 쇼핑 태널이 향후에 더욱 경쟁력이 있을 높을 가능성이 점쳐지고 있다.** 그렇지만 원스탑쇼핑이 보편화되면 식품만 구매하는 것이 아니라는 이야기다.

　참고로 대한민국 MWC의 효시는 1994년 10월, 신세계백화점과 미국의 프라이스클럽(후에 코스트코에 편입)과 기술제휴로 서울 양평동에 개점한 '프라이스클럽'이 효시다.

　대한민국의 경우, 최근 2~3년 동안 식품을 강화하고, 비식품은 축소 지향하고 있는 실정이다. 그런데 시간이 지나면 이 전략이 국내 MWC 및 할인점의 경쟁력을 약화시킬 가능성이 아주 높아 보인다. 이유는 우리가 먹고 사는 일이 식품만으로 이뤄지지 않지 않은가! 특히 비식품 분야의 경쟁력을 갖추기 위해서는 시간과 투자가 따라야 하기 때문이다.

　즉, 식품 외의 생활 및 라이프 스타일형 소비 니즈를 충족시키기 위한 준비가 필요해 보인다. 특히 재택근무가 점점 보편화 되고 있는 현재, 식품이야 배달앱이 워낙 발달되어 있기 때문에 식품 이외의 상품 및 서비스 개발에 얼마나 많은 노력을 기울였는지 묻지 않을 수 없다.

　미국 MWC 현황으로 가 보자. 코스트코 등 이들 업체들은 배달을 소극적으로 진행했지만 더 많은 소비자들이 온라인 구매(배달, 픽업)를 선호할 수밖에 없음에 따라 이커머스 비즈니스를 활성화하지 않을 수 없었다. 그래서 이들은 외부 배달업체와 제휴해서 당일 식품배달 시스템을 보완하였다.

　최근에 이들 MWC에 유료 회원으로 가입한 미국 고객들의 유형을 살펴보자. 이들은 기존 고객들보다 디지털 쇼핑에 더 많이 참여하고 있다. 주로 팬데믹 기간 동안 결혼을 한 경우가 많았고,

교외로 이사해 첫 주택을 구입한 젊은 세대가 많았다는 점은 대한 민국 유통업체에게도 시사하는 바가 크다.

그렇다면 회원제 창고형 도매점 비즈니스의 미래는 어떨까? 회원제 창고형 도매점의 대표 브랜드인 '코스트코'는 충성 고객 비중이 상당히 높다. 2022년 12월~2023년 2월 코스트코의 멤버십 갱신율은 90.5%로 최고 기록을 갈아치웠다. 이처럼 충성도 높은 고객의 확보는 향후 연회비 인상 등으로 인한 수익성 강화로 이어질 수 있고, PB 제품군을 늘려나가도 이를 흡수해 줄 충성고객층으로 역할을 할 것임에 틀림없어 보인다. 하지만 이제부터 인플레이션에 대비해 단단히 준비를 해야 할 시간이 왔다고 생각된다. 하지만 세계적인 저성장기이면서 인플레이션 시대가 지속될지라도 앞으로도 MWC의 성장과 소비자들의 인기는 계속될 것으로 보인다.

여기에 한 가지 더 관심을 가져야 할 업태가 있다. 팬데믹 시절에 더 성장하는 업태. 바로 '달러스토어' 업태다. 2020년 미국에선 신규 소매업체가 3,300개 개점했고, 2021년에는 4,000개가 신규 개점했다. 2년 동안 7,300개의 신규 매장 중 3,150개, 즉 43%가 어떤 소매업체가 바로 달러스토어였다는 사실이다. 참고로 2020년 미국에서 최대 25,000개의 매장이 영구적으로 문을 닫았다.

이런 생활 속 친구같은 달러스토어들이 팬데믹 시절에 더욱 번창하고 있다는 통계가 계속 나오고 있다. 코로나로 인해 부자와 가난한 가구의 격차는 더 심화되었지만, 달러스토어의 고객층은 젊은 층 고객 및 부자들의 이용객이 거꾸로 증가하게 되었고, 다양한 인종이 골고루 찾는 사랑받는 업태가 되었다. 즉, **시장성이 확**

실히 검증되었기 때문에 무슨 제품이 되었든 1달러숍, 즉 천원숍에 납품할 수 있는 제품을 대량으로 생산해낼 수만 있다면 승산이 있다는 얘기가 되기 때문이다." 미국의 1달러숍은 크게 '달러제너럴'과 '패밀리달러스토어'라는 양대 브랜드로 나눠지고 그 뒤를 '99센트 스토어'가 추격하고 있는 형국이다.

이제 결론으로 가 보자. 미국에는 달러스토어가 34,000여 개로, 월마트, 스타벅스, 맥도날드의 스토어 합(合)보다 더 많다. 달러스토어에서 취급하는 초코바, 음료수, 물, 과자 등 간식뿐 아니라 빵, 설탕과 같은 일반 식료품도 코스트코(Costco), 월마트(Walmart) 등과 비교해 20%에서 40% 이상 저렴한 것으로 알려졌다. 달러스토어의 판매 가격이 할인마트에 비해 저렴한 이유는 브랜드 제품은 상대적으로 마진을 적게 붙이고, 브랜드 이외의 1달러 제품에서 이윤을 많이 남기는 가격 정책을 진행하기 때문이다. 달러스토어는 어린아이들이 책이나 초콜릿, 공책, 장난감 등을 저렴하게 살 수 있을 곳일 뿐 아니라 1달러의 소중함을 가르칠 수 있는 최적의 교육 장소로도 활용되고 있어 더욱 인기리에 애용되고 있다.

그러므로 현재 대한민국에서 성장 가능성이 가장 높은 업태가 바로 MWC와 달러스토어라는 결론에 이른다. 현재 '다이소'가 독점적으로 운영 중인 1달러 시장을 신선식품을 앞세운 새로운 강자가 충분히 나타날 수도 있는 마켓임을 증명해 준다. 또한 글로벌 MD력을 갖춘 MWC가 가장 선호하는 브랜드가 될 확률이 높다.

뉴욕 도심에 와이너리숍을 개점한 역발상

믿을 수 없다, 뉴욕 한복판에 양조장이 있다고?

뉴욕 역사상 한복판에 최초로 와인 양조장이 탄생했다. '시티 와이너리(City Winery)'라 불리는 도심 속 와인 양조장은 2008년 개점해서 지금까지 영업 중이다. 우리가 상식선에서 알고 있는 양조장은 도심에서 한참 떨어진 시골에 위치하는 것이 정설이다. 그런데 전 세계에서 가장 비싼 땅인 뉴욕 도심 중앙에 와이너리 스토어가 있다니 정말 놀랍지 않은가!

뉴욕의 심장부라 불리는 소호(SOHO) 지역, 허드슨 스퀘어에 개점한 '시티 와이너리'라는 와인바에는 기존 우리가 알고 있는 와인바와 와인을 제조하는 양조장 그리고 음악 공연장까지 여러 가지 사업적 개념을 결합한 복합 스토어 개념으로 탄생했다.

아무래도 21세기 뉴 비즈니스는 복합개념이 들어가야 제멋이

나는 것 같다. 이 시티 와이너리 양조장에서 고객은 자신이 좋아하는 포도를 직접 선택하고, 이를 이용해서 자신만의 맞춤 와인을 만들 수도 있고, 해당 양조장 겸 식당에서 멋진 식사도 즐길 수 있게 된다. 여기에 뉴욕의 잘 나가는 뮤지션을 초청해서 무료로 이른 저녁, 주중 공연을 운영하고 있다. 친구와 연인과 함께 저녁 시간을 달콤한 와인 그리고 멋진 음악을 들으면서 하루의 피로를 풀어낼 수가 있는 공간이 전 세계 경제의 수도인 뉴욕에 있다니 생각만 해도 기분이 좋아진다.

우리가 알고 있는 도심에서 한참 먼 곳에 위치한 와이너리의 개념을 도심 한복판으로 끌고 온 이번 신사업 비즈니스 CEO의 상상력에 박수를 쳐 주고 싶다. 이 비즈니스의 특징은 장소적 특색만 가지고 있는 것이 아니라 고객이 나만의 맞춤형 와인을 만들고 소유할 수 있도록 시스템을 갖추었다는 점이다.

그렇다면 나만의 와인을 만드는 제조 공정 과정을 들여다보기로 하자.

① 와인 제조에 사용할 원재료인 포도는 포도 산지로 전 세계적으로 유명한 캘리포니아, 오리건, 워싱턴, 뉴욕 등의 미국 본토 그리고 칠레, 아르헨티나 등 해외 유명 산지 포도밭에서 가져온다.

② 여러 종류의 포도 중에서 유료 개인회원은 이중 원하는 포도를 선택하고, 와인 전문가인 마스터 와인 메이커와 상담을 한다.

③ 이후 와인 제조 과정을 거치게 된다. 어느 정도 시간이 지나면 숙성된 나만의 와인이 완성되게 되고, 이를 병에 담아 자

신만의 이름을 스티커 형태로 붙인 와인을 소유하게 된다.

이 스토어에서는 **4가지 와인 오너십 제도**를 갖고 있어 눈길을 끈다. 최신의 경영 이론을 접목시킨 이 가게 주인의 경영관이 놀라워 정리해 본다. 현재 혹은 미래 회원제, 멤버십 제도를 이용한 고객관리 시스템을 구축하고자 하는 일류기업 및 예비 창업가에게 아주 좋은 정보임에 틀림없다.

(1) 프라이머리 배럴 오너십(Primary Barrel Ownership)

가장 기본적인 회원제로서, 회원비는 연간회비를 내야 한다. 와인에 쓸 포도 가격과 와인 병에 라벨을 붙이는 등 와인 제조에 필요한 기타 비용은 추가로 지불해야 한다. 프라이머리 회원은 와인 만들기뿐만 아니라 와인 강좌와 자신이 만든 와인을 다른 회원들과 바꾸어 마실 수 있는 혜택을 가진다.

(2) 배럴 셰어 오너십(Barrel Share Ownership)

이 제도는 6명이 함께 와인을 공유하는 제도다. 회원비는 개인당 연간회비를 내야 한다. 포도 가격과 라벨링 비용을 분담 가능하다. 프라이머리 오너십처럼 한 사람의 연회비가 부담하기 힘든 유료 회원들이 십시일반으로 합심해서 가입할 수 있는 유료 회원 제도다.

(3) 단체 배럴 오너십(Corporate Barrel Ownership)

이는 기업체나 단체가 주로 가입하는 B2B 유료 회원 방식이다. 연간 회원비가 별도다. 주로 기업 선물용으로 가입할 수 있다. 단체 회원은 개인 파티나 모임, 오프라인 이벤트 등을 할인받을 수 있다.

(4) 코셔 오너십(Kosher Ownership)

전통적인 유대교의 율법에 따라 와인을 만드는 과정을 포함하는 가입방식이다. 연간 회원비는 가장 비싸기 때문에 가장 특별한 대우를 받을 수 있다.

최근에는 새롭게 멤버십 제도를 보완, 운영 중에 있다. 한 달에 한 병만 마실 수 있는 '익스플러러(EXPLORER)', 두 병을 마실 수 있는 '카너서(CONNOISSEUR)', 그리고 여섯 병을 마실 수 있는 '콜렉터(COLLECTOR)'라는 3단계 멤버십도 운영중에 있다.

도심에서 한참 먼 와이너리까지 직접 방문해야 맛볼 수 있었던 수준급 와인을 뉴욕 맨해튼 도심 한가운데서도 맛볼 수 있다는 점, 그리고 고객이 직접 맞춤형 나만의 와인을 만들 수 있다는 점 그리고 나아가 거의 매일 지역 뮤지션들이 벌이는 뮤직 페스티벌을 매장에서 즐길 수 있다는 점이 매력적이다. 현재 뉴욕 본점을 비롯해서 지점으로는 애틀랜타, 시카고, 내쉬빌, 보스턴, 워싱턴

D.C. 및 필라델피아에 있다.

   세계 경제의 중심, 뉴욕 한복판에 와이너리를 가져왔다는 사실, 즉, 고정관념을 깨면 새로운 비즈니스가 탄생한다는 정설 그리고 와인 플러스 복합개념을 만들게 되면 복합스토어가 탄생할 수 있다는 정설을 증명해 보이고 있다.

와이너리+와인바+뮤직 콘서트가 매일 진행되는 뉴욕 도심의 와인바 개념을 세계 각국 여러 도시 도심에 가져와도 가능해 보이는 사업이라 생각된다. 더 많은 정보를 알고 싶다면, 유튜브에 'city winery new york'을 치면 많은 동영상 정보를 볼 수 있다. 본 사례는 '기존 프레임을 깨면 다른 세상이 열린다'라는 사실을 알려준다. 1부에서 홍콩의 와인숍 사례에서도 봤듯 단 1평의 포도밭도 없지만 홍콩에 와인산업이 발달하듯이, 뉴욕 도심에 와이너리 비즈니스를 탄생시켰다는 점에서 많이 칭찬해 주고 싶은 사례이다. 앞으로 대한민국 서울에도 일반 소비자들이 갖고 있는 사고의 프레임을 깨는 창조적 숍들이 많이 탄생하길 희망한다.

※ www.citywinery.com

숨겨진 미국 유통의 핵심

미국 전역에서 1달러숍이 눈에 많이 띈다. 1달러숍에는 중국에서 혹은 남미에서 온 아주 저렴한 상품들이 즐비하게 진열되어 있다. 그래서 달러스토어에 납품할 아이템이 있을지 여러 각도로 시장 조사를 한다. 만약 여러분이 1달러숍에 납품할 수 있는 제품을 보유했다면 미국 내 창업도 성공할 수 있으리라 예상된다. 하지만 이에 앞서 미국에서 유통에 성공하려면 우선 반드시 알아야 할 것이 있다. 바로 숨겨진 미국 유통의 핵심을 알아야만 한다. 그것이 바로 전 세계 중에서 유일하게 사용하는 미국만의 단위환산 시스템이다.

이제부터 새로운 접근법, 미국에서 창업하려면 이것을 먼저 알아야 한다,

미국 유통의 핵심은 단위환산이다. 본 내용은 필자가 직접 달러스토어에 가서 시장 조사를 하면서 깨달은 내용이라서, 그 어느 책에

서도 발견하지 못할 내용일 것이다. 이 책에서만 만날 수 있는 특별한 콘텐츠임을 다시 한번 강조하고 싶다.

사실 필자는 미국에 그렇게 많이 여행을 갔지만 미국에서 사용하는 모든 단위가 오로지 미국에서만 통용되고 있다는 사실을 깨닫지 못한 채 시장 조사를 한 경험을 갖고 있다. 이곳저곳 미국의 많은 리테일스토어에서 시장 조사를 하던 중, 어느 날 어느 달러스토어에 가서 시장 조사를 열심히 하면서 알게 된 사실이다. 달러스토어에 수출할 아이템을 찾다가 기존에 있는 제품들을 조사하다 보니 규격이 우리가 사용하는 것과 달라서 깜짝 놀라면서 미국만 갖고 있는 단위의 존재를 깨닫게 되었다. 그야말로 숨겨져 있었던 미국만의 단위 환산 시스템을 자각하게 된 것이다.

미국에서 사용되는 모든 단위계는 영국의 야드파운드법에서 유래됐다. 미국이 영국으로부터 독립한 후인 1824년에 영국은 야드파운드법을 개혁했지만 미국은 기존의 야드파운드법을 고수한 역사가 지금까지 이어진 것이다.

그래서 유통 분야뿐만 아니라 산업 모든 분야에 적용된다. 특히, 미국의 영향력이 큰 산업 분야의 경우는 아예 미국 단위계가 표준화되어 있다. 예를 들어 항공, 디스플레이, 컴퓨터 분야가 대표적인 분야다. 해당 분야들은 미국의 막강한 영향으로 인해 거꾸로 미터법이 비표준화된 상태다.

미국을 포함한 전 세계가 불황이 지속되고 있다. 경제 사정이 나빠진 미국에서 할인 양판점 '달러스토어'가 많은 서민들에게 인기리에 자주 방문하는 업태로 자리매김하고 있다. '달러스토어'는 거의 모든 물건을 1달러 이하에 판다는 뜻으로 이름 붙여진 양판점의 일종으로서 우리나라로 치면 '천원숍'이고, 일본으로 치면 '다이소'가 운영하는 '100엔숍'과 흡사하다.

필자는 1달러숍에 진열되어 있는 여러 상품군의 여러 상품들을 보면서 비어 있는 상품군과 상품을 찾기 시작했다. 물론 이미 아는 분도 계시겠지만, 종종 이런 중요한 사항을 우린 간과하게 된다. 즉, 미국이라는 나라는 다른 나라와는 별도로 자기네 나라 사람만 알고 있는 숫자 단위를 사용한다는 점이다. 그야말로 미국이 힘주어 이야기하는 '글로벌 스탠다드'와는 전혀 딴 나라 이야기다.

길이 단위로는 '인치'를, 무게 단위로는 '온스', 거리 단위로는 '마일'이라는 숫자 단위 시스템을 운영한다는 점이다. 이 부분은 대부분의 미국 유통을 희망하는 분들의 실책이 나타날 확률이 높은 분야다. 기본적인 단위환산이 다르다는 사실을 제대로 체크하지 못한 채 미국 관련 신규 사업을 벌인다면 그 피해가 얼마나 클 것인가!

미국 입장에서는 이러한 독자적인 도량형 체계에 자부심을 갖고 있다. 하지만 이런 미국만의 독자 단위체계로 인해 아주 낭패를 본 경우도 있었다. 1999년 화성 탐사위성 궤도 진입 실패 사건이 바로 그것이다. 수천억 원 이상 들여 만든 위성이 화성 대기권에 예정대로 들어가지 못하고 추락한 사건인데, 탐사선을 만든 업체와 미 항공우주국이 서로 다른 도량형을 사용한 결과, 위성이 추락한 사건이다. 어쨌든 세계에서 유일하게 미터를 안 쓰는 나라가 바로 미국이라는 점을 기억하자.

나 홀로 마일 체제를 고집하는 미국이 글로벌 세계에서 겪는 불편은 이들이 외국에 나가서 맞닥뜨리게 되는 미터법 체제일 듯싶다. 미국인들이 미국만 벗어나면 모든 단위에서 헷갈려 혼란에 빠질 것임에 틀림없지만, 그들은 아직도 자신들만의 마일 체제를 고집하고 있다. 어떻게 보면 언제든지 미국 내 자체 생산과 소비를 할 수 있는 유일한 국가일 가능성이 너무 높은 나라다. 다른 나라의 도움 없이 삶을 유지, 개척할 수 있는 강력한 국가, 미국이다.

그러므로 센티미터, 그램, 킬로그램, 평에 익숙한 대한민국 사람에게는 환산된 숫자를 미리 머릿속에 놓고 난 후에 미국 내 해당 유통업체 바이어와 만나 상담에 들어가야만 한다는 사실을 잊지 말자.

① **무게** : 미국 레스토랑에 가서 고기 관련 음식을 주문하고자 할 때, 스테이크의 무게가 온즈(oz)로 표시되어 있다. 미국 스테이크 무게는 대부분 12oz(340g) 이거나 16oz(453g)인 경우가 많다.

② **길이** : 미식축구 경기를 TV를 통해 시청할 때, 야드를 많이 듣게 된다. 그래서 미리 센티미터 혹은 미터로 환산해 놓으면 좋다. 그리고 미리 마일을 환산해 머릿속에 넣어 두어야 미국 고속도로를 이용할 때 수월하다. 대부분 55mile(시속 88km) 혹은 65mile(시속 104km)로 표시된 주의 간판을 많이 보게 될 것이다.

③ **넓이와 부피** : 미국 주유소에 들러 휘발유를 넣고자 하는데, 단위가 갤런이다. 도대체 어느 정도의 양인지 감을 잡을 수가 없다. 보통 미국 중소형 자동차에는 15gal(57L)의 휘발유가 들어간다.

④ **온도** : 미국에서는 섭씨를 사용하지 않고 화씨를 사용한다. 미국 캘리포니아의 화씨 온도는 대략 70~75도 F(섭씨 21~24도)다.

⑤ **옷 사이즈** : 남성의 경우와 여성의 경우가 다르다. 남성의 경우, 특히 하의는 2개의 숫자가 하얀 스티커 형식으로 옷에 붙어 있는데, 앞의 숫자는 허리 사이즈이고, 뒤의 숫자는 바지의 길이를 나타낸다.

⑥ **신발 사이즈**: 대한민국에서는 mm를 사용하지만, 미국에서 신발을 고를 때는 사이즈(Size)로 선택한다. 남성의 경우와 여성의 경우의 사이즈(Size)가 다르다. 만약 남성으로서 255mm의 신발을 신는다면, 사이즈 7.5를 고르면 된다.

그래서 해당 상품군을 미국 달러스토어에 입점 창업을 원한다면, 가장 먼저 미국식 숫자 환산에 강해야 미국 바이어와 상담이 원활해 진다는 점을 잊어서는 안된다. 1달러숍 비즈니스에서 성공하기 위해선 우선 한 가지 상품이라도 미국 1달러숍에 납품을 해야 한다. 당연히 규격(Size)을 우선 익힌 후에 1달러숍에 상품을 입점시켜야 한다. 가장 먼저 1달러숍에 단일 품목이라도 납품하는 것에 성공해야 한다. 동시에 본인이 직접 1달러숍을 운영하는 방안도 고려해 보자.

1달러숍을 직접 운영해봄으로써 납품업체로서의 상황과 판매업체로서의 상황에 대해 몸으로 체득하게 된다. 그런 후에 이제 마지막 단계인 1달러숍 프렌차이즈 본사를 설립하는 것을 최종 목표로 삼아도 된다.

미국은 그야말로 프렌차이즈의 천국이면서 프렌차이즈의 원조 나라다. 프렌차이즈 지점으로는 LA를 시작으로 Seattle → Vancouver → 유럽 등으로 지역개발 방향을 미리 정한 후 진행하는 방안도 검토해 보길 바란다.

캐나다 '캔모어'와
스페인 '미하스'의
시니어타운(Senior Town) 방식

캐나다 밴쿠버와 미국 LA, 스페인 등으로 비즈니스 투어를 떠
난 적이 있다. 그곳에서 나이 든 시니어를 위한 시니어타운(Senior
Town)을 자세히 목격한 건 대표적 결과물이다. 그리고 세계적인
해변 휴양지 코스타 델 솔(Costa Del Sol) 중심에 자리 잡고 있는 휴
양지인 스페인 '미하스(Mijas)'에서 색다른 타운 개발 방식도 배우
게 된다. 이제부터 선진 각국의 시니어타운과 인구의 초고령화에
대한 대비책을 보면서 우리가 해야 할 새로운 비즈니스 차원에서
일을 찾아낼 수 있으면 좋겠다.

사례 1 캐나다 캔모어

캐나다 밴프(Banff)로 향하는 길목에 있는 캔모어(Canmore)는 로키
산맥에 기댄 고요한 도시다. 원래 석탄을 캐던 광산 도시였던 캔
모어는 인디언 말로 '머리 큰 추장'이라는 의미다. 도시 한편에는
실제로 머리 큰 추장의 모형물이 세워져 있어서 예전에 인디언들

이 많이 살았던 도시였음을 알려준다.

이곳에선 캐나다의 은퇴한 시니어가 모여 살아서 그런지 요양병원과 요양원 시설이 많다. 더욱이 건강보조식품이 상당히 발달되어 있다. 너무나 안락한 천연 자연환경 덕분에 캐나다와 미국 유명인의 별장도 많다. 시니어만이 아니라 젊은이들에게도 꽤나 인기가 많은 도시다. 그 이유는 캔모어에서는 승마 체험, 급류타기, 산악자전거 타기, 헬기 체험 등 각종 와일드 액티비티도 즐길 수 있는 시설이 꽤 많아 젊은이들에게도 인기가 많다. 그야말로 시니어를 위한 시설과 젊은이를 위한 위락시설이 공존하는 도시개발이 상당히 이채롭다.

사례 2 미국 네바다의 라플린

라플린(Laughlin)은 수년 전 미국 서부 일주를 할 때 잠시 묵었던 도시다. 네바다주 최남단에 있는데, 콜로라도강이 이 도시를 관통해서 그런지 사막 기후이지만 시원하다. 라플린에는 호텔, 카지노, 박물관, 수상 스포츠 시설 등 다양한 휴양 시설이 마련돼 있고, 대부분의 주민이 은퇴한 시니어다. 그랜드캐니언으로 가는 길목에 있어, 해마다 300만여 명의 관광객이 이 도시를 찾는다.

이곳에는 재미난 시설들이 많았는데 그중에서 시니어만을 위한 카지노가 있었다. 필자가 조사차 들른 이 카지노에서 이곳 시니어들은 팝콘을 넣을 수 있는 아주 큰 통(보통 영화관에서 먹는 팝콘 사이즈의 큰 통)에 1센트짜리를 가득 채운 뒤 게임을 즐겼다. 카지노에서 돈을 따기 위함이 아니라 시간을 재미있게 보내기 위함이다.

미국 전역에는 이런 실버타운이 약 3천 개에 달한다고 한다. 실버타운의 80%는 민간기업이 운영하는 것으로 알려져 있다. 기후가 온화하고 경치가 좋은 버지니아·플로리다 등 남동부 지역, 서부 캘리포니아에 모여 있다.

사례 3 스페인의 미하스(Mijas)

미하스는 스페인 남부 안달루시아 자치 지역 지중해 해변에 있는 도시인데, 주로 영국, 스코틀랜드, 아이슬랜드, 러시아 등 추운 곳에 사는 돈 많은 여피족들과 시니어들의 휴양지다. 이곳 '미하스'의 분위기는 대한민국 서울의 평창동 같은 느낌이면서 또 다른 분위기를 연출한다. 한참이나 높은 고지대에 하얀 주택들이 가지런히 즐비한 것이 속세와 동떨어져 살려는 사람들의 정착지 같은 느낌도 든다. 정말 고즈넉한 마을 분위기가 살짝 속세를 도피하고픈 생각도 든다.

이곳에는 스페인에서 가장 큰 골프 리조트인 칼라(La Cala) 골프장을 포함해 모두 7개의 대형 골프 코스가 있어서 골프 매니아도 상당히 많이 거주하고 있다. 그래서 그런지 동네 전체 분위기가 아주 럭셔리한 분위기다. 동시에 아주 조용하다. 차분하다는 표현이 더 맞을 듯싶다. 가장 높은 지대는 해발 600m에 달해 공기는 정말 좋다. 이곳에서 바라보는 지중해 바다는 눈이 부시다 못해 시리다. 그리스 산토리가 아주 멋진 풍광과 하얀 담벼락 그리고 푸른 지붕으로 유명한 것에 비해 이곳은 흰색 벽에 붉은색 기와지붕이 특징이다. 이곳 미하스의 마을 입구부터 자동차가 통행할 수 없다. 단, 다리가 아픈 분을 위해 노새가 끄는 마차를 이용할 수는 있다. 자동차의 매연과 소음으로부터 탈출할 수 있다는 점이 정말 좋다. 물론 거주자들의 소형차가 운행되기는 하지만 일부 작은 도로에서만 운행되기 때문에 편안한 관광을 하기에는 전혀 부담되지 않는다. 이런 교통 시스템은 분명 이곳에 거주하는 시니어들을 위함이라는 사실이다. **북유럽 및 영국 은퇴자들의 천국! 하얀 색깔의 집들이 산꼭대기 위에 즐비한 모습이 너무 예쁘다.** 로마 시대부터 있어 온 휴양도시라 그런지 역사도 정말 대단하다.

사례 4 일본 도쿄

일본은 시니어 인구를 통해 새로운 성장 전략을 모색하고 있다. 고령층을 대상으로 한 의료·건강산업을 집중적으로 육성해 일자리를 늘리겠다는 거다. 아울러 그들이 보유한 막대한 부를 청년층으로 이전해 중산층으로 키우겠다는 계획도 추진 중이다. **일본 시니어 주택의 특징은 교통·문화시설이 모인 도심에 있다는 점이다.** 대부분 시니어들이 은퇴한 이후에 도시를 떠나 시골로 내려가 살 것이라는 선입견이 잘못되었음을 도쿄 사례는 입증해 준다. 나이가 들수록 문화·편의시설의 혜택을 누리기를 원하는 시니어들이 정말 많고, 또한 이런 트렌드를 간파하여 그들을 위해 시설을 준비하고 있는 중이다. 도쿄 도심에 있는 다이토구 아사쿠사 근처의 민간 실버주택, 도쿄 23구에 있는 주택처럼 시니어를 위한 배려와 장치도 많다.

사례 5 싱가포르

싱가포르에는 국가가 지은 시니어 전용 공공주택들이 많다. 대한민국으로 치면 한국토지주택공사(한국LH공사)처럼 공공주택을 공급하는 싱가포르 HDB(Housing&Development Board, 주택개발청)가 시니어를 위해 만든 스튜디오형 아파트는 전용 35·45㎡(약 10~13.6평) 규모 2개 타입이다. **55세 이상 싱가포르 국민이라면 한화로 8,000만 원 정도만 내면 30년 가까이 소유할 수 있다.** 일반 민간주택 시세와 비교해

20~30% 선이다. 정부에서 공급하는 고령자 전용주택이 많다 보니 은퇴 후 지인끼리 모여 사는 경우가 많다.

이런 시니어를 위해 시니어타운을 새롭게 조성해 주는 선진국들, 선진 도시들의 사례를 통해 우리는 무엇을 배울 것인가. 동양권 시니어들은 도심에서 마음에 맞는 친구들과 어울리기를 원하는 시니어가 많다는 것이고, 반면에 서양권 시니어는 도시에서 많이 벗어난 곳에 있는 타운을 좋아한다는 점이 대조적이다. 그렇다면 동양권인 대한민국은 어떤 전략을 취해야 할까? 고민이 필요한 시점이다.

업의 개념을 제대로 이해한
주방용품점

미국 주방용품 전문점
윌리엄스 소노마(Williams-Sonoma)

필자는 미국 비즈니스 여행을 하게 되면 주로 복합쇼핑몰을 가게
된다. 지역마다 유명한 복합쇼핑몰에는 내공 있는 스토어들이 많
이 모여 있기 때문에 시간도 절약하고, 유명 브랜드의 핵심을 배
우기 쉬운 장점도 있다. 그중에서 주방용품 매장의 대명사이면서
홈퍼니싱 대표 브랜드가 있어 소개하고자 한다. 바로 윌리엄스 소
노마(Williams-Sonoma)다.

필자가 백화점에서 근무하던 시절, 주방용품 코너를 담당했
던 시절이 있어서인지, 주방용품에 관심이 많다. 물론 요리를
즐겨하지는 않지만, 주방용품의 유명 브랜드의 신제품도 유통
트렌드 조사에 꼭 포함된다. 지금 소개하는 '윌리엄스 소노마
(Williams-Sonoma)'는 현대백화점그룹이 2016년 말, 국내에 런칭

해서 그동안 해외직구로만 구입했던 많은 소비자들로부터 호응을 얻고 있다.

이 회사는 1950년대 초 '척 윌리엄스(Chuck Williams)'가 요리를 배우기 위해 프랑스 유학을 떠나 파리의 백화점과 상점들을 오가며 그때까지 미국에서는 찾아볼 수 없었던 요리 기구 제품들을 직접 수입하여 판매하는 사업으로 발전시킨 브랜드다. 그의 예상대로 2차 세계대전 이후 미국 경제의 활황과 여성의 주방용품 구매가 빈번해지는 트렌드가 맞아떨어지면서 미국인들의 많은 사랑을 받게 되면서 빠르게 성장하여 오늘날의 윌리엄스 소노마를 이루게 되었는데, 창립 때부터 주방용품 한 분야에서 전문성을 키워왔다.

이 회사는 현재 전 세계 60개국 이상에서 600여 개의 오프라인 매장을 개점했고, 2019년에는 처음으로 포춘(Fortune) 500대 기업으로 선정되었다. 주요 주방용품 브랜드로는 윌리엄스소노마(고급 주방·생활용품), 포트리반(가구·인테리어), 포트리반키즈(아동 전문 가구와 소품), 웨스트엘름(중저가 가구) 등을 보유하고 있다.

부엌용품에 관해서는 조리용품, 칼 관련 제품, 베이킹 관련 용품, 아웃도어용 부엌용품, 유리제품류, 접시류, 향신료, 나아가 요리책까지 부엌을 위한 모든 제품이 총망라된 매장에서 매력적인 디자인을 뽐내는 전 세계 유명 브랜드 제품들을 만나 볼 수 있다. 특히 요리를 좋아하는 주부라면 당연히 탐을 내는 브랜드들이 너무 많아 쇼핑 시간이 얼마나 지났는지도 모르게 만든다.

필자가 이 브랜드를 추천하는 이유는 그냥 제품만 보여주는 매장 운영방식이 아니기 때문이다. 즉, 매장에서 요리를 배울 수도 있고, 요리 방송을 직접 촬영 장면을 함께 할 수도 있는 살아있는 색다른 매장 운영 방식이 훌륭해서다.

이 스토어는 주방 관련 고급 제품 위주로 전시, 판매하는 일종의 콜렉트숍 매장뿐만 아니라, 이곳에서는 요리 만드는 방법을 알려주는 레시피(Recipe)를 카드식으로 제작하여 누구나 가져가도록 무료로 준비해 놓은 점이 눈에 띈다. 이 레시피는 미국 CBS-TV의 요리 프로그램을 협찬함으로서 방송의 홍보효과를 매장 매출로 이어지도록 마케팅을 전개하고 있다. 또한 매장 곳곳에는 CBS-TV 요리 프로그램 진행 관련 커다란 블로마이드 사진이 걸려 있음으로 해서 자연스럽게 브랜드 홍보를 강화하는 전략을 전개 중이다.

그뿐만 아니라 '쿠키북 라이브러리(Cookbook Library)'라는 요리 관련 책만을 모은 서점 형태의 코너도 운영한다. 매장에 들른 대부분의 주부들의 눈길과 발길을 머물게 하는 진열상태와 조명시설 등 흠잡을 곳이 거의 없는 매장 관리를 칭찬해 주고 싶은 스토어이다. 수시로 요리교실(Cooking Class)를 열어 지역 주부들에게 새로운 요리법을

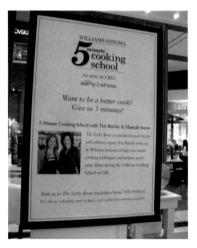

'윌리암스 소노마'는 인근 주부들을 위한 쿠킹 클래스를 열어 상당한 인기를 얻고 있다

알려 주기도 한다. 그야말로 지역친화형, 주부친화형 매장 운영은 우리도 적극적으로 본받을 만하다.

선진국으로 갈수록 양보다는 질에 초점을 맞춘 요리가 중요해지고 있다. 점점 더 중요한 삶의 선택인 '요리와 건강'에 홍보 방

향을 잡는 것임을 알 수 있다. 즉, 전국민이 보는 요리 프로그램을 활용하여 자사 브랜드를 알리는 과정이 상당히 고급스럽고 자연스럽다. 고객뿐만 아니라 나와 같은 관광객도 요리에 관심이 있다면 자연스럽게 '윌리엄스 소노마(Williams-Sonoma)'에게 친근한 이미지를 갖도록 만든다.

대한민국에도 주방용품 브랜드들이 많이 있지만, 대표 브랜드를 꼽으라면 선뜻 기억나질 않는다. 그 이유는 주방용품을 하다가 리빙용품에 손을 대다가 나아가 욕실용품까지 결국은 토탈 키친용품을 모두 취급하기 때문일 듯싶다. 하지만 이제는 부엌용품에 특화된 프리미엄급 브랜드가 나올 때가 되었다고 본다. 이 때, '부엌용품'과 '유기농 식품' 그리고 '요리하기'가 키워드가 된 세상이라는 점을 꼭 기억하자. 그리고 매장에서 예비 소비자를 직접 요리에 동참시키는 체험형 브랜드 전략은 필수 중의 필수다.

홈퍼니싱 카테고리는 앞으로 지속 성장이 가능한 분야이기 때문에 초반전에 기선을 제압하는 시장으로 보인다. 가장 강력한 마케팅 승부수를 제대로 예비고객에게 전달해야만 한다. 물론 국내 기존 가구업체들의 제품 관련 실력과 내공은 상당하다. 하지만 앞으로 홈퍼니싱의 주요 고객인 1인 가구와 2인 가구에게 사랑을 받기 위해선 기존 주방 제조 실력만 가지고는 상당히 부족하다. 나만의 공간 변화와 수정과정이 즐거움으로 받아들여질 때 비로소 애착 브랜드가 될 것이다. 이케아가 선보였던 증강현실 서비스 같은 디지털 접근방법이 당연히 필요하다. 홈퍼니싱 소비 트렌드가 ICT와 만나도록 쉽게 접근이 가능토록 만들어 주어야 한다. 이제부터 홈퍼니싱 업종의 주요 경쟁 상대는 오프라인 가구업체가 아니다. 아마존, 웨이페어(Wayfair) 등 온라인 가구 유통 채널이 될 수도 있음을 기억하자.

요즘 세계 각국의 홈퍼니싱 시장이 호황인 이유는 간단하다. 집에 대한 인식이 '소유'에서 '사용'의 개념으로 점점 바뀌고 있기 때문이다. 특히 전세 비중이 높은 대한민국에서는 벽이나 장판, 창호 등을 바꾸기보다는 소형 가구나 인테리어 소품을 간단하게 활용하려는 1인 가구들이 많이 늘어났다.

특히, **주방의 개념이 상당히 바뀌었다.** 라이프 스타일의 변화로 인해 주방의 기능이 바뀐 것이다. 기존 TV가 있는 거실이 가족 소통의 공간이었다면 이제는 그 역할이 주방으로 바뀌었다는 사실이다. 가족 구성원이 몇 명이라도 한꺼번에 거실에 모여 TV를 시청하는 일은 발생하지 않는다. 각자 방에서 각자 선호하는 방법으로 방송 콘텐츠를 소비한다. 가족이 모여 공동의 콘텐츠를 시청하는 것이 아니라 각자의 공간에서 각자의 방식으로 소비하고 있음을 기억하자.

주방이 밥만 먹는 공간에서 구성원 모두의 쌍방향 커뮤니케이션 장소로 기능이 수정된 것이다. 당연히 주부의 공간 기획력에 따라 홈퍼니싱 구성도 달라지게 된다. 즉, 나만의 공간을 원하는 주부들이 주방에, 홈퍼니싱에 아낌없이 돈을 쓰고 있다. 이러한 글로벌 주방 트렌드를 놓치지 말아야 돈을 벌 수 있다.

※ http://www.williams-sonoma.com

유럽

유럽을 가보면 알겠지만 한 나라의 크기가 우리나라 남한만 한 사이즈의 국가가 참 많다. 2008년 1월을 기해 유럽 24개국에서 국경이 완전히 개방돼, 유럽 대륙의 5억 인구가 완전히 '국경이 없는 시대'를 맞았다. 1985년 룩셈부르크의 쉥겐에서 맺어진 쉥겐조약으로 가입국들 사이에는 국경 검문 없는 자유 왕래가 가능해졌다. 이로써 유럽 대륙 동쪽에 있는 에스토니아의 수도 탈린에서 서쪽에 있는 포르투갈의 수도 리스본까지 4,000㎞를 여권 검사 없이 여행할 수 있는 시대가 열렸다.

그래서 유통을 전문으로 하는 나로서는 상당히 소매 부분을 유심히 관찰하게 된다. 광활한 미국의 유통 채널 방식보다는 유럽의 아기자기한 유통 소매방식이 대한민국에 더 맞는 시스템이라는 생각도 가져 본다. 물론 국가와 도시의 크기만을 비교할 때 말이다. 유럽 주요 국가의 유통 소매방식과 대표적인 유통기업의 경영형태에 관심을 갖고 연구를 계속하고 있는 중이다. 향후 5억 인구와 GDP 20조 달러(약 2경 7000조 원)의 거대한 시장 규모를 지닌 유럽에 눈독을 들여야 한다. 유럽이 미국에 이은 세계 2위 시장으로서 매력이 여전하기 때문이다.

유럽 각국은 워낙 작게 쪼개져 있기 때문에 미국처럼 월마트 단독 1위 체제가 아니지만, 그래도 대표적인 소매업체 2~3개 업체를 중심으로 전개되고 있다. 유럽 소매 시장은 하드 디스카운트 스토어 업체를 중심으로 아주 싼 가격을 제공하는 소매점들이 많다. 또한 생활형 협동조합이 참 많이 발달했는데, 2008년 글로벌 금융 위기를 흔들림 없이 잘 이겨내면서 자본주의의 위험 요소를 극복할 대안 경제로 자리매김을 한 상태다.

동구 사회주의와
서구 자본주의 차이는 30cm

여러분 중에 아마 세계여행을 많이 해 봤다면 발틱 3국(크로아티아, 슬로베니아, 보스니아)을 방문한 경험을 가졌으리라 본다. 이 3국을 비교해서 이야기한다면, 각국마다 뚜렷한 주체성과 독립성을 지닌 색채가 뚜렷한 국가들이라는 점이 특이하다. 필자는 이 3국 및 중부 유럽에 있는 나라들을 방문하면서 서방 자본주의 경제와 다른 색다른 경제를 체험하게 되었다. 먼저 필자가 주관적으로 느낀 발틱 3국의 전반적인 특징부터 서술하겠다.

① 크로아티아에서는 유로화보다는 '크론'이라는 자국 화폐만 받는 상점이 상당히 많았고, 경제 시스템은 미국을 닮으려는 듯한 인상이 깊었다. 그래서 그런지 대부분의 호텔이 도심은 미국식인 반면에 도시에서 벗어난 지방은 대부분 옛 소련식 호텔 그대로를 유지하는 경향이 강했다.

② 슬로베니아는 발틱 3국 중에서 가장 발달한 사회 시스템을

갖춘 나라라는 인상을 받았다. 그리고 호수를 낀 '블레드'라
는 도시가 가장 인상적이었는데, 마치 캐나다 '벤프'에 온 듯
한 느낌을 받았기 때문이다. 호수의 느낌과 도시의 전반적인
인상이 비슷비슷한 도시가 세상에는 참 많아 보인다. 만약
내가 해외에서 한 달 살기를 한다면 슬로베니아가 1순위일
듯싶다.

③ 보스니아는 아직 미국과 미수교국인 관계상 가장 쿠바에 가
까운 나라라는 인상이다. 내전으로 인한 상처가 큰 만큼 국
민들 마음을 치유하는 절대적인 시간이 필요해 보이지만, 앞
으로 관광대국으로 성장할 가능성도 가장 커 보이는 국가다.

그렇다면 이제부터 옛 소련의 체취가 아직도 많이 남아 있는 발
틱 3국을 방문한 공통점을 정리해 본다.

① 3국의 공통점은 영어 사용자가 상당히 많은 편이라는 점과
전반적인 생활수준은 대한민국의 2000년대 초반 수준으로
보인다. 반면에 아직 유통 및 서비스업에 종사하는 분들의 서
비스 수준은 중하 수준이다. 아직 갈 길이 멀어 보인다. 지금
까지 사회를 지탱해 준 사회주의 국가의 한계가 분명히 보인
다. 그리고 이런 분위기는 앞으로 10년 정도 더 갈 듯 보인다.

② 시내 곳곳에 광고를 할 수 있는 광고 공간을 미리 확보한 광
고판이 상당히 많았다. 최근에는 이런 광고판이 동영상 광고
판으로 대체되는 중이다. 이곳도 디지털 혁신은 피할 수 없
는 흐름이라 생각된다.

③ 너무나 자연스러운 자연을 지닌 천혜의 보국들이다. '저 푸

른 초원 위에 그림 같은 집을 짓고' 사는 발틱 3국 사람들! 정말 부럽다. 하늘이 너무 낮아 손에 잡힐 듯하다. 뭉게구름이 너무 아름답다. 특히 일몰의 구름과 하늘은 유명 화가가 그린 그림 그 자체다! 천혜의 자연적 특혜를 받은 나라들이 몇 십년 전 피비린내 나는 전쟁에 연관되었다는 사실이 믿기지 않는다. 마을 건물 곳곳에 난 총탄자국과 마을 공동묘지가 그 당시를 대변해 주고 있다. 난민 소식을 TV로만 보았던 그 역사의 현장을 버스를 타고 지나간다.

④ 이곳에서는 아직도 화장실을 'WC'라고 표시해 두고 있다. 'Toilet' 혹은 'Rest Room' 수준까지는 아직 아니다. 그들에게 화장실은 그저 볼일 보는 곳으로 여겨지는 듯싶다. 하지만 세계 각국의 화장실이 휴게공간으로 탈바꿈 되고 있는 현실을 모르고 있는 듯싶다.

⑤ 색깔로는 빨간색을 선호하는 듯싶다. 국기 색깔도 그렇고, 나라 곳곳에 빨간색 문양이 많이 눈에 띈다.

⑥ 유통전문가로서 앞으로 할 일: 발틱 3국의 인구수와 소득수준이 아직 높진 않지만 글로벌 대형유통이 진입할 가능성은 높아 보인다. 그리고 신규 업태의 진출은 좀 더 두고 봐야 할 것으로 보인다. 그 이유는 통신망 와이파이 수준이 아직 수준 미달이기 때문에 모바일 쇼핑의 수준은 아직 시간이 필요해 보인다. 하지만 오프라인을 주 무대로 공격적인 마케팅을 펼칠 수 있는 여지는 보인다.

자, 이제부터 말하려고 하는 점은 발틱 3국의 서비스 수준인 호텔의 설비 수준을 말하려고 한다. 중부 유럽의 모든 호텔을 가 볼 수는 없겠지만, 여행 중에 숙박한 호텔의 수준은 3성급 정도 되는 호텔들이었는데, 내전을 끝낸 보스니아 수준이라 할 수 있다. 즉, 예전 소련에 온 듯한 느낌이랄까. 즉, 획일적이고 사용자 위주가 아닌 명령자의 의도대로 빠르게 설계되고 건축된 건축물이라는 뜻이다.

해당 도시의 호텔 프런트는 정말 어둡다. 필자가 묵었던 해당 호텔에서 정말 이상한 것이 무거운 캐리어를 들고 2층까지 높은 계단을 직접 올라가야 한다는 점이다. 더구나 미로처럼 복도도 꾸불꾸불한 것이 이상하다. 엘리베이터는 1960년대 영화에 나오는 수준으로 두 사람이 들어가면 꽉 차서 움직이지도 못할 정도다. 게다가 좁디좁은 욕실 사이즈, 변기 뚜껑은 떨어져 있고, 물도 잘 안 빠지는 세면대 등 정말 호텔 서비스 수준은 필자가 경험한 호텔 서비스 중 최악이다. 발틱 3국 사회주의 국가였던 3성급 호텔을 여러 곳 체험해 보니 여러 가지 서구의 호텔들과 다르다는 점을 발견하게 된다.

① 자본주의 국가의 호텔들과 너무 다르다. 특히 미국식 호텔과는 비교가 안 된다. 먼저 서비스 수준이 그렇다.
② 방의 구조는 효율성과는 전혀 상관없어 보인다. 호텔 이용 시, 침대 모서리에 2번 이상 부딪쳐서 너무 아픈 기억만 있다. 공간 활용의 가장 나쁜 사례가 발틱 3국의 3성급 호텔이란 생각될 정도로 엉성하다.
③ 욕실은 샤워기와 변기가 있지만, 샤워기의 위치가 참 이상한 위치에 있다. 욕실 벽의 정중앙에 위치한다. 다른 나라에서는 욕실의 좌측편 혹은 우측편에 위치해야 할 샤워기가 정중

앙에 있다. 왜 정중앙에 있어야만 했는지 그 이유를 아직도 모르겠다. 그리고 변기의 물 내리는 버튼을 찾기가 너무 힘들다. 마치 손님과 술래잡기라도 하려는 듯싶다.

④ 호텔이라고 말하기보다는 단체투숙에 알맞은 구조다. 여러 명의 투숙객을 짧은 시간 내에 투숙이 가능하도록 만든 구조라는 인상이다.

⑤ 아직까지 호텔이나 유통 등 서비스 분야는 상당히 낙후된 상태다.

동구 사회주의와
서구 자본주의의 차이는 30cm라고 우기는 이유

호텔은 정말 크게 지었는데, 그 내부 구조는 최악 수준이다. 가장 큰 인상을 남긴 것은 발칸 국가의 호텔들은 1평짜리 샤워부스만 존재한다는 점이다. 이것이 무슨 말인지 잘 이해가 안 가리라 생각된다.

호텔의 욕실에 가 보면 1평짜리 샤워 부스 사이즈에 한 번 놀라고, 그 옆에 30cm의 별도의 공간을 마련해서 두 번 놀란다. 병 주고 약 준다는 표현이 맞겠다. 가로×세로 약 60cm 크기의 샤워부스 속에서 시달리다가 나오면 30cm 여분의 공간 덕분에 사용자 편의를 가져다준다. 필자는 이런 현상을 서구 자본주의와 동구 사회주의의 차이라 칭하고 싶다. 이른바 '자본주의와 사회주의는 30cm 차이'라 부르고 싶다.

느낌상 가로×세로가 약 60센티미터 같은 약 1평
짜리 샤워 부스에서 체격이 좋은 동유럽 서구 사
람들은 어떻게 샤워를 할까 의문이 드는 대목이다

아마 호텔에서 근무하는 호텔리어 분들은 손님과 눈을 마주치
지 말라고 교육을 받았나 보다. 손님과 눈을 마주치려고 하지 않
고, 인사조차 않는다. 아마 새롭게 도입된 자본주의를 제대로 배

우지 못한 듯이 보인다. 서비스 수준도 낮고, 서비스 마인드가 전혀 보이지 않는다.

물론 예외도 있다. '보디체(Vodice)'라는 크로아티아 어느 도시에서다. 숙소(호텔 오리온)는 황량한 초원을 지나 어느 시골마을의 호텔이다. 늦은 저녁식사 후 방으로 가 샤워를 하게 되었는데, 지중해성 기후여서 그런지 미국 LA 같은 느낌도 있었다. 2층에 위치한 내 방까지 건장한 호텔직원이 짐 모두를 날라주는 서비스를 웃으면서 해주는 아주 친절한 곳이었다. 에어컨이 있어서 더욱 높은 점수를 주고 싶은 넓은 공간의 호텔이었는데, 룸이 넓으면서 쾌적하고, 서비스도 상당히 좋았던 호텔이다. 크로아티아는 아직까지 친절한 호텔직원들이 있다. 순수해 보이는 사람들. 키가 엄청 큰남, 녀 호텔리어들이다. 아침 일찍 일어나 호텔 근처에 있는 집들도 구경하고, 동네 한 바퀴를 돌면서 참으로 너무 예쁘고 조용해서 사진을 많이 찍은 날이다.

이제 결론에 이른다.

발틱 3국의 3성급 호텔 서비스를 통해 시장경제를 실천하기 시작한 사회주의 국가들의 빈틈을 발견하게 된다. 획일적이고 상명하달의 사회 시스템으로부터 수평적 사고와 행동으로 발전하기까지 상당한 시간이 걸리리라 예상된다. 그리고 아직 호텔이나 유통 수준이 낮기 때문에 새로운 비즈니스의 기회가 상당히 있다는 사실을 알게 해준다. 만약 새로운 호텔사업을 유럽에서 전개하고자 한다면, 먼저 발틱 3국을 유심히 관찰하기를 바란다.

| CHAPTER 2 | 글로벌 마켓 현장에서 배운 '다름'

> # 유럽에서 뜨는 소매마켓의
> # 유통 트렌드

미국보다는 유럽의 유통을 자세히 배울 필요가 있다. 유럽 각국의 국토 면적과 대한민국이 비슷하기도 하고, 협동조합과 동네 슈퍼마켓이 발달한 이유 등으로 우리가 많이 배울 수 있기 때문이다. 하지만 유럽에는 명분보다는 실리를 앞세우는 소비자가 많아서 그런지 대한민국 유통 현상과는 상당히 다른 면모를 보여주고 있다. 하지만 우리가 지향해야 하는 소비의 형태가 현재 유럽에서 진행 중이다.

최근 유럽의 동네 슈퍼마켓이나 편의점 그리고 중대형 마트에서 진행되고 있는 가장 큰 트렌드는 **첨단 매장 형태로 바뀌면서 점차 무인 판매대를 늘리고 있다**는 점이다. 유럽의 대형마트나 동네 슈퍼마켓을 이용하는 고객은 매장에서 체재하는 시간을 가능한 단축하고 싶다고 생각하기 때문에 매장 내의 모든 계산대를 셀프로 만든 업체가 늘어나고 있다. 즉, 무인 판매대가 늘어나고 있다는 점과 동시에 휴대전화를 이용한 계산 지불에 대한 대응도 널리 이루어지고 있는 상황이다. 그리고 할인쿠폰의 광범위한 배포, 점포 접근성과 상품의 진열 장소까지 알 수 있게 만드는 서비스 제공에 아이폰 등의 스마트폰이 적극적으로 활용되고 있다.

유럽 대부분의 유통업체에서 진행하는 무인 계산대 방식이 북미에서는 보완 중에 있다. 즉, 북미(미국, 캐나다)의 경우 대부분의 무인 계산대를 운영 중인 대형마트 혹은 슈퍼마켓에서 발생하는 고객의 계산 실수나 도난에 취약하다는 단점도 발생 중이다. 이를 극복하기 위해 하이브리드형 계산대 (무인 계산대와 유인 계산대를 함께 두는 방식)전략을 진행 중인 유통업체가 점점 늘어나는 것도 사실이다.

이러한 무인 판매 방식 부분은 동양적 정서와 조금 차이가 나는 부분이다. 아시아권에서는 고객이 매장에 오랫동안 머무르게 하기 위해 다양한 마케팅 기법을 매장에 녹여 숨겨 놓았다면, 유럽의 대형마트와 동네 슈퍼는 정반대의 전략을 집행 중에 있으니 참으로 대조되는 현상이라 하겠다.

유럽 마켓의 또 다른 특징은 유럽 각국이 워낙 작게 쪼개져 있기 때문에 미국처럼 월마트 단독 1위 체제가 아니지만, 나라마다 대표적인 소매업체 2~3개 업체를 중심으로 전개되고 있다.

그중 유럽 소매 시장은 하드 디스카운트 스토어 업체를 중심으로 아주 싼 가격을 제공하는 소매점이 많다. 여기에 현재 유럽에서 진행 중인 편의점, 동네 슈퍼마켓의 트렌드 중 눈에 띄는 대목은 간단한 테이크아웃 식품을 찾는 소비자가 점차 증가하고 있다는 점이다. 경제상황이 좋지 않다 보니 레스토랑 등 값이 나가는 외식을 줄이고 있다. 대체상품으로 편의점에서 제공하는 식사 대용이 가능한 식품 솔루션이 외식 시장을 점령하기 시작했다.

유럽 소매 시장의
식사 대용 식품 솔루션 사례

사례 1 알버트하인 투고

네덜란드의 알버트하인(Albertheijn)이 전개하는 '알버트하인 투고(To Go)'는 매장 면적이 100~300㎡로 작지만, 24시간 가동하는 키친과 베이커리를 설치하여 테이크아웃 식품을 인기리에 제공한다. 그래서 유럽 배낭족들은 기차역 근처에 위치한 '알버트하인' 매장에서 구입한 간단한 테이크아웃 식품을 기차 안에서 식사 대용으로 이용하기 위해 구입한다. 유럽 도시를 그물망처럼 이어주는 기차를 타고 도시와 도시를 이동하기 위한 시간에 기차 안에서 친구들과 혹은 혼자서 간단히 테이크아웃 식사용 식품을 먹는 재미도 쏠쏠하다.

사례 2 하드 디스카운트 스토어, 알디와 리들

독일의 경우, '리들(Lidl)'과 '알디(Aldi)'로 대표되는 '하드 디스카운트 스토어'라는 업태 발상지로 시장 포지셔닝을 굳히고 있는 중이다. 두 업체 모두 해외사업 전개에 적극적인데, '리들'은 주로 동유럽을 중심으로 전개하는 한편, '알디'는 미국과 서유럽을 중심으로 출점하여 미국에서는 순조로운 성장을 실현하고 있다.

이 두 업체는 형제가 각자 운영해서 그런지 경영 전략도 비슷한

데, 도심에서 떨어져 교통이 원활하고 임대료가 싼 장소에 매장을 세운다. 모든 매장은 단순한 형태로 만들어지는데, 이는 고객들이 원하는 제품을 쉽게 찾을 수 있도록 해준다. 또한 고객들이 매장 직원의 도움 없이 쇼핑을 할 수 있도록 매장 효율성에 집중한다. **단순한 매장 구성과 적은 취급 품목을 통해 경쟁업체에 비해 높은 상품회전율을 나타내게 되고 당연히 지역 일번지 점포가 되는 순환구조이다.** 앞으로 대한민국도 소매업체의 자체 상품(PB)을 주력으로 품목 수를 한정하여 상품구성을 하고 매장의 장식을 간소화하는 등 철저한 효율화, 로우 코스트 오퍼레이션(Low Cost Operation)으로 압도적인 저가를 실현하는 업태를 적극적으로 받아들여야 할 시기이다.

최근 전 세계는 친환경 식품 취급을 점점 늘리면서 안심 먹거리 형태로 지역 농가와의 협업이 증진되는 상황이다. 그래서 유럽도 마찬가지로 지역 슈퍼마켓을 시장 분위기로 재현하여 지역 농가에서 재배한 신선한 식품을 판매한다. 지역 농가와 매출을 분배하는 방식을 취함으로써 농산물의 재배, 관리가 용이하다. 각 가정은 가장 근접한 매장인 **동네 슈퍼마켓 및 편의점에 입점한 지역 농가에서 재배, 수확한 신선식품을 구입함으로서 지역 농민 친화형 마케팅 전략으로 소비자 친화형 로컬푸드(Local Food) 매장 만들기가 대세이다.**

여기에 시니어 은퇴 세대와 그 가족들을 겨냥해 맞춤 서비스를 제공하는 슈퍼마켓 체인인 '에데카(Edeka)'는 독일 점유율 1위의 협동연쇄점으로 유명하다. 시니어 전문 슈퍼마켓인 만큼 스토어 브랜드도 '에데카 50플러스'이다. 50대 이상 은퇴자를 타깃으로 하여 2008년부터 300여 평 정도 중형 매장을 고령자 전문 유통점으로 바꾸고 있다. 50대 이상의 소비자를 위해 이용 편의성에 최대한 중점을 두어 매장 구성을 한 점이 특색이다. 이곳의 특징으로는 선반의 높이는 다른 매장보다 20cm 낮은 1.6m로 조정했고, 계산대도 일반 매장보다 낮게 설치했다. 쇼핑카트도 휠체어와 연결해 이용할 수 있게 하고, 카트에 돋보기를 부착해 작은 글씨의 제품 설명서도 확대해 볼 수 있게 했다. 그리고 매장 구석구석을 시니어 고객을 위한 세심한 배려로는 눈이 부시지 않고 미끄럽지 않은 바닥, 휠체어나 보행 보조기가 다니기 쉬운 넓은 통로, 손쉬운 주차시설, 혈압계 등을 갖춘 휴식코너 등을 들 수 있다. 그뿐만 아니라 매장 판매직원을 고객층과 나이가 비슷한 50세 이상으로 채용하는 전략을 채택했다. 물론 취급하는 제품은 신선 식품과 지역 상품에 주력하고, 소형 포장 상품 비중이 상대적으로 높고, 당뇨 환자용 제품, 유기농 식품, 다이어트 식품과 애완동물 관련된 코너 역시 중심적으로 디스플레이되어 있다. 50세 이상의 고객을 확보하기 위해 주변의 은퇴자 아파트와 보호시설로 무료 셔틀버스 운영 및 택시 콜 서비스도 제공한다.

그리고 **독일 텔레비전이나 신문 등의 언론에서는 거의 매주 각 슈퍼마켓 체인을 비교하는 코너 정보를 전달해 준다.** 어느 스토어에서 어떤 상품을 가장 저렴하게 판매한다는 정보를 공익적 차원에서 전달해 주는 독일 언론에 찬사를 보내주고 싶다. 대한민국 텔레비전 교양 방송 프로그램에서 하루빨리 채택해야 할 프로그램임에 틀림 없다. 그리고 어느 정도 의식 있고 양식 있는 소비자들이 많아서인지 구매를 하더라도 친사회적인 기업인지를 따져가며 구매하는 성향이 강하다. 회사가 종업원 관리에 문제가 있다든지 혹은 친환경 기업인지 등 여러 항목을 따지면서 소매점포를 이용하는 경향이 크다는 점은 참으로 부러운 소비패턴이다.

유럽 유통의 재미난 특징 중의 하나는 신중년의 소비가 활발한 곳이라는 점이다. 독일은 자신을 위해 돈을 쓰는 신중년층이 국민의 평균 소비보다 8%포인트 더 높다. 미국은 전체 인구의 30%에 달하는 신중년(1946~1964년생)이 보유하고 있는 자산이 미국 국민자산의 67%에 이른다. 이를 주목한 미국의 각 주는 이들을 타깃으로 한 서비스와 상품을 내놓고 있다. 대한민국은 최근에서야 신중년층이 소비와 생산의 주체로 떠올랐다.

유럽에서는 우리나라의 생협(생활협동조합) 형태의 판매점이 많다. 그만큼 소비와 생활에 관한 관심과 현실적 참여가 생활화되었음을 반증한다. 대한민국도 유통혁명이 유통 대기업이 아닌 소비자로부터 출발하는 날을 손꼽아 기다려 본다.

소비자 중심 소매,
생활협동조합이 답이다!

유럽에는 동네마다 아기자기한 소매점들이 많다. 대형마트 혹은 대기업 편의점뿐인 대한민국과는 많이 다르다. 유럽이라고 해서 편의점이 없는 것도, 특별히 대기업을 규제하면서 소매점에 정부 지원을 늘린 것도 아니다. 결국 소매점들이 경쟁력을 갖고 있다는 건데, 그 비법은 차별화와 발 빠른 대응에서 찾을 수 있다.

이 중에서 스위스는 쿱(Coop)과 미그로스(Migros)가 대세인데, 미그로스는 스위스 시장에서 압도적인 점유율을 가지고 있는 생활협동조합으로서 '수직통합 모델'이라는 비즈니스 모델이 특징적인 기업이며 식품 제조사, 제조공장을 보유하여 식품의 제조부터 판매까지 담당하는 것이 특징이다. '생협'이라고 해서 특별히 어려운 발걸음을 떼야만 만날 수 있는 대한민국의 생협으로 생각하면 곤란하다.

일단 규모부터 다르다. 미그로스와 쿱은 스위스 소매 시장을 양분하고 있다. **미그로스는 스위스 최대 소매기업으로 조합원만 200만 명에 달한다. 쿱 조합원은 미그로스보다 많은 약 250만 명이다. 스위스 인구가 700만 명이니 스위스 국민 절반 이상이 미그로스 혹은 쿱의 조합원인 셈이다.** 국민이 적극적인 시장 참여자 역할을 하고 있다는 거다. 이 부분은 상당히 부러운 상황이다. 협동조합의 탄생과 운영은 조합원 중심으로 돌아가는 것이 당연하지만, 아직까지 대한민국은 협동조합다운 업태가 안보이기 때문에 더 분발해야 할 영역이라 생각된다.

유럽 여러 도시에서 많이 보이는 미그로스와 쿱의 운영구조는 '수직통합 모델'을 기반으로 하고 있다. 수직통합 비즈니스 모델이란 제조공장과 유통 매장을 모두 보유하고 있어서 생산부터 판매까지 모두 담당한다는 의미다. 때문에 **스위스의 수도 베른에서부터 알프스 산골짜기에 이르기까지 미그로스와 쿱 매장이 없는 곳이 없다.**

최근에는 유럽 여러 국가에서 가변 가격제를 채택, 실시하고 있는 중이다. 즉, 매장에 기존에 있던 종이 라벨 가격표 대신 디지털 가격표시 장치로 교체한 매장이 상당히 늘었다는 점이다. 이제부터 고정 가격제가 아닌 가변 가격제도를 채택 운영 중이라는 것이다. 지금까지 일정 기간 동안 동일했던 서비스나 제품의 가격이 유통 환경에 따라 하루에도 몇 번씩 유동적으로 달라지는 시스템을 진행 중에 있다.

이제부터 언제, 어떤 고객이 어디에서 구입하느냐에 같은 제조업체의 상품 가격이 달라진다. 이러한 '가변 가격제'가 유럽 여러 국가로 확산 중이다. 이로서 지금까지의 고정가격 시대는 사라지고 있다. 지금까지 보유한 자체 고객 정보, 제품정보, 결제정보 등을 바탕으로 빅데이터를 활용한 가변 가격제도이다.

디지털 가격표시 장치가 대형 슈퍼마켓 등에 속속 도입됨으로서 영국의 테스코, 세인스버리, 모리슨스, 막스 앤 스펜서 등 대형 마트들은 메인 컴퓨터와 연동된 디지털 가격표시 장치를 이용해서 하루에도 여러 번 상품 가격을 수정한다. 향후 5년 내 서유럽의 오프라인 매장에서 종이로 된 라벨 방식의 디스플레이는 보기 힘들지도 모른다.

필자가 유럽 유통업태들을 연구하면서 가장 부러운 점이 또 하나 있다. 대한민국 전반적인 유통에서 강화되어야 할 부분이 바로 소비자의 거부권이다. 앞으로 상당히 발전해야 할 부분으로서 주체적인 현명한 소비자가 되는 길은 소비자 스스로의 권익보호차원에서 분명한 목소리를 내야 할 것이다.

유통 대기업의 규모의 경제만으로 밀어붙일 수 있는 시장이 아니라는 거다. 사실 소비자 의식이 남다른 유럽 소비자들처럼 대한민국 소비자 의식도 고양되었으면 한다. 갑질하는 유통업체 혹은 대기업 브랜드가 시장에서 곧바로 퇴출당하는 시절은 언제 올지 모르겠지만, 지금부터라도 깨어있는 소비자들이 연합해서 해당 기업을 거부할 수 있는 소비자운동으로 발전해야 한다. 그래서 먼저 대한민국 기존에 있는 소비자단체를 모두 교체하면 좋겠다. 지금까지 소비자보호에 큰 역할을 하지 못했고, 기존 고정관념으로 업무를 처리하고 있기 때문이다. 소비자보호단체의 장이 된 사람은 거의 종신제인지 내려오질 않는다. 실질적 소비자보호를 위한 행동은 좀처럼 보이지도 않는다. 또한 국가가 운영하는 '소비자원'도 완전 탈바꿈하지 않으면 안되는 시점인데, 아직까지 세상의 흐름에 따라오지 못하는 형국이다. 항상 조직의 장이 문제지만, 대한민국은 소비자 운동이 제대로 꽃을 피우려면 아직 갈 길이 멀어 보인다.

종합하건대 유럽의 소매 시장을 통해 우리가 얻을 수 있는 교훈은 분명하다. 대한민국의 동네 슈퍼마켓들은 대기업의 입점 규제만 외칠 게 아니라 **지역과 공생하는 소매점, 변화에 민감하게 대응하는 소매점, 천편일률적이지 않고 다양한 변화를 시도하는 소매점**으로 거듭나야 한다는 거다. 동시에 소비자들은 갑질하는 소매기업은 시장에서 퇴출시키고, 소비자 친화 기업에게는 상당히 큰 시장의 기회를 주도록 **소비자가 주체가 된 선별적 협력관계** 형성이 필요해 보인다.

서울과 런던,
파리의 공통점 그리고 다른 점

필자는 서울에서 태어나 서울에서 자랐다. 그래서 누구보다 서울을 잘 알고, 서울을 사랑한다. 물론 지금은 고양시에 거주하지만 말이다. 필자가 세계 유명 선진 도시를 갈 때마다 항상 갖게 되는 무거운 감정이 있다. 서울은 왜 세계적인 도시임에도 불구하고, 세계인들에게 기억되지도 못하고, 사랑받지도 못하는 걸까?

사실 필자 기억의 서울은 사라진 지 오래다. 대학 시절 잘 못 먹는 막걸리지만 마시고 싶으면 친구들과 함께 어울렸던 서울의 중심부 종로 피맛골은 어디로 갔는지 사라졌고, 광장이라 불리길 바라는 광화문에는 이순신 장군님 동상만 유일하게 남았다. 서울시 청사의 고풍스런 분위기는 온데간데없이 사라지고 이상한 건축물이 기존 건물을 덮어 버렸다. 서울시 행정의 최고를 담당하는 리더들의 임기응변식 서울 만들기로 인해 언제부터인지 모르게 정체성 없는 서울로 자리매김 중이다. 그나마 대세 가수인 BTS 덕분에 대한민국과 서울을 알리게 되어 상당히 고맙게 생각된다. 그들 덕분에 외국 나가면 함께 사진을 찍자는 현지인들이 늘어나고 있고, 한국인에 대해 좋은 인상을 갖게 만들어 주었으니 말이다. 국위선양이란 단어의 의미를 제대로 보여준 훌륭한 젊은이들이다. 그런데도 불구하고 이들에게 병역의 혜택이 없다. 경기 내내 한 번도 필드에서 뛴 적 없는 축구선수는 병역이 면제되는 현실이 우습다.

필자가 대한민국에서 해외여행이 자유화된 1989년 이래 런던, 파리를 다시 찾아가도 그렇게 변한 모습을 발견하기 힘든데, 이에 비해 서울은 일 년만 지나도 새로운 도시로 변신해 있어서 깜짝 놀라게 된다. 정말 낯선 도시로 변신에 변신을 거듭하고 있는 서울. 그래서 세계여행하면 떠오르는 도시 중에서 영국의 런던과 프랑스의 파리를 서울과 함께 비교하려 한다. 런던과 파리를 서울과 비교하는 이유는 대한민국 행정 분야 리더들이 가장 자주 가는 도시이기에 선정했다. 이 3개 도시의 공통점과 다른 점을 비교해 본다. 이를 통해 서울만의 경쟁력 보강에 도움이 되면 좋겠다. 나아가 서울다움으로 가는 길을 만드는 데 일조하기를 희망한다.

세계 주요 국가 중에서 한 나라의 수도이면서 인구 1,000만 명 이상의 메가시티이면서 동시에 해당 도시를 가로지르는 강을 지닌 도시가 몇이나 될까?

생각보다 참으로 적음을 알게 된다. 생각해 보니 수도이면서 도심을 가르는 강을 지닌 천혜의 혜택을 받은 도시가 세계에 어찌 많을까. 결론을 미리 말한다면, 세계 유명 도시 중에서 이런 세 가지 조건을 갖춘 도시는 딱 3개밖에 없다. 영국의 런던, 프랑스의 파리 그리고 대한민국의 서울뿐이다.

필자가 도시 마켓서베이(Market Survey)를 했던 세계 주요 100여 개 도시 중에서 한 나라의 수도이면서 해당 도시를 가로지르는 강을 지닌 도시가 딱 3개밖에 없었던 것, 이것이 바로 3개 도시의 공통점이다. 그런데 **이런 자랑거리를 왜 대한민국 관광 차별화 전략으로 채택하지 못하고 있는지 궁금하다. 정말 궁금하다.**

대한민국은 5년 내 3천만 외국 관광객을 목표로 한다고 하지 않았던가? 전 세계에서 이토록 어려운 조건을 갖춘 도시로서 동양권에서는 서울이 유일한 도시 아닌가! 이런 온리원 특징을 왜 해외 관광객 유입 전략에 사용하지 못하는지 알다가도 모를 일이다. 혹시 이런 사실조차 모르는 것은 아닌지 심히 우려스럽다.

하지만 이제부터 3개 도시의 다른 점을 사례를 통해 알아보자.

사례 1 파리서 '바토 무슈(Bateaux-Mouches)' 모르면 간첩

프랑스 파리를 방문한 관광객이 파리의 야경을 제대로 보기 위해 선택하는 방법이 바로 이것이다. 흔히 유람선 이름으로 알고 있는데 사실 '바토 무슈'는 유람선을 운항하는 회사의 이름이다. 파리의 유람선은 파리 방문객이라면 꼭 한 번 거쳐야 하는 의례적인 통과코스다. 에펠탑을 비롯해 오르세미술관, 루브르박물관, 시청사, 노트르담 성당 등 편안하게 파리의 주요 건물들을 한 번에 볼 수 있다. 그렇다면 서울 한강에는 유람선이 있다고는 하던데, 이 유람선을 타면 무엇을 볼 수 있을까? 강 양옆으로 즐비한 아파트만 봐야 할까? 만약 외국 친구가 서울에 오면 한강에 가서 유람선은 안 탈 듯싶다.

사례 2 런던 템스 강변의 '런던 아이(London Eye)'

영국 런던에 갔다 온 분들이라면 대부분 템스 강변에 있는 '런던 아이'에 시승한 경험이 있을 것이다. '런던 아이'는 1999년 영국 항공(British Airways)이 새천년을 기념하여 건축한 세계에서 가장 높은 순수 관람용 건축물인 관람차'로서 일명 밀레니엄 휠(Millennium Wheel)이라고도 불린다. 영국 런던의 대표적인 상징물로 런던 시내의 모습을 다양한 방향에서 관람할 수 있어서 관광객들의 필수 방문 장소가 되었다. 이곳에서는 매년 1월 1일을 기념해 새해맞이 불꽃놀이가 성대하게 열린다. 그리고 세계적인 유명 명차의 신제품 세일즈프로모션이 개최되기도 한다. 자동차와 강변은 묘한 어울림으로 인해 세계 유명 강이나 바닷가에서는 세계 최대의 신차 프로모션이 열린다. 그렇다면 서울 한강에는 무엇이 있을까? 한강에는 대관람차 대신 새빛둥둥섬이 있다. 그곳에서 연회를 많이 한다고 하는데, 필자는 단 한 번도 가 본 적이 없어 주로 무슨 용도의 섬인지 잘 모른다. 대중들이 편히 갈 수 있는 장소로 포지셔닝이 안 된 느낌이다. 그리고 아직도 한강에서 신차 전시회를 열었다는 뉴스를 단 한 번도 들은 적이 없다.

사례 3 각 도시의 정체성

런던은 확연히 다른 자신만의 정체성을 가지고 있다. 왜 도시의 정체성이 중요할까? 런던은 런던 타워, 타워 브리지, 런던 아이(London Eye) 등 런던만 가지고 있는 상징물들이 즐비하다. 검은색 런던 캡(택시), 빨간색 2층 버스, 피쉬 앤 칩스로 유명한 펍(Pub) 등

뚜렷한 색깔을 지닌 도시다. 이외에도 런던 타워, 넬슨 제독이 영면한 세인트 폴 대성당, 왕의 대관식과 왕족의 결혼식이 거행되는 웨스트민스터 사원과 종탑 빅 벤 등 이루 헤아릴 수 없는 많은 스토리가 존재한다. 그야말로 온리원 런던의 정체성이다.

파리는 어떤가? 파리의 에펠탑, 개선문, 루브르 박물관, 오르세 미술관, 노트르담 대성당 등 파리지앵의 고고한 모습이 연상된다. 그중에서 파리의 노천카페는 가장 으뜸이다. 스타벅스가 주창하는 '제3의 장소'의 진정한 의미가 바로 파리 같은 대도시의 노천카페라 여겨진다. 고립된 개인을 탈출시켜 주는 타인과의 접촉을 가능하게 만드는 장소다. 멋진 도시의 '비공식적' 장소인 노천카페는 우리가 그리던 파리의 정체성 아니던가! 여기에 한 가지 더한다면 고가 명품 브랜드 다수를 품은 파리의 경쟁력은 부러움의 대상이다.

그렇다면 이제 대한민국의 수도인 서울을 보자. 서울을 관통하는 한강은 수십 년 동안 일정한 로드맵 없이 무분별하게 개발되어 왔다. 제5공화국 때는 치수를 위해 강폭을 넓히는 데 주력했다. 그나마 황량해 보이기도 했던 갯벌과 모래사장은 일정 간격의 콘크리트로 도배된다. 자연친화적이라기보다는 인공적 간결성으로 인해 생태적 다양성이 사라지게 된다. 또한 어느 시장이 주관한 '한강 르네상스'라는 이름으로 진행됐던 사업은 모두 보여주기식 토건 사업이면서 동시에 엉뚱한 디자인사업이라는 지적이 많다. 시민의 혈세가 낭비됐다는 얘기다. 서울을 찾는 외국인 관광객이 한 해 1,000만 명이 넘지만, 한강을 찾는 관광객은 10%에 불과한 실정을 어떻게 설명할 것인가?

한강 주변은 그야말로 회색 일변도인 고층 아파트와 고급빌라로 이어진다. 그것도 한강 양쪽 편 모두 말이다. 그래서 한강 조망을 치부의 상징으로 보여준다. TV에 나오는 유명인들의 집을 보면 한강이 자기네 집 안방 앞 안마당인 듯 자랑질을 한다. **'한강'이라는 공공재를 사유재인듯 자랑하는 졸부의 얼굴을 보면서 한심한 느낌을 지울 수 없다.** 서울의 한강은 그야말로 죽은 공간이다. 외국 관광객이 한강 변 유람선을 타고 서울을 볼 이유가 어디에도 없다.

그런 측면에서 옆 나라 일본 도쿄의 도심 재개발 속도와 방향성은 그저 부러움의 대상일까? 도시경쟁력과 국가경쟁력을 동시에 견인할 수 있는 도심 개발의 방향성을 갖고 있지 않은 서울은 언제나 세계 도시 경쟁력 1위 도시로 탈바꿈할 수 있을까?

그렇지만 여기서 기억해야 할 점은 **전 세계 도심에서 강물과 함께 산이 조망되는 곳은 서울이 전 세계에서 유일한 도시라는 사실이다. '서울다움'에 방점을 찍을 시장의 탄생을 기대해 본다.** 전 세계 유일한 천혜의 자원을 갖춘 서울의 한강을 제대로 활용해 도시경쟁력 강화와 서울 시민을 위한 공간으로 두 마리 토끼를 잡을 수 있는 현명한 지도자를 기다려 본다.

유럽의 명품 브랜드 마케팅에서 배울 점

대한민국 서울 유명 백화점에서 열린 명품 할인행사로 인한 북새통이 그날 저녁 주요 뉴스로 나온다. 개점 시간 전부터 사람들은 긴 줄을 섰고, 결국 명품 매니아들에 의해 할인행사를 하는 명품 의류와 잡화를 파는 매장 한 층은 출근길 만원 지하철처럼 발 디딜 틈조차 없다. 아무리 세상이 어수선하고 금융 시장이 요동을 치고, 주가 폭락과 경기침체의 우려에도 불구하고 식지 않는 명품 고가 소비 열기는 또 다른 마켓과 또 다른 소비자를 의미하고 있음을 나타내 준다.

소비자들은 왜 명품에 열광하는가에 관한 수많은 논문과 서적을 보지 않더라도, 소득수준 향상과 명품 구입에 관한 소비자의 식지 않는 열정은 아무리 도덕적, 윤리적 소비를 외친다고 해결될 문제는 절대 아니다. 특히 대한민국 소비자들의 명품 사랑은 세계에서 손가락 안에 든다.

명품 시장에는 불황이 없다

그런데 왜 유럽에만 명품 브랜드가 많을까 궁금하지 않은가?

2023년 4월, 프랑스 명품 그룹 LVMH의 주가가 주당 902유로로 사상 최고를 기록하면서 시가총액 5,000억 달러(약 668조 원)를 돌파함으로써 LVMH 베르나르 아르노 회장이 테슬라 창업자 일론 머스크를 제치고 2023년 포브스 선정 세계 1위 부자에 등극했다.

아르노 회장의 명품 제국의 시작은 1984년 단돈 1프랑(약 200원)에 '디올'의 모기업을 인수하면서부터 시작되었다는 사실을 알고 있는가? 유럽 사치재의 잠재력을 간파한 아르노 회장은 프랑스 명문 에콜 폴리테크닉을 졸업하고 아버지 회사를 물려받아 1980년대 초 미국에서 부동산 개발업을 하고 있었던 그저 그런 청년 사업가 정도였다. 그렇지만 그는 파산해서 매물로 나온 '디올'의 브랜드 가치를 가장 먼저 알아본 것이다. 뉴욕 택시 운전사가 프랑스 대통령 이름은 몰라도 '디올'은 알고 있음을 놓치지 않은 그만의 선구안이 발동했기 때문이다.

LVMH는 현재 전 세계 80여 개국에 매장 5,500여 개를 갖고 있고, 전 계열사에서 일하고 있는 직원 수는 17만 5,000명이 넘는다. 그는 코로나19 팬데믹의 최대 수혜자로 꼽히는데 그 이유는 코로나19 초기 잠시 위축된 명품 고가 소비가 미친 듯이 뛰었기 때문이다. 사회적 거리두기로 외식 및 해외여행을 할 수 없게 된 전 세계 소비자들은 보복 소비로 명품을 소비하기 시작한 것이다.

유럽에 명품이 많은 이유는 간단하다. 100년 전 탄생한 브랜드가 대를 이은 장인정신이 그래도 전수되어 축적된 명성과 브랜드에 대한 변하지 않는 소비자들의 충성도가 합해져서 더 큰 시너지 효과가 난 것으로 생각된다. 여기에 각 브랜드만이 가진 독특한 스토리텔링을 통해 해당 브랜드만의 특별한 이야기를 전달해 준다. 명품 브랜드를 구입하는 소비자에게 해당 브랜드는 그냥 제품이 아니라 제품 속에 담긴 이야기와 명성을 구입하는 것이다. 당연히 해당 명품 브랜드에는 독특하고 특별한 디자인이 녹여있다. 브랜드 핵심 DNA와 아이덴티티를 품고 있는 것이다. 100년이 넘도록 지속된 일관적인 제품 컨셉과 디자이너의 메시지는 품격 있는 라이프를 제안하게 된다.

고가 브랜드, 명품 소비 세계 1위 국가는 어디?

최근 모건스탠리 분석에 의하면 한국인들의 고가 명품 사랑이 세계 최고인 것으로 나타났다. 2022년, 1인당 명품 구입액 기준으로 한국은 미국과 중국을 크게 앞질렀다고 경제 전문 매체 CNBC가 보도했다. 대한민국 고가 명품 사랑이 드디어 세계 1위 국가로 등극한 것이다. 한국인의 2022년 고가 브랜드 구입액은 전년보다 24% 급증한 총 168억 달러(약 20조 9,000억 원)에 달했다. 대한민국 국민 1인당 年 40만 원(325달러)을 지출한 셈이다.

경제 트렌드 분석에 능통한 외국의 투자회사가 분석한 대한민국 고가 사랑의 원인은 다음과 같다. "부의 과시가 다른 나라보다 사회적으로 용인되고 있는 분위기가 한국에서 급성장한 배경으로 꼽힌다" 그래서 "외적 아름다움과 경제적인 성공이 다른 나라보다 한국 소비자들에게 더 큰 반향을 불러일으킨다"고 설명했다. 정말 정확한 지적이란 생각이다.

대한민국 언론에 나오는 테마의 대부분은 어느 연예인이 어떤 빌딩을 샀는데, 얼마에 팔아 얼마의 차익을 얻었다느니, 어느 연예인이 어느 명품 브랜드의 모델이 되었다든지, 어느 연예인이 어떤 명품 브랜드를 입고 공항에 나타났다는 등 정말 연예인들의 뉴스만을 앞다투어 기사화했으니 **인플루언서의 부정적 영향력에 지대한 공헌**을 초래한 것 아닌가 싶다.

여기에 덧붙여 잘못 해석된 대한민국만의 **유교 사상에 의해 '있어 보이기'**, 겉만 번지르르한 형태에 박수를 보내는 사회 분위기가 편승해서 더욱더 명품 사랑이 도를 넘어선 게 아닌가 싶다. 즉, 남에게 보여주기, 과시하기를 즐겨하는 국민성으로 인해 고가 사치품 소비국 1위의 불명예는 당분간 지속될 듯싶다.

여기서 꼭 짚고 넘어갈 사항이 하나 있다. 명칭이 문제다. '명품'이라고 사람들에게 명명한 언론이 문제다. 다른 나라, 예를 들어 **미국판 뉴스를 보라**, 어디 '명품'이라는 단어를 쓰는지. 대한민국 소비자가 소비한 아이템은 '명품'이 아니라 '고가' 브랜드다. 고가 소비가 세계 최고라는 사실을 왜 명품 소비라 하는가? 이상하지 않은가. 이것이 모두 고가 브랜드가 언론을 길들여 만들어 낸 해괴한 변명이다. 명품은 무슨 명품인가, 고가 아이템이지. '고가'라는 단어가 주는 부정적 이미지를 순화하고 반전시키기 위해 대한민국 줏대 없는 언론, 돈만 주면 바로 명칭을 바꿔버리는 언론을 돈으로 길들인 이유 때문에 '고가'가 '명품'이라는 단어로 옷을 바꿔 입은 것이다. '명품'은 영어로 'Masterpiece, Masterwork'라 한다. **'고가'** 상품이라는 단어의 뜻은 한국말로 '사치품'이라 칭한다. '사치품'이 대한민국에서는 '명품'으로 탈바꿈

한다, 마치 신분세탁하듯 말이다.

대한민국 소비자들의 허용된 과시욕의 결과가 고가, 사치품 소비국 1위로 귀결된다. 자신의 경제 수준에 맞춘 적절한 소비보다는 사회의 일반적인 소비 수준이나 남들 소비에 영향을 받는 줏대 없는 소비가 문제. 그래서 고가 구입이 힘든 사람들은 짝퉁을 구매. 고가 브랜드 마케팅의 핵심은 패션이 아닌 단지 우월감을 느끼도록 소비자를 세뇌시키는 과정이라 보면 간단하다.

세계적인 명품 브랜드 마케팅을 위한 3가지 전략

명품 소비에 관한 도덕적 잣대로 바라보는 시대는 지나갔다. 이제부터 이러한 세계적인 명품 시장을 최대한 활용할 수 있는 방안을 찾아보자. 혹자는 잘 키운 명품 브랜드 10개만 있으면 대한민국을 먹여 살릴 수도 있고, 국가 브랜드도 다섯 손가락 안에 들 것이라고도 한다. 어지간한 명품업체의 매출액이 연간 수조 원에 이르니 틀린 말은 아닌 듯싶다.

이렇게 한 곳에 집중할 수 있는 방법이 있음을 대한민국 문화관광부 장관에게 알려 주고 싶다. 업의 개념을 잘 해석하게 되면, 어려운 난제도 쉽게 풀릴 수 있다고 본다. 그래서 국가브랜드를 최고로 만들기 위한 실천 방안으로 세계적인 글로벌 명품 브랜드 창조 전략을 제안하고 싶다. 그렇다면 어떤 방법을 통해 세계적인 명품 브랜드 마케팅이 가능할까? 여기에는 대략 3가지 방법이 있다.

- **첫째, 해외 유명 브랜드 인수 전략이다.** 성주그룹이 독일 가방

브랜드 MCM을 인수해 세계 각국 매장을 운용하고, 명품 중심지인 뉴욕 플라자호텔에 MCM 매장을 개장하듯, 외국의 유명 브랜드를 인수하는 방법이다.

- 둘째, **하청기업에서 주인기업으로 변신하는 전략**이다. 2007년 전 세계 휠라 브랜드 사업권을 거꾸로 인수한 휠라코리아 전략도 가능해 보인다. 휠라 브랜드의 일부 제조기능만을 가지고 시작한 휠라코리아가 휠라 본사를 인수한 획기적인 사례를 잊지 말고 실천하자.
- 셋째, 일본 '겐조(KENZO)' 브랜드 전략처럼 **역사와 문화를 통한 자체 브랜드 창조 전략**이다. '겐조'는 동양의 역사와 문화를 그대로 보여주면서 서구 사회에 어필하는 브랜드로 성장했기 때문에 우리나라만의 전통과 역사에서 아이디어를 찾아 글로벌 명품 브랜드로 자체적으로 탄생시킬 수 있는 것이다.

그렇다면 명품 브랜드는 꼭 100년이 넘어야 할까? 명품은 주로 유럽, 미국에서만 탄생되어야 하는가? 우린 이와 같은 고정관념을 넘어서야 한다. 창립 40여 년밖에 안 되었지만 세계적인 명품이 된 이탈리아의 가족기업인 '에트로(ETRO)'가 이를 잘 웅변해 주고 있다. 에트로의 '트레이드 마크'인 페이즐리 무늬가 고대 인도 시대 직물에서 유래됐기 때문에 대부분의 사람들은 에트로가 매우 오래된 기업이라고 착각하게 만드는 전략이 유효했다. 이들 가족기업은 첫째는 직물과 가방 분야, 둘째는 남성복, 셋째는 재무관리, 막내는 여성복을 맡는 등 가족기업으로서 세계적인 명품 브랜드를 창조해 나가고 있다. 대한민국도 가족기업을 통해 충분히 세계적인 명품 브랜드 창조가 가능하다는 대목인 셈이다.

필자는 대한민국과 일류기업이 살길은 일류 브랜드 10개를 하루빨리 만드는 일이라고 주장한다. 현재 대한민국의 명품 브랜드는 삼성, 현대자동차, LG 등 세 개에 불과하다. 오천 년 장인정신을 가지고 가족기업 형태로 디자인 창조, 스토리 창조 과정을 통해 세계 명품 브랜드 창조의 길로 들어서자. 대기업만 할 수 있는 사업이 절대 아니고, 가족기업만이 성공시킬 수 있는 사업이 바로 명품 브랜드 사업이다.

유통9단이 추천하는 슬로 쇼핑의 월드 베스트 3

자연채광이 들어오는 1~2층 높이의 낮은 상점들. 여럿이 걸어도 불쾌하지 않게 어깨가 스치는 정도의 간격. 이런 곳이라면 걷다 쉬다를 반복하며 몇 시간이고 보낼 수 있을 것만 같다. 이것이 바로 필자가 생각하는 슬로 쇼핑(Slow Shopping)의 요건이다.

도시인들은 주로 어디에서 어떻게 쇼핑을 할까? 대형 복합쇼핑몰이나 대형 마트 또는 고급백화점일 수 있다. 물론 이런 곳들은 단위 면적당 이용객 수로는 다른 어떤 상가보다 앞설 것이다. 그러나 이런 곳들이 항상 소비자들로 북적이는 곳은 아니다. 주말과 휴일에 집중적으로 고객이 몰린다. 하지만 사람에 따라 문화에 따라 제각각 다르겠지만 가장 전통적인 쇼핑방식은 '길거리에서 어슬렁거리기'일 것이다.

한 건물 안에서 쇼핑, 식사, 영화 관람까지 해결하는 건물형 복합쇼핑몰 대신 바람이 불면 바람을 맞고, 비가 내리면 우산을 받처 들고, 날씨가 좋은 날에는 온몸에 햇살을 받으며 유유자적 쇼핑을 즐기는 방식을 사람들은 선택하기 시작했다. 최근 이런 자연 친화적인 쇼핑방식을 선호하기 시작했다. 도시 소비자들의 새로운 쇼핑습관에 발맞추어 전 세계 유명 도시에서는 아웃도어형 스트리트 쇼핑이 눈에 띄게 증가하고 있다.

베스트 1.
스페인 바르셀로나 람블라스 거리

스페인 바르셀로나는 정말 가볼 곳과 볼만한 건축물이 많은 아주 유명한 도시다. 스페인이 낳은 천재 건축가 가우디가 설계한 '사그라다 파밀리아 성당'을 비롯하여 구엘공원, 까사 바트요 등 정말 많다. 그런데 필자는 유통9단이기에 유통 관련 꼭 가봐야 할 장소를 추천한다.

　바르셀로나에는 가장 광장다운 광장이 있다. 바로 '카탈루냐' 광장이다. 이곳으로부터 콜럼버스 동상이 있는 해안까지 이어진 보행자 전용 도로가 나타나는데, 이곳이 바로 '람블라스' 스트리트다. 이곳 '람블라스' 스트리트의 거리가 약 1.2㎞다. 거리의 폭도 약 15m 정도.

　당연히 항상 많은 지역주민들과 세계 각국에서 온 관광객들로 붐빈다. 야외 노상카페와 펍, 레스토랑, 기념품 상점, 유명 브랜드숍, 꽃집 등이 늘어서 있고 거리 아티스트들의 마임, 퍼포먼스도 자주 벌어진다. 그래서 그런지 스페인의 시인 페데리코 가르시아 로르카는 이 람블라스 스트리트를 '세계에서 끝나지 않았으면 하는 유일한 거리'라고 말했다고 한다. 정말 내가 가 본 전 세계 스트리트 쇼핑 중에 가장 길고 가장 사람들이 많았다.

람블라스 스트리트 쇼핑을 하면서 대한민국에는 왜 이런 쇼핑 장소가 왜 없을까 부럽기도 했다. 그리고 대한민국에는 광장다운 광장이 왜 하나도 없는지 의문이 들었다. 이 스트리트에는 사람들이 걷거나 쉴 수 있는 공간들로 만들어져 있고 양쪽으로 가로수가 즐비하고, 오래된 건축물들과 전 세계 각종 브랜드의 각축장 같은 쇼핑몰들을 보면서 마구 발생하는 충동구매로 인해 주머니가 언제 가벼워질지 모르겠다.

이 스트리트를 조금 내려가다 보면 오른편에 바르셀로나를 대표하는 전통 시장 하나가 보인다. 바로 '보케리아' 시장이다. 역시 바르셀로나를 대표하는 시장이라 그런지 사람들로 인해 인산인해! 신선한 식재료부터 전통 과자에 이르기까지 각종 싱싱하고 다양한 채소와 과일, 수산물, 축산물, 농산물 등 살 거리, 볼거리가 많다. 그중에서 하몽, 타파스 등 길거리 음식은 필수코스다. 아마 영국 런던의 바로우 마켓(전통 시장)을 걷는 듯 싶을 것이다. 바로우 마켓과 비슷한 분위기, 비슷한 먹거리 등 소풍 나온 아이처럼 신나게 어깨춤을 추면서 쇼핑을 하고 있는 자신을 발견할지도 모른다.

이곳 람블라스 스트리트 쇼핑은 워낙 길이도 길고 거리의 폭이 넓어서 그런지 정신이 하나도 없을 정도다. 한 블록, 한 블록을 지나갈 때마다 재미난 분장을 한 행위 예술가들이 눈길을 사로잡는다. 이런 와자지껄한 분위기는 캄캄한 밤이 되도록 이어진다. 하지만 관광객 등 인파가 너무 많아 소매치기들이 활개를 치는 곳이므로 경계심을 놓아서는 안 되는 곳이다.

베스트 2.
미국 LA 산타모니카
써드 스트리트 프로머네이드(3rd Street Promenade)

미국 캘리포니아주(州) 로스앤젤레스(LA)에 있는 산타모니카(Santa Monica)는 대표적인 해변 휴양지다. 연간 800만 명이 방문하는 이곳은 5.6㎞에 이르는 너른 해변과 반짝이는 백사장, 각종 즐길 거리로 유명하다. LA 시민들이 사랑하는 산타모니카 해변은 주말이면 주차가 어려울 정도로 사람들이 붐빈다. 아름다운 자연을 벗 삼아 서핑을 즐기는 이들도 많다. 로버트 레드퍼드와 폴 뉴먼 주연의 영화 '스팅'의 배경이 되기도 한 '산타모니카 피어(Santa Monica Pier)'에는 아케이드·게임·범퍼카 등을 즐길 수 있는 작은 유원지가 있다.

산타모니카 비치와 베니스 비치 근처의 메인 스트리트에는 셀렉트 숍과 카페가 길게 늘어서 있다. 맛집도 많다. 퓨전 스타일 요리의 창시자 울프강 퍽(Wolfgang Puc)이 운영하는 시누아 온 메인(Chinois on Main) 레스토랑, 캘리포니아 대표 레스토랑인 마이클 매카티(Michael McCarty)의 마이클스(Michael's)도 이곳에 있다.

산타모니카를 얘기할 때 빼놓을 수 없는 게 하나 더 있는데, 바로 쇼핑과 엔터테인먼트다. 산타모니카 3번가(Third Street). 이 거리엔 길 양쪽으로 쇼핑몰이 즐비하다. 클럽 모나코(Club Monaco)·디젤(Diesel)·갭(Gap)·게스(Guess) 등 글로벌 패션 브랜드가 길게 늘어선 건 다른 바닷가에선 찾아보기 힘든 이색 풍경이다. 패션 브랜드뿐만이 아니다. 음식점·푸드트럭 등 먹거리와 즐길 거리가 워낙 많아 해변에서 일광욕을 즐기다 쇼핑 스트리트로 나와 시간을 보내는 사람들도 어렵지 않게 볼 수 있다. 특히 저녁에 관광객들이 몰리는데, '석양이 지는 바닷가 산책'과 '쇼핑'이라는 두 가지 욕구를 모두 해결할 수 있기 때문일 거다.

이곳 3번가를 둘러보기 전에 먼저 산타모니카라는 지역의 역사를 알아보자. 산타모니카는 해변을 제외한 삼면이 LA로 둘러싸여 있다. 면적은 여의도의 약 5배, 거주 인구는 9만 명인 소규모 도시다. 1960년대 LA는 이곳 해안가 세 번째 블록에 보행자 전용 상가를 조성했다. 당시에는 흔치 않은 형태였는데, 이 상가가 '산타모니카 몰(Santa Monica Mall)'이다. 1970년대 말엔 상가 남쪽에 쇼핑센터 '산타모니카 플레이스(Santa Monica Place)'가 새롭게 들어섰다. 이후 여러 차례 변화를 거쳐 1989년 지금의 '서드 스트리트 프로머네이드(Third Street Promenade)'가 탄생했다. 이곳은 미국 내에서도 대표적인 문화거리의. 성공 사례로 꼽힌다. 왜일까. 그 이유는 크게 두 가지가 있다.

◆ 서드 스트리트 프로머네이드의 성공 전략

① 첫 번째 성공 전략, 다양성 : 서드 스트리트 프로머네이드의 길이는 약 400m다. 이 거리 양쪽에는 레스토랑·상점·극장 등 130여 개 점포가 둥지를 틀고 있다. 전문서점·골동품점·기념품점·유명 부티크 등 개성 있는 상점들도 하나둘 늘어나고 있는 추세다.

거리의 중간중간에는 스트리트 퍼포머(Street Performer)도 많다. 할리우드 스타 등 유명 인사를 모방하는 이들이 주를 이룬다.

그 밖에도 사시사철 가수·연주자·마술사·광대·힙합 댄서 등 각양각색의 행위예술가들이 쇼핑객들의 발걸음을 붙잡는다. 주말에는 한 무리의 댄서들이 이곳에서 춤판을 벌인다. 댄스교습소를 홍보하기 위한 목적이지만 그 화려함만은 압권이다.

② 두 번째 성공 전략, 규제 : 쇼핑객들에게 즐거움을 선사하는 이곳에선 자유로움을 만끽할 수 있다. 그렇다고 이곳에서 아무나 퍼포먼스를 할 수 있는 건 아니다. 지역 당국의 엄격한 규정을 준수해야만 한다. 공연하기 전에 사전 등록을 하고, 공연 자격을 얻었더라도 주어진 시간을 지켜야 한다. 다른 퍼포머들과 최소 15m 간격을 유지해야 하는 것도 하나의 룰(Rule)이다. 그뿐만이 아니라 바닷가에 무엇이 필요한지를 모든 이들이 알았다는 게 성공 포인트인 것 같다. 삼면이 바다인 대한민국도 지역경제를 살리려면 어떻게 바닷가를 활용하고 설계해야 하는지, 그 해답을 산타모니카에서 찾을 수 있다.

베스트 3.
일본 요코하마에서 제대로 쇼핑하려면
모토마치를 찾아가라

일본 요코하마에는 '모토마치(MotoMachi)'라는 유명한 쇼핑스트리트가 있다. 모토마치[元町]란 '으뜸가는 동네'라는 뜻이다. 유서 깊은 일본 도시를 여행하다 보면 '모토마치'라는 이름을 발견할 때가 종종 있다. 이때 그 도시에서 가장 유명한 장소로 그 도시를 받아들여도 무방하다. 이런 곳은 사람들의 니즈와 트렌드를 읽는 데 더할 나위 없이 적합한 장소다. 이곳 요코하마 모코마치는 예로부터 외국인을 상대로 하는 상업지구이기 때문에 패션 센스나 판매 노하우 면에서 남다를 수밖에 없다.

더구나 100년 이상 된 점포도 많고 이국적인 상품을 파는 곳도 적지 않기 때문에 쇼핑하다 보면 시간 가는 줄 모른다. 한마디로 말해서 일본 상행위의 정수를 맛볼 수 있는 곳이다. 거리를 가득 메운 세련된 부티크와 잡화점 때문에 '요코하마의 긴자'로 통하는 쇼핑 타운이다.

1~5번가의 다섯 블록으로 나뉜 상점가에는 도쿄에 뒤지지 않는 고급 부티크와 명품숍들이 즐비하다. 게다가 유럽풍의 건물들 사이를 걷다 보면 마치 정말로 유럽에 온 듯한 착각을 불러일으킬 정도다. 이곳에는 명품뿐만 아니라 대중적 상품들도 적절히 섞여 있어 누구에게나 매력적으로 다가온다. 거리 양쪽에 즐비한 상점들은 고객들이 비나 따가운 햇볕을 피한 채 편안하게 다닐 수 있도록 '콜로네이드'형 아케이드 방식의 쇼핑스트리트를 설치했다. 이런 방식은 각 점포들이 저마다 개성을 한껏 드러내면서도 일체감을 유지함으로써 효율성을 높여 주는 것이 비결이다.

필자가 이곳에 도착했을 때는 마침 운 좋게도 차밍세일 (Charming Sale) 기간이었다. 차밍세일, 글자 그대로 매력적인 표현 아닌가! 대한민국에서는 '바겐세일' 외에 다른 표현을 찾기가 어렵다. 이 말을 이렇듯 멋지게 표현하는 일본인의 감각과 센스가 순간 부러웠다. 획일적인 단어를 기계적으로 사용하기보다는 좀 더 매력적인 단어를 발굴해 사용할 필요가 있지 않을까! 예컨대 '뷰티풀세일', '원더풀세일', '굿세일', 혹은 '착한 세일' 같은 식이다.

쇼핑객들의 편의를 위해 쇼핑 기간에는 자동차 통행을 금지하는 점은 확실한 장점으로 느껴졌다. 스트리트 쇼핑몰의 메인 도로로 자동차가 다니지 못하게 함으로써 일반 쇼핑객들이 편안하게 쇼핑을 즐기며 휴식을 취할 수 있도록 배려한 것이다.

스트리트의 중간중간에 '전등 달린 트리'를 설치하여 '야간 쇼핑'의 흥을 돋우고 환상적인 분위기를 연출하는 센스 또한 벤치마킹할 만한 점이다. 마치 시골 오솔길처럼 구불구불한 흐름의 쇼핑 스트리트를 따라 걷다 보면 중간중간 설치돼 있는 가로등의 운치있는 불빛과 고풍스러운 벤치들이 그림같이 어우러져 만들어 내는 최고의 환상적인 야경을 만나게 된다. 그래서 그런지 낮보다도 오히려 밤에 더 북적거릴 정도다.

이곳 요코하마 모토마치 스트리트 쇼핑 상가는 600m 거리 양쪽에 250개의 점포가 들어섰다. '일본 최고의 패션 정보 발신지'를 모토로 한 이 상가의 성공비결은 주민들과 상인회가 함께 구성된 자치운영회를 통해 '거리 만들기' 협정을 만들었고, 상인들에게는 가이드라인을 미리 만들고 상인들 스스로 잘 지키려는 노력이 지속된 결과이다. 이들이 만든 '거리 만들기 협정'의 주요 내용을 보면 각자 스토어 앞에 현수막을 부착할 수 없기로 한 규약과 함께 홍보 전단, 광고물 배포도 금지, 호객행위는 절대 불허하는 규약을 철저히 지킨 결과, 지역주민들과 관광객들 모두에게 편안하고 쾌적한 쇼핑거리를 제공하게 된 것이다.

여기서 중요한 사항은 요코하마 시 당국의 협력도 빼놓을 수 없다. 시에서는 아주 작은 행사라도 있으면 상인회에 빠짐없이 알려주어 미리 고객맞이에 빈틈이 없도록 하는 등 그야말로 상관민(商官民) 즉, 상인, 지자체 그리고 지역주민이 혼연일체가 되어 지역

경제를 살리고 관광명소로 만든 아주 훌륭한 사례이다.

요코하마의 테마형 쇼핑 스트리트가 앞으로 각광 받을 수밖에 없는 이유는 볼거리, 먹을거리, 즐길 거리 등이 한데 어우러지면서도 기존 쇼핑몰과는 차별된 감각적인 쇼핑 공간을 제공할 수 있는 환경이기 때문이다.

대한민국 공무원들과 지자체 의원들의 세계 유명 도시 시찰단들은 해당 도시에 가서 무엇을 보고, 무엇을 먹고, 누구를 만나는지 제대로 점검하고, 수정해야 할 것이다. 그리고 유통9단인 필자가 주장하건대, 지방자치제 경제를 살리기 위한 방안으로 스트리트 쇼핑 방식만이 유일한 해결책임을 다시 한번 강조하고 싶다.

유통9단 김영호가 추천하는 스트리트 쇼핑몰 방식은 한마디로 말하면 '슬로 쇼핑'이다. 자연채광이 들어오는 1~2층 건물 구조의 상점들이 나란히 도열해 있는 쇼핑 상가를 말하며, 마주 보고 있는 상점의 폭이 15미터를 넘지 않아야 한다는 전제조건을 갖추어야 한다. 최근 골목상권 부활이 마치 창조경제인 양 이야기하는 사람들이 있는데, 하나만 알고 둘은 모르는 소리다. 대한민국 지방자치제 경제부흥은 바로 스트리트 쇼핑 방식을 스토리텔링 방식으로 제대로 개발하는 길밖에 보이지 않는다는 것이 필자 주장이다.

아시아

글로벌 소비 시장에서 아시아의 성장세가 두드러진다. 세계적인 경제연구소에 의하면 2030년 무렵엔 전 세계 중상위 소득 가구 절반이 아시아에 거주하는 모습이 예측되고 있다. 또한 인구구조와 소비 행태 역시 빠르게 변화하고 있다. 대표적인 것이 1인 가구와 노령층 인구 증가다. 선진 아시아 국가에서 1인 가구는 이미 30%를 넘어섰고, 아시아 지역 60세 이상 노령 인구는 10년 내 약 40% 증가할 전망이다. 이와 함께 디지털에 강한 MZ 소비자층이 향후 10년 내 아시아 시장 최대 소비자층으로 성장할 것으로 예측된다. 소비 주체가 다양해짐에 따라 아시아 소비 시장 트렌드도 급격하게 변하고 있다. 온라인과 오프라인을 아우르는 융복합 옴니 채널 방식과 친환경 소비가 점차 확산되고 있다. 전통적인 '소유'의 개념도 '공유'와 '구독 경제'로 대체되는 중이다. 그래서 유통 소매기업 입장에서 보면 이제껏 생각하지 못했던 상품이나 서비스가 증가할 수밖에 없게 된다.

그러므로 유통 소매업체들은 새로운 비즈니스 모델을 구축하여 잠재수요를 독점할 수 있는 좋은 기회가 찾아왔다. 저출산 상황에서 자녀 한 명에게 투입되는 금액이 증가하기에 이런 수요만 확보한다면 새로운 비즈니스의 기회가 될 것이다. 여기에 전체 개인금융 자산의 과반수를 보유하고 있는 시니어층의 소비를 유도할 수 있다면 거대 시장이 출현하게 될 가능성도 크다.

하지만 토론토 대학의 연구진에 의하면 아시아 국가는 높은 교육열을 바탕으로 기술과 재능 수준은 서구 국가에 비해 높지만, 다양성 수준은 매우 낮은 결과가 나왔다. 사회적 다양성이 낮으면 해당 사회의 '창조적 효율'이 떨어지기 때문에 사회 경제적 위험요소로 작동할 수도 있는 지역이라 할 수 있다.

대만 타이베이는 벼르고 벼르다 간 도시다. 중국 본토와 같은 중국인이 사는 도시이지만 중국 본토와 달라도 너무 다르다. 그곳에서 선진국 선진 도시에서 느꼈던 '온고지신(溫故知新)'을 또 한 번 배우게 된다. '도시재생은 이렇게 하는구나'를 배운 곳, 과거를 미래로 끌어오는 대만의 어느 담배공장을 자세히 들여다본다.

'같은 중국인들이 사는 곳인데, 다르면 얼마나 다르겠어'. 맨 처음 타이베이를 가면서 가졌던 선입견이다. 그런데 필자가 보고 느낀 타이베이는 선진국, 선진 도시 수준에 버금가는 질서의식과 도시의 정결함 그리고 나아가 미래를 준비하는 도시라는 결론에 이르게 만들어 주었다. 타이베이에는 시내 곳곳에 크고 작은 근린공원들이 꽤 많이 있다. 과거의 흔적을 그대로 간직하고 품은 채 미래를 향해 달려가는 경쟁자로 자리매김 중이다. 그중에서 도시재생 사업의 대표적인 장소로 가장 먼저 달려간다. 오늘날 타이베이 시민들의 쉼터로 혹은 중고등학생들의 창의 관련 수업이 진행되는 '송산창의원구'다.

송산문창원구(松山文創園區, Songshan Cultural and Creative Park)를 자세히 봐야 할 이유

타이베이 5번 메트로 '국부기념관'역에서 하차하면 5분 이내에 위치한 송산문창원구는 입구에 커다란 인공호수가 필자를 반긴다. 인공호수와 숲으로 난 길을 따라 들어가니 건물의 일부가 보이기 시작한다. 이곳의 넓이가 약 2만 평이라 하니 천천히 즐길 준비를 하고 건물 하나씩 살펴보기로 한다. 전체 공간에 'ㅁ'로 세워진 건물들, 중국인들이 가장 좋아하는 밀폐형 건축모양이다. 외부 적으로부터 자신과 가족을 보호하기 위해 탄생한 'ㅁ'자형 건축물 형태를 이곳에서도 채택한 듯 보인다.

이곳은 현재 복합문화공간으로 활용되고 있지만, 예전에는 담배공장이었다고 하니 상전벽해라는 말이 딱 어울려 보인다. 그렇다고 최신의 디자인을 중심으로 새롭게 만들어진 건축물이 전혀 아니다. 그야말로 낡고 버려진 듯한 건물들이다. 하지만 이 버려진 듯한 건축물 안에는 숨겨진 보석들이 참 많아 보인다.

이제부터 건축물의 역사를 알아본다.

청일전쟁 승리로 자연스럽게 강점하게 된 일본은 대만 타이베이에 담배전매공장을 1937년 준공하게 된다. 그래서 탄생하게 된 '송산담배공장'. 그 당시 담배공장 이외에 기숙사와 의료시설, 탁

아소도 함께 건립하였다. 1945년 전쟁 후, 대만은 이곳을 그대로 담배공장으로 사용하다가, 2001년부터 시(市)지정 유적지로 지정하게 된다. 단지를 디자인과 아이디어 산업의 기지로 향상시키는 작업을 약 10여 년간 진행하게 되어 2011년 11월, 정식으로 일반인에게 개방하여 이곳에는 타이완디자인박물관, 디자인센터 등이 들어섰다.

2만여 평에 달하는 커다란 담배공장이었던 공간이 창작의 허브로 변신에 성공

인간에게 해로운 담배를 만들어 내던 공간이 디자인 등창의력과 창조력이 탄생하는 이로운 공간으로 탈바꿈하게 된 것이다. 국가 혹은 지자체가 기존 역사적 유물 혹은 장소를 '현대화'라는 미명 아래 뭉개버린 것이 아니고 과거를 미래로 가져오는 뉴레트로, 융복합화 전략을 채택했다는 공통점을 왜 부러워만 해야 할까!

이곳은 얼핏 보면 을씨년스럽게 보일 수도 있다. 왜냐하면 옛 모습 그대로인 'ㅁ'자 건물의 복도로 구성된 건물의 1층이 우리네 중고등학교 교실의 복도와 거의 흡사해 보이기 때문이다. 건물은 특별히 예쁘게 보이기 위한 작업이 거의 없다고 보면 맞다. 원형 그대로 보존하고 이를 철저하게 이용하는 중이다.

긴 통로(복도)에 있는 많은 방들이 디자인과 예술 관련 아이템들이 즐비하다. 내부 전시 공간에서 레드닷 전시전, IF타이완디자인전 등이 열리기도 하고, 수시로 젊은 디자이너들의 작품을 전시하는 공간도 많다. 최근에는 VR을 이용한 플레이스테이션 게임을 하는 공간이 있어 청소년들에게 인기다. 동시에 디자인과 예술 관련 기관들 사무실도 눈에 띈다.

그 중에서 기념품을 구입하기 위해 반드시 들러야 할 곳이 있는데, 그곳이 바로 '송얀갤러리(Song Yan Gallery)'다. 이곳에는 젊은 디자이너들이 가장 최근에 만든 창작물이 즐비하다. 가격도 합리적이어서 고국 친구들에게 선물하기에 적당하다. 에코백, 다이어리, 카드, 봉투, 목재 데코레이션, 장식품 등 MZ세대가 좋아할 만한 아이템들이 즐비하다. 또한 복고풍의 카페가 함께 자리하고 있어 잠시 휴식다운 휴식을 취하기 너무 좋다. 이곳에는 건물이 여러 개가 있어서 하나하나 자세히 보다 보면 시간 가는 줄 모를 것이다.

이 공간 중에 가장 현대적인 건물인 타이베이 뉴호라이즌 1층에는 대만에서 가장 큰 서점인 '성품서점(誠品書店)'이 가볼 만하다. 이곳은 일본에서 가장 유명한 '츠타야'서점과 마찬가지로 여러 종류의 책은 물론 잡지류와 디자인 소품류, 의류, 간식류까지 정말 다양한 상품을 전시, 판매 중이다. 더불어 공방과 가죽공예, 서예, 쥬얼리 제작 체험 등이 가능한 공간까지 보유해서 그런지 젊은 소비자들이 참 많다. 우리가 알던 책만 파는 서점에서 벗어나 복합문화공간으로 자리매김하고 있다.

'송산문창원구'는 전반적으로 편안한 공간으로 조성되어
청소년들의 방문이 많아 보인다

　이곳 '송산문창원구'는 단순히 복합문화공간이라기보다는 더
깊은 뜻이 숨어 있는 것으로 보인다. 후손들에게 창의력을 스스
로 창조해 내어 장차 국가의 동량으로 커 나가달라는 국가의 부
탁인지도 모르겠다. 이곳을 단순히 대한민국 서울의 DDP와 비
교하는 것은 적당해 보이지 않는다. 대한민국이 오로지 '디자인'
에 초점을 맞춘 초현대식 건축공간이라면, 대만은 창의력에 초점

을 맞추어 과거를 품은 미래지향형 공간이라는 것이 달라 보여 일면 부러웠다.

필자가 단 한 번의 방문으로 사랑하게 된 타이베이는 '도시재생' '업사이클링'으로 포지셔닝할 만한 도시다. 옛것에 현대식 라이프 스타일을 버무려 또 다른 레트로 이미지를 만들어 낸다. 지금 소개했던 송산문창원구(松山文創園區) 말고도 '화산1914 문화창의산업원구(華山1914文化創意産業園區)'도 있다. 이곳도 한때 양조장이었던 건물이 이제는 복합문화공간으로 탈바꿈했다. 이곳은 1914년 세워진 대만 최대 양조장이었던 곳인데, 2만㎡에 달하는 부지가 문화 공간으로 변신했다. 이곳에는 공연장, 전시장, 공방, 카페와 식당이 차례로 입주해서 새로운 공간을 선물한다. 겉은 100년 전 모습이지만, 안에 들어가면 21세기형 문화예술과 마주하게 된다.

마지막으로 필자의 눈에 비쳐진 타이베이와 대한민국 서울을 비교해 보도록 한다. 우선 인구통계학적 비교부터다. 타이베이 인구는 264.6만 명(서울은 941만 명)이고, 면적은 271.8km²(서울은 605km²)이다. 서울에 비해 면적은 1/2보다 조금 더 작고, 인구는 1/4 수준이다. 이는 서울에 인구가 너무 많다는 것을 의미한다. 그래서 그런지 타이베이 시민들은 조급함이 별로 없고, 상당히 친절하다. 여기에 타이베이 자동차의 속도는 대부분 규정 속도(50~60km)대로 운행을 하고, 경적도 잘 들을 수가 없어서 그런지 도심 여행이 여느 도시보다 편안하다.

타이베이 시민들은 커피보다는 차를 많이 마시는 편이다. 그래서 거의 모든 직장인들과 학생들 가방에 보온병을 가지고 다닌다.

유행과 멋을 부리지 않는 듯한 시민들의 수수한 옷차림은 상대적으로 근검절약의 국민으로 보인다.

시내에서 마주치는 대부분의 타이베이 여성들은 안경을 많이 착용했다. 서울처럼 라식, 라섹을 통해 안경을 착용하지 않는 트렌드와 배치된다. 그리고 일부 젊은 친구들이나 사용하고 있는 편이지만, 무선이어폰인 '아이팟'을 사용하는 사람이 상당히 적어 보였다. 지하철에서 마주친 젊은 친구들은 대부분 유선이어폰을 이용한다.

그리고 중국이나 싱가포르 혹은 동남아시아처럼 아침 식사는 길거리 음식으로 대체한다. 아주 간편한 간편식과 음료 한잔으로 대체한다. 가격은 한화 2~4천 원 수준이다. 그래서 해외에서 한 달 살기로 베트남 다낭보다 더 좋은 장소라는 생각이 들 정도다.

정말 대만 사람들은 친절하다. 정말 친절하다. 중국 본토와 달라도 너무 다르다. 이 모든 것이 어린이 시절부터 받은 선진 교육 때문이 아닐까 생각해 본다. 어릴 적 교육이 얼마나 중요한지 다시금 깨닫는다. 선진국, 선진 도시 시민이 되고 안 되고는 초등학교 교육에서 판가름 난다는 것이 필자의 주장이다.

※ http://www.songshanculturalpark.org

라면 대국에
라면 박물관 하나 없다

대한민국 남녀노소 누구나 좋아하는 음식을 들라 하면 바로 라면이라 할 수 있다. 세계라면협회(WINA·World Instant Noodles Association)의 2021년 세계라면 시장 자료 기준으로 연간 1인당 라면 소비량이 73개로 전 세계 2위를 기록한 나라, 대한민국. 그런데 라면 관련 박물관 하나 없다. 좀 이상하지 않은가?

대한민국에서 라면이 첫선을 보인 것이 1963년 9월, 삼양식품에 의해 탄생했다. 이제 라면이 우리 곁에 온 지도 벌써 60년이 지나간다. 서민 음식의 대명사이기도 한 라면은 대한민국 국민들 모두의 좋아하는 음식 베스트 3에 진입한 지 오래다. 그럼에도 불구하고 라면 관련 박물관 혹은 콘텐츠를 모아 둔 곳이 없다.

라면은 민주주의라고 외치는 사람들도 많다. 라면 앞에서는 남녀노소, 빈부가 없기 때문이다. 사실 라면만큼 많은 이들로부터 사랑받는 아이템도 없을 것이고, 라면만큼 다양한 레시피를 갖고 있는 음식도 없다. 이런 라면 사랑은 비단 대한민국만의 트렌드가 아니다. 전 세계 여러 국가에서 판매되는 라면은 생각보다 다양한 종류가 유통되고 있다. 특히 인스턴트 라면의 원조인 일본에는 자투리땅을 이용해서 라면 박물관까지 설립되어 있다.

'2022년 살고 싶은 동네 순위 수도권판'에서 5년 연속 1위를 차지한 '요코하마'시에는 반드시 방문해야 할 유명 장소가 많다. 일본 요코하마는 많은 분들이 방문하셨으리라 본다. 요코하마에 가면 많은 볼거리가 있다. 하지만 필자로 하여금 지방경제를 살리는 방법에 대해 알게 해준 곳이어서 소개하고자 한다.

일본만큼 유휴지 활용을 제일 잘하는 나라가 있을까 싶다. 건물과 건물 사이 몸 하나 겨우 들어갈 만한 공간에 10층 건물을 세워 놓은 도쿄 긴자거리의 부동산 이용실태를 보면서 일본은 정말 유휴지 활용에 전 세계 으뜸이란 생각이 든다.

특히 **도시 외곽 노는 땅을 적절히 활용하는 능력과 각 지자체의 지역경제 살리는 능력은 벤치마킹해 볼 만하다.** 일본에서 노는 땅을 활용하여 테마파크형 복합형 쇼핑몰 사업을 만든 사례다. 별다른 용도도 없을 땅에 아이디어 하나로 많은 사람들이 모여 먹고 즐길 공간을 만들어 파는 곳이 있다. 그중에서 대표적인 사례로 요코하마에 있는 '라면 박물관'을 들 수 있다. 이곳 이름은 '컵누들뮤지엄, 일명 라면 박물관이다.

이 테마파크를 만든 사람은 건설업체 사람도 아니고 지자체 담당자도 아니다. 전혀 다른 영역의 사람이 기획한 프로젝트라 더욱 의아하다. 바로 잡지사 그래픽 디자인 책임자로서 지역의 명소가 될 재미있는 시설을 만들어 달라는 부동산 개발회사의 의뢰를 색다른 테마로 성공시킨 사례다. 남녀노소 막론하고 모든 사람들에게 감동을 줄 소재를 찾다가 라면을 테마로 발견한 것이다. 라면은 돈이 있는 사람이건 없는 사람이건, 고령자건 어린이건 모두 즐기는 식품이기 때문에 수많은 관광객이 매일같이 방문하게 된다. 이곳에는 여러 종류, 다양한 테마의 라면 팩토리 여러 개가 모여 있다. 입장객은 가고 싶은 팩토리를 찾아가면 된다. 그럼 대표적인 테마 팩토리를 소개한다.

① **치킨라면 팩토리**: 밀가루를 반죽하여 면을 만들고 맛을 낸 후 '순간유열건조법'으로 건조시키기까지의 공정을 이용하여 '치킨라면'을 손수 만들 수 있다. 세계 최초의 인스턴트 라면이 만들어지게 된 발명의 과정을 체험한 후, 갓 만들어진 맛있는 라면을 즐길 수 있다.

② **마이컵라면 팩토리**: 세계에 오직 하나밖에 없는 오리지널 '컵누들'을 만들 수 있다. 소비자가 직접 디자인 한 컵에 4종류의 스프 중에서 원하는 수프를 고른 후, 12종류의 토핑 중에서 4개의 토핑 재료를 직접 고를 수 있다. 맛의 조합은 총 5,460가지가 나올 수 있다고 하니 정말 재미있는 라면 식사가 가능해 보인다.

③ **컵라면 파크**: 컵누들의 제조공정을 체험할 수 있는 놀이공간이다. 스스로 컵누들의 '면'이 되어, 면 제조에서 출하까지의 생산공정을 어린이들이 온몸으로 즐겁게 체험할 수 있는 공간이다.

④ **인스턴트 라면 히스토리 큐브**: '치킨라면'에서 시작된 인스턴트

라면의 역대 출시된 상품들을 전시한다. 약 반세기 전에 단한 개의 제품에서 시작된 인스턴트 라면이, 세계적인 음식문화로 발전해 가는 모습을 3,000점이 넘는 압도적인 수의 역대 발매 상품의 전시로 표현된다.

⑤ **모모후쿠 극장**: 인스턴트 라면의 역사를 거슬러 올라가, 파란만장한 인생을 극복하고 세계적인 발명을 한 '안도 모모후쿠'의 생애를, 'MOMOFUKU TV'라는 제목의 CG애니메이션으로 보여준다. 안도 모모후쿠의 'Creative Thinking=창조적인 생각'의 원점이 되는 '6개의 키워드'를 재미있고 알기 쉽게 소개한다(참고로 안도 모모후쿠는 1910년 타이완에서 태어나 1932년 일본으로 건너와 라면을 개발, 1958년 세계 최초로 인스턴트 라면인 '치킨라면'을 개발하는 데 성공함으로써 일본 라면의 아버지라고 불린다).

⑥ **누들 바자(NOODLES BAZAAR) — 월드 면 로드**: 안도 모모후쿠가 인스턴트 라면을 만들기 위해 떠난 '누들 로드' 여행 도중에 만난 세계 각국의 다양한 면 요리를 맛볼 수 있는 푸드 코트다. 역시 먹는 장소다 보니 방문객이 가장 많은 테마 장소다.

⑦ **컵누들 유리구슬 코스터**: 공장을 이미지한 코스로서 4천 개의 B - 다마(유리구슬)가 활주하는 윈도우 디스플레이형 콘텐츠다. 구슬의 속도감과 코스에 설치된 수많은 특수효과를 즐길 수 있다.

일본 라면은 대한민국 것과 다르다. 라면이 간식으로서 대단히 인기 있는 상품인 것은 일본이나 대한민국이나 대동소이하다. 그야말로 국민 간식이면서 국민주식인 라면. 라면을 주제로 하는 박물관 혹은 페스티벌 하나 없는 대한민국. 필자가 이상하게 생각하는 것이 바로 이것이다. 흔하디흔한 라면, 세계에서 라면 소비 2위 국가인 대한민국. 그런데 라면 관련 박물관은커녕 라면 전시관 하나 없다. 왜 대한민국은 정보를 모아 정리 정돈해서 후대를 위해 정보 결정체를 남기는 것에 인색할까? 남은 자투리땅만 보면 투기를 하고 싶은가? 남은 땅, 그곳에 후대를 위한 박물관 하나 세울 줄 모르는 국가란 말인가! 전국에 있는 라면과 지금까지 생산되었던 각종 라면을 모두 모아 '형님 먼저, 아우 먼저' 라면 페스티벌을 개최해 보는 것을 제안하고 싶다. 지역 축제 주제로 아주 잘 어울리지 않은가!

21세기 소비자는 재미있는 볼거리를 원한다. 왜 미국 LA에 가면 유니버설 스튜디오를 가겠는가? 그 비싼 입장료를 내고도 그만큼 이상의 값어치를 고객에게 주기 때문에 관광객이 끊임이 없다. 대한민국에도 외국 못지않은 테마가 널브러져 있다. 그 테마 중에 하나를 잡아 박물관을 만들어서 입장료 이외의 수입을 올리면 허덕이는 지방 상권도 살릴 수 있으리라 본다. 전국 지자체 자투리땅에 라면 박물관을 세우는 방안을 적극 검토해 보기를 바란다. 전 세계 라면 소비 2위 국가인 대한민국에 제대로 된 라면 박물관 하나 없어야 되겠는가? 나아가 김밥 박물관도 고려해 볼 만하지 않은가?

※ https://www.cupnoodles-museum.jp/ko/yokohama/

| CHAPTER 2 | 글로벌 마켓 현장에서 배운 '다름'

온고지신을 알려주는
낡은 빨간 벽돌 창고

복합문화공간 ― 요코하마, 아카렌가소고(Yokohama, Red Brick Warehouse, 赤レンガ倉庫)의 창의력

요즘 뉴욕을 비롯한 대도시에는 옛 건물과 현대화된 건물이 혼재해 있다. 몇 년 전, 서울시는 옛 건물과 지역을 완전히 초토화시킨 후 그곳에 가장 현대화된 건물을 올린 바 있다. 과연 이것이 창조인가 아니면 파괴일까? 이 해답을 알려준 일본 요코하마에 있는 명물인 '아카렌카소고'다. 이곳에 가게 되면 대만의 '송산문창원구'와 비슷한 느낌을 받을 것이다. 그 이유는 두 곳, 모두 복합문화공간의 대표사례이기 때문이다. 아마 미국 보스톤 부두 옆에 아직도 멋지게 있는 붉은 벽돌 건물과 비슷한 느낌을 받을 것이다.

필자가 일본 요코하마의 명소인 '아카렌가소고', 우리나라 말로 번역하자면 '빨간 벽돌 창고'를 추천하는 이유는 딱 한 가지다. 온고지신(溫故知新)이면서 동시에 레트로 문화의 위력을 알려주고자 함이다. 필자가 가 본 세계적인 도시인 뉴욕, LA, 런던, 파리, 멜버른, 타이베이 등은 도시재생사업을 할 때, 옛 것을 그대로 둔 채 개발을 한다는 전제 조건을 갖고 있다는 공통점을 발견한다. 그야말로 '과거를 담은 미래' 전략이다. 영어로 표현하자면, 'Bringing Old to the Future'라고 표현한다. 이 부분은 대한민국 위정자, 행정 담당자들이 꼭 기억해야 할 도심 개발 방식이라는 점이다.

원래 이곳은 이름 그대로 요코하마 항구에 인접해 있는 빨간색 벽돌로 만들어진 창고였다. 세계 2차 대전 때는 군사물자를 보급하는 창고였다. 당연히 세월이 흘러 창고로써의 역할이 줄어들게 되자 이 창고를 어떻게 처리할 것인지를 가지고 요코하마시 관계자들이 모여 논의를 하게 된다. 결론은 역사적인 건물을 그대로 유지, 복원하되 새로운 콘텐츠를 건축물 안에 넣겠다는 계획을 세우게 된다. 즉, 창고로써의 역할은 끝났지만 현실에 맞게 새로운 용도로 변신을 하면 되기 때문이다.

이 역사적인 건축물은 1911년에 세워져 간토 대지진과 제2차 세계대전의 공습을 다행히 모면하고 100여 년 이상 요코하마를 지켜 온 역사적 건축물이다. 그러던 이 건축물은 2002년 4월부터 창고 내부를 리뉴얼하여 1호관은 전시 공간으로, 2호관은 쇼핑이 가능토록 재설계하여, 내부를 창작쇼핑몰로 바뀌었는데, 이곳에는 여러 전문점과 레스토랑, 엔터테인먼트를 즐길 수 있는 복합문화공간이 된다.

그야말로 겉으로 봐선 그대로인 것처럼 보이겠지만, 내부 콘텐츠가 완전히 새로워졌기 때문에 젊은이들에게는 새로운 문화로 비친 것이다. 새롭게 채워진 여러 콘텐츠 중에 침대카페가 아카렌가소고 3층에 있다. 침대카페는 기존 카페와 달리 소비자가 침대 같은 온돌에 누워서 커피를 마실 수 있도록 한 카페라는 점이 재밌다.

이곳에는 특이한 카페뿐만 아니라 1, 2층에는 신진 젊은 예술가들이 자신들이 직접 만든 지구상에 단 하나밖에 없는 온리원 아트 제품과 가죽공방 제품군과 디자인 제품군들을 팔고 있다. 판매 기능과 함께 공방의 기능도 함께 하는 스토어도 많이 있다. 한민국으로 치면 서울 동대문에 있는 DDP내 문화상품을 파는 스토어라고 보면 이해하기 쉽다. 하지만 이곳은 상당히 활성화된 매장이면서, 매주 새로운 신상품을 선보이기 때문에 MZ세대의 친구들 만남의 장소로 그리고 연인들의 데이트 장소로 각광받는 핫플이다. 그래서 그런지 젊은 소비자들이 늘 북적인다. 이곳은 MZ세대의 레트로 감성을 흠뻑 담아서 그런지 요코하마의 명소가 되었다. 이런 옛 건축물이 새로운 문화공간으로 재탄생했다는 점이 부럽기까지 하다. 필자가 세계여행을 하면서 느낀 점은 한결같다.

즉, 선진국 건축물은 옛것과 새로운 것이 함께 공존한다. 이것은 정말 변하지 않는 불변의 법칙이다. 이 불변의 법칙을 모른 채 도심 재개발을 한다면 이것은 역사에 대한 모욕이고, 잘 있는 역사를 후퇴시키는 일이 될 수도 있다.

최근(2023년) 일본 도쿄의 도심 재개발이 연일 뉴스에 오른다. 도쿄는 발 빠른 규제 혁파와 제도 정비를 미리 손을 본 상태에서 기획에 돌입한 사례다. 2002년 이미 '도시재생특별조치법'을 만들어 '인프라 일체형' 개발을 추진하고 있다. 참고로 '인프라 일체형' 개발 방식은 전철역을 중심으로 선로를 지하화하고 주변 지역을 통으로 복합 개발하는 방식을 말한다. 이 법은 그 당시 '고이즈미 준이치'로 일본 총리에 의해 진행된 법으로서 왕궁과 도쿄역 사이 거대 지역인 마루노우치를 도쿄를 대표하는 업무지구로 만들기 위한 재생사업의 일환으로 전개된 법이다.

여기에다가 문화재 등 규제로 원래 높이만큼 지을 수 없는 건물이 주변 건물에 자기 용적률을 판매하는 제도인 **'용적률 이전 제도'라는 시스템을 도입**해서 도쿄역 복원 비용을 마련하고, 역 주변을 고층 복합 단지로 개발하는 데 성공했다. 미국 뉴욕도 브로드웨이의 오래된 극장을 보전하는 방법으로 '용적률 이전 제도'를 활용했다고 하니 대한민국은 언제쯤 이런 선진국형 유연한 법률 적용이 가능해 보일까! 대한민국 관계자분은 꼭 참고하기를 바란다.

미국, 유럽, 호주 등을 비롯한 선진국의 대부분 시설물들과 도심개발 방식은 기존 건축물의 기본을 그대로 둔 상태로 새로운 건축물을 더하는 '올드 앤 뉴'가 공존토록 설계한다. 이처럼 선진국들은 새로운 건축물을 세울 때, 기존 건축물의 원형을 그대로 살리는 전략을 채택한다는 공통점을 가지고 있다. 대한민국은 무조건 옛것을 싹 부숴 버리고 해당 터에 새로운 건축물을 세우는 전략을 채택한다. 도심개발을 기획할 때 필수적으로 참여하는 건축 관련 전문가(건축학 교수 및 유명 건축가) 중에서 다른 나라 도심개발의 좋은 사례에 대한 정보제공을 제대로 전달하고는 있는지 알다가도 모르겠다. 앞으로 100년 앞을 내다보고 도심개발 기획을 수립하길 기대해 본다.

※ https://www.yokohama-akarenga.jp/

홍콩 복합쇼핑몰에서 미리 본 대한민국의 부동산

몇 년 전 서울 여의도에 새로 개점한 백화점에 사람들이 몰려들었다. 지금까지 보았던 백화점 매장의 개념을 깨뜨리는 공간설계로써 1층 입구부터 널찍하게 펼쳐진 통로와 6층까지 뻥 뚫린 천장, 대단위 규모의 어미니티(Aminity) 공간 그리고 한정판 명품숍 등 색다른 머천다이징 전략 등 일단 사람들을 끌어들이는 데까지는 성공적이라 보인다. 그렇다면 좁디좁은 대한민국 수도권에 세워질 차세대 복합쇼핑몰의 미래는 어떤 모습일까 궁금해진다.

2000년대 초부터 미국과 일본에서는 복합단지 개발이 주류를 이루었다. 대표적인 복합적인 몰링센터로는 미국 LA에 있는 더 그로브(The Grove)가 있는데, 대한민국으로 치면 전통 시장이라 할 수 있는 파머스 마켓(Farmers Market)을 테넌트로 유치하여 활발하게 운영 중인 복합쇼핑몰이다. 비슷한 느낌의 쇼핑몰로는 일본의 대표적 몰링센터인 도쿄의 '롯폰기힐즈'가 있고, 중국에는 상해(上海)의 '신천지(新天地·시티엔티)'가 있다.

그렇다면 이처럼 복합쇼핑몰 세상 다음으로 전개될 세상은 무엇일까? 좁디좁은 대한민국에서 지금까지 생겨난 유통업태 중에서 가장 넓은 면적을 운영해야 하는 복합쇼핑몰의 미래는 과연 어떤 모습일까? 이 해답을 찾기 위해 필자는 정말 여러 나라, 여러 도시의 복합쇼핑몰을 시장 조사해야 했다. 아마 지금까지 백여 개가 훨씬 넘는 다양한 복합쇼핑몰을 조사한 듯싶다. 그런 과정을 통해 드디어 결론에 이르게 되었다. 필자가 그토록 원하던 그 해답의 사례를 발견하게 된 것이다.

홍콩의 복합쇼핑몰 '퍼시픽 플레이스(Pacific Place)'

이곳에 가 보니 정말 홍콩 및 대한민국 등 아주 좁은 면적에 많은 사람이 살아야 하는 인구밀도가 높을 수밖에 없는 도시에 개장하는 복합쇼핑몰은 넓은 땅을 지닌 미국이나 두바이와는 다른 복합쇼핑몰 전략을 세워야 할 것임을 알려준다.

즉, 주거공간과 사무공간을 함께 필요로 하는 지역의 복합쇼핑몰은 다른 형태로 변형되어야 한다는 것을 알려준다. 이곳에서 공간집약형 주거, 상업 시설이 필요로 하는 도시의 미래 복합쇼핑몰이 갖추어야 할 요소를 발견하게 된다. **그 솔루션이 바로 쇼핑센터 등 상업시설과 아파트, 오피스 그리고 호텔이 함께 그룹을 이루어 일정 공간에 함께 존재하는 대형 복합건물 형태임을 알게 된다.**

필자가 찾은 복합쇼핑몰의 미래인 '복합몰링센터'는 홍콩 공원 옆에 위치한다. 애드미럴티(Admiralty) 역에서 해당 쇼핑몰인 '퍼시픽 플레이스'의 로비층까지 바로 연결되어 상당히 접근성이 뛰어나다. 이곳의 넓이는 711,000 평방피트(약 19,980평)로서 세계적 수준의 쇼핑과 식사를 제공한다. 기본적으로 복합쇼핑몰과 3개의 A급 오피스 타워, 유명한 5성급 호텔 4개, 스위트 아파트 레지던스로 구성된 공간이다.

이 복합몰링센터를 운영하는 회사는 스와이어 부동산(Swire Properties)회사다. 아시다시피 스와이어 그룹(Swire Group)은 영국과 홍콩에 거점을 둔 기업으로서 활동 지역은 아시아, 태평양 연안, 호주, 미국, 영국 등이다. 현재 주요 사업 부문은 5개인데, 투자 부문, 항공 부문, 식음료 부문, 산업 및 무역 부문, 해상운송 부문이다. 종업원이 11만 3,000명인 다국적 그룹이다. 우리가 잘 알고 있는 캐세이퍼시픽 항공이 이 그룹의 자회사이다.

※ https://www.swire.com/en/global/home.php

이곳에는 J.W 매리어트, 콘래드, 아일랜드 샹그릴라 등 특급 호텔과도 바로 연결되어 여행객에게 한층 편안한 쇼핑 환경을 제공하고 있다. 영국계 레인 크로포드, 일본계 세이부 등의 백화점과 다수의 명품숍은 물론 중저가 브랜드의 숍까지 다양한 가격대의 매장을 운영하고 있다. 전체 공간이 쇼핑하기 충분한 여유를 주도록 설계가 되어 소비자에게 쾌적한 쇼핑을 제안한다.

1층은 주로 자라, 언더아머 등 캐주얼 브랜드숍과 셀렉트숍들이 포진하고 있다. 하지만 2층과 3층은 프라다, 루이뷔통, 샤넬, 에르메스 등의 명품숍이 들어서 있어서 그런지 매장이 한산하다. 지하층에는 식당가가 자리하는데, 미슐랭 가이드의 1등급 되는 퓨전 중국 식당이 눈에 띈다. 또한 아주 큰 식품 관련 마켓인 '그레이트 푸드홀(Great Good Hall)이라 불리는 곳에서는 외국인을 위한 향신료가 많이 포진하는 등 방문객들의 눈과 입을 유혹한다. 층마다 카페가 있어서 쇼핑을 즐기다 잠시 쉬기에도 좋다. 이외에도 극장, 레스토랑 등도 입점해 있다. 그래서 이곳에서는 쇼핑, 식사, 일, 숙박, 생활, 휴식 및 놀이를 동시에 할 수 있는 홍콩 최고의 라이프스타일 허브 장소로 계속 진화 중에 있다. 이곳에는 우리나라에서는 만나볼 수 없는 매장이 상당히 많으니 홍콩에 갈 기회가 있으면 반드시 방문해서 몰링을 즐기시기를 바란다. 그리고 **향후 대형 유통업체의 부동산 개발 방향은 복합몰링센터 형태임을 기억하기를 바란다.**

그렇다면 대한민국에서 복합쇼핑몰 비즈니스로 새롭게 탄생한 유통그룹을 살펴보자. 바로 경방그룹이다. 서울 영등포에 있는 경방 영등포 공장 터(5만 9,500㎡)를 복합쇼핑몰 단지로 재개발에 성공한 사례다. 이곳을 '타임스퀘어'라 명명한 터에는 백화점, 대형마트, 호텔, 영화관, 대형서점, 전문 쇼핑점, 공유 오피스 등으로 구성된 복합쇼핑몰이다. 개점 한 달 동안 하루 평균 21만 명이 찾는 등 지금까지의 칙칙했던 서울 영등포구 전체의 분위기를 쇄신하고 있는 중이다.

하지만 필자가 주장하는 몰링 방식하고는 조금 차이가 있어 보인다. 즉, **홍콩의 '퍼시픽 플레이스'처럼 용적율을 높이는 방식을 제안한다.** 쇼핑몰 등 상업 시설과 부동산 개념의 아파트, 오피스 그리고 호텔이 함께 그룹을 이루어 하나의 공간에 함께 존재하는 대형 복합건물 형태다. 이런 형태는 좁디좁은 땅에 수많은 사람들이 함께 살아야 하는 서울이나 홍콩 같은 인구집약 도시에 어울리는 도심 개발 방식이기에 적극 추천하는 방식이다. 필자가 제안하건대, 홍콩 방식에 하나를 추가하자면 문화예술 분야를 접목 시켜야 한다. 미술관 혹은 음악회관 같은 공간이 함께 했으면 좋겠다.

결론을 말한다면,
'복합몰링센터'라는 개념의 주거복합형 센터가 대세로 나타날 확률이 높아 보인다.

각 도시의 시내 혹은 부도심에 새로 생기는 복합쇼핑몰이 기존 골목상권을 재편하게끔 만들 것이다. 또한 새롭게 형성하는 신도시에 생기는 상권에는 단지 안에서 모든 것을 해결할 수 있도록 설계를 할 것이다. 주거와 쇼핑 그리고 문화시설이 한데 어우러지는 복합몰링센터를 처음부터 기획하게 될 것이다.

즉, 지하층부터 2~3층까지는 복합쇼핑몰로 설계하고, 그 위에는 호텔과 오피스텔 그리고 아파트를 몇 개 동으로 구성되도록 설계된 '복합몰링센터' 방식으로 말이다. 그래서 지금까지의 부동산 개발업체의 개발계획에는 빠졌던 유통 마케팅 개념과 문화예술 개념이 함께 포함되리라 예측한다. 또한 앞으로 짓는 종합적인 신도시 도시개발 계획에는 이런 복합몰링센터 개념이 맨 처음 개발 청사진에 반드시 넣어져야 할 것이고, 이런 개념들이 맞물려 돌아갈 것으로 예측된다.

※ https://www.swireproperties.com/en/portfolio/current-developments/pacific-place.aspx

홍콩에서 대박 난 작은 점포의 성공 비밀 4가지

홍콩 하면 떠오르는 단어는 무엇일까? 홍콩 하면 대표되는 키워드가 많다. 사람마다 모두 다르겠지만, 유통 트렌드를 연구하는 필자에게는 새로운 트렌드의 발상지이다. 아시아권에서 새로운 트렌드가 탄생하는 도시 중의 하나다. 그렇다면 2023 홍콩에서 새롭게 배운 작은 점포의 성공 비밀을 알려 드리겠다. 사실 홍콩은 갈 때마다 많은 것을 배우고 느낀다. 그중에서 홍콩에 있는 유명 맛집이면서 아주 작은 점포에 끊임없이 손님이 방문하는 이유를 알게 되는 계기도 마련해 주었다.

비밀 1. 매장 규모를 작게, 아주 작게 유지하라. 필자가 홍콩에 수차례 방문해서 찾았던 홍콩의 유명 맛집은 말 그대로 아주 조그만 식당이 대부분이었다. 딤섬이 되었건, 완탕면이 되었건, 에그타르트가 되었건 똑같았다. 10평에서 15평 정도 되는 작은 매장을 그대로 유지하면서 4인 테이블과 2인 테이블을 교묘히 구성해 놓았다. 물론 홍콩에서 합석은 당연한 일이다. 바쁜 점심 시간대와 저녁 시간대, 3~4회전을 시킬 수 있는 시스템을 갖춘 것으로 보인다. 인당 가격×4인×테이블 수×3~4회전×2(점심, 저녁)=하루 매출액이 나온다. 모든 좌석이 만석이면서 메뉴 구성도 아주 심플하다. 5개 아이템을 넘어서지 않도록 단출하게 구성한다. 그야말로 선택과 집중 전략의 승리다.

비밀 2. **고정 고객과 일회 방문객 비율이 절묘하다.** 즉, 내국인 고객과 해외 관광객 고객이 골고루 이용한다. 처음부터 내국 손님만 집중하지 않고, 해외 외국 손님 맞을 준비가 되어 있다. 한번 왔다 간 관광객 손님에게 깊은 인상을 남겨 자연스럽게 입소문을 유도한다. 사업 초기부터 관광객 손님 매출을 염두에 두고 사업계획을 수립한 듯 보인다. 홍콩이라는 국제도시에 연간 3천만 명의 관광객이 온다는 사실을 최대한 이용하는 것이다. 서울 면적의 1/5에 불과한 곳에 관광객이 몰리게 되므로 맛집을 찾는 외국인이 내국인보다 많다는 사실을 놓칠 이유가 없어 보인다.

비밀 3. **점포 외관 유리창을 최대한 활용한다.** 홍콩의 맛집을 가보니 대부분 입구 혹은 가게 옆면을 유리창으로 구성했다. 유리창을 통해 본 만석의 점포를 지나가는 사람들에게 혹은 만석이라 밖에서 대기하는 사람들에게 '우리 가게가 이렇게 손님이 많아요'라고 홍보하기 좋다. 어느 가게는 유리창에 주 메뉴와 가격표까지 붙인 집도 있었고, 미슐랭으로부터 언제 상을 받았는지도 홍보하는 홍보의 장으로 활용하는 지혜를 보여주었다.

비밀 4. 젊은 고객을 최대한 활용한다. MZ 고객들이 맛집에 와서 첫 번째로 하는 일이 무엇인가? 당연히 사진 혹은 동영상을 촬영하는 일이다. 맛집에 와서 어떤 음식을 주문해서 먹는지 친구들에게 자랑질하도록 분위기를 연출해 주어야 한다. 이런 측면에서 홍콩 맛집은 그야말로 70년대 감성을 끌어내는 복고풍 색깔을 빚어낸다. 그야말로 젊은 고객들이 갬성을 자극한다.

2023, 홍콩 여행을 통해 정말 작은 점포를 운영한다 해도 큰 성공이 가능하다는 사실을 알려준다. 돈도 별로 없고, 목도 별로 좋지 않아도 상관없다. 작은 점포만이 가진 특징을 장점으로 전환시킬 수만 있으면 된다. 지금은 모바일 세상 아닌가! 지금은 특별한 아이디어 하나만 가지고 있으면 된다.

홍콩에서 대박 나는 작은 점포의 비밀 4가지를 기억하기를 바란다. 대한민국에서도 바로 적용 가능하다. 즉, 작은 점포로 더 많은 손님이 있는 것처럼 연출하고, 사업 초기부터 외국인 손님을 생각하고, 유리창을 최대한 이용하고, 젊은 손님을 활용하는 전략을 기억하라!

그리고 브랜드에 '홍콩'이라는 단어를 집어넣어 영업을 전개해 보자. 누가 아는가, '홍콩반점'처럼 성공할지! 같은 중국 음식이라도 '차이나'라는 단어보다는 '홍콩'이라는 단어가 주는 뉘앙스가 더 호감을 줄 것이고, 고객을 끌 수 있으리라 예상된다. 또 하나! 홍콩에서 먹었던 디저트 관련 아이템을 벤치마킹해서 국내에 들여오는 방법도 연구해 보기를 바란다. 세계 여러 나라에서 먹어 본 디저트 중에서 홍콩에서 먹었던 디저트가 아직도 생각이 나서 하는 소리다. 사람들 입맛은 쉽게 변하지 않는다. 디저트도 마찬가지라는 생각이다. 홍콩에서 유명한 디저트를 국내에 도입하여 소셜네트워크서비스(SNS)를 최대한 이용하고, 매장은 아주 작게 만들어 대박 나는 점포로 포지셔닝하길 바란다.

오세아니아

경제협력개발기구(OECD)가 삶의 질을 나타내는 행복지수를 매년 측정한 결과 호주가 세계에서 가장 행복한 나라로 꼽히는 경우가 다반사다. 조사항목으로는 주거·소득·고용·공동체·교육·환경·시민참여·건강·삶의 만족도·안전·일과 생활의 균형 등 11개 항목을 분석한 결과다. 가장 행복한 나라로 꼽힌 호주의 15~64세 국민의 유급 일자리 비율은 72%가 넘어 OECD 평균 66%를 앞질렀고, 탄탄한 경제활동으로 인해 실업률이 5% 이하다.

호주나 뉴질랜드를 가보면 알겠지만 자연을 얼마나 잘 보존하고 관리하는지 알 것이다. 특히, 뉴질랜드는 코로나 팬데믹 시대에서도 전 세계에서 가장 모범적인 코로나 청정국으로 잘 알려진 바 있다. 그래서 미국 실리콘밸리의 부호들이 세계 종말의 날을 대비해 뉴질랜드에 부동산을 사들여 벙커를 짓고 있다고 비즈니스인사이더가 보도한 바 있다. 여기에 호주 연방정부는 2040년까지 플라스틱 폐기물의 100%를 재활용(Recycle)하거나 재사용(Reuse)할 계획임을 발표하는 등 선진국답게 환경보호에도 최고의 성과를 내고 있고, 목표를 가지고 있다.

또한 호주 도시 대부분의 건축물은 '온고지신' 전략을 채택했다. 즉, 역사적 유물을 현대적인 콘텐츠로 채워 놓는 방식이다. 이를 통해 과거와 미래를 연결 시켜주는 호주의 건축문화가 부럽다. 역사적 건물이 의미하는 바를 정확히 이해하고 미래 후손에게 물려줄 수 있도록 시스템을 구축한지 오래다. 한가지 더 부러운 점은 주간 법정 근로시간이 워낙 짧다 보니 건강한 라이프 스타일을 추구하는 애슬레저 트렌드가 호주의 일상이라는 것이다.

세계에서 가장 살기 좋은 도시로 연속 7회 뽑힌 도시

여러분은 세계에서 가장 살기 좋은 도시가 어디인지 아는가? 그것도 연속해서 7번씩이나 세상에서 가장 살기 좋은 도시로 선정된 도시를 말이다. 무엇이 이 도시를 가장 살기 좋은 도시로 만들었는지 알아보자.

우선 이제 이야기하려는 이 살기 좋은 도시의 특징을 알아본다.

이곳은 도시 중간을 관통하는 '야라강'을 중심으로 넓게 펼쳐진 저지 및 구릉지다. 기후가 온화해서 연평균기온이 14.7℃이며, 가장 더운 달(2월)의 평균기온 19.9℃, 가장 추운 달(7월)은 9.6℃다. 하지만 이런 날씨 정보만 믿고 갔다가는 얼어 죽기 딱 좋다. 필자가 찾아갔던 10월, 아침시간과 밤 시간대는 얼마나 추운지 모른다.

이 도시의 인구는 487만 명(2021년 기준) 정도이고, 면적은 479.6㎢이니까 서울과 비교하면 인구는 40% 수준, 면적은 80%

수준이다. 그러므로 사람이 붐비지도 않으면서 그렇다고 너무 사람이 안보이지도 않는 면적을 지닌 도시로서 살기에 아주 적당해보인다. 이 도시에는 곳곳에 정원이 참 많고, 시내에는 로열파크와 야라파크를 비롯하여 2,400ha(726만평)에 이르는 공원과 푸른 녹지대가 있어서 살기가 너무 좋은 수준이라 생각된다. 필자가 **선진국의 잘사는 도시를 가보면 공통적인 부분이 바로 넓은 공원 면적이었다. 전체 도시 면적 대비 공원의 면적이 상당하다는 점이다.** 이곳은 과연 어디일까?

이곳은 바로 호주의 멜버른이다.

이곳이 도시다운 모습을 한 것은 약 100여 년 전부터다. 1851년, 서쪽 약 100km에 있는 '밸러랫'에서 금광이 발견되고, 이에 따라 호주 전역에서 골드러시가 일어나면서 사람과 자본이 멜버른으로 몰리기 시작한다. 미국 서부 개척 시대에서 그랬듯이 호주 멜버른에서도 많은 부(富)가 도시로 몰리게 된다. 필자는 이 골드러시가 진행되었던 역사적인 장소 - 주거래 은행의 출납구 - 에 가서 그 당시의 흔적을 눈으로 똑똑히 보았다. 무거운 금자루가 출납구를 통해 현금으로 바꿔지는 순간이 보이는 듯 하다.

멜버른이 급속하게 발전한 이유는 대형선박이 들어갈 수 있는 유일한 항구이기 때문에 외국무역이 성행하였다. 우리가 세계역사에서 배웠듯이 무역이 발전하면 이 항구를 중심으로 선진 문물, 신문명이 급속도로 들어오게 되고, 당연히 이런 새로운 문물을 즐기길 좋아하는 사람들이 모이게 된다.

이곳은 호주에서 시드니 다음으로 큰 도시로서 유럽풍의 건물과 거리가 많아 호주 속 작은 유럽이라 불리기도 한다. 길거리 벽에 수많은 벽화가 있어서 드라마 촬영지로도 유명하다. 대한민국에서는 드라마 '미안하다 사랑한다' 촬영지로 많이 알려져 있다.

또한 **바둑판 모양의 중심지를 지나가는 트램은 공짜**이기 때문에 아무나 쉽게 타고 내릴 수 있다. 멜버른의 명물 중에 '트램'을 지목하는 이유는 멜버른 곳곳을 너무 쉽게 갈 수 있도록 설계되어 있어서다. 당연히 멜버른 시민들의 가장 보편적인 대중교통수단이다.

이런 기본적인 인간중심적 환경을 생각하다 보니, 이코노미스트 '인텔리전스 유닛'이 매년 발표하는 세계에서 가장 살기 좋은 도시 순위에서 연속 7년간 1위를 차지했다. 여러분도 이 도시가 왜 세계에서 가장 살기 좋은 도시라고 했을까 궁금하다면 한번 찾아가 보라. 자유여행을 떠나 그곳에서 현지인처럼 살아보라. 여러분이 아래 자료를 보면 알듯이 이코노미스트 인텔리전스 유닛의 조사에 따르면 캐나다, 오스트레일리아, 오스트리아, 핀란드, 뉴질랜드가 높게 평가되고 있다.

	도시	나라	수치
1	멜버른	오스트레일리아	97.5
2	빈	오스트리아	97.4
3	밴쿠버	캐나다	97.3
4	토론토	캐나다	97.2
5	캘거리	캐나다	96.6
6	애들레이드	오스트레일리아	96.6
7	시드니	오스트레일리아	96.1
8	헬싱키	핀란드	96.0
9	퍼스	오스트레일리아	95.9
10	오클랜드	뉴질랜드	95.7

〈참고표: 이코노미스트 인텔리전스 유닛, 2018년 기준〉
The Economist Intelligence Unit's Global Liveability Report

여러분은 세계에서 살기 좋은 10대 도시 중에 몇 개의 도시를 방문했나? 필자는 운이 좋게도 세계에서 살기 좋은 10대 도시 중에 1위, 2위, 3위 도시를 방문한 경험이 있다. 호주의 멜버른, 오스트리아의 빈 그리고 캐나다의 밴쿠버다.

여러분도 가보면 아시겠지만, '정말 살기 좋은 도시구나'라고 느끼실 것이다. 며칠간만이라도 해당 도시에서 살다 보면 왜 선진 도시 중에 이 도시들이 랭킹 3위 안에 들어갔는지 느끼게 될 것이다. 그래서 '한 달 살기를 한다면 이런 도시에서 살고 싶다'라는 생각도 가질 수 있다. 물론 물가는 선진 도시 이므로 생각보다 높을 수 있다.

최근 전 세계에 코로나 엔데믹이 찾아왔지만 재택근무, 원격근무는 계속 진행 중이다. 장소에 구애받지 않고 인터넷을 활용해 자유롭게 이동하며 일할 수 있는 '디지털 노마드(Digital Nomad)' 라이프 스타일이 세계적으로 진행 중이다. 이런 디지털 노마드를 끌어들이기 위한 세계 각 도시의 유치전도 물밑에서 한창 진행 중이다.

그렇다면 디지털 노마드 삶으로 가장 적합한 도시는 어디일지 궁금해진다.

유럽의 온라인 주택 서비스 '네스트픽(Nestpick)'이 2021년, 전 세계 75개 도시를 대상으로 정부 정책과 거주 환경 등을 비교해서 '디지털 노마드 친화 도시' 순위를 매긴 점수를 발표한 적이 있다. 이 당시, '디지털 노마드 비자'를 발급해 주는 도시들이 상위권에 자리매김을 했다. 이 비자 방식은 프리랜서뿐 아니라 해외 직장인이 해당 국가에 특정 기간(보통 6개월~1년)동안 합법적으로 일할 수 있도록 허용하는 비자를 말한다. 주로 일정 수준 이상의 안정적 소득이 있음을 증명만 하면 발급해 주기 때문에 어느 정도의 연봉을 받는 직장인이라면 대부분 쉽게 받을 수 있다. 그리고 디지털 노마드 비자뿐만 아니라 신종 코로나 백신 접종률, 주거비, 인터넷 접근성, 환경오염, 치안 등의 항목도 함께 조사를 해서 종합점수를 매긴 결과이기에 신뢰도가 높아 보인다.

그 결과로는 1위는 멜버른(호주), 2위는 두바이(UAE), 3위는 시드니(호주), 4위는 탈린(에스토니아)이 차지했다. 호주 멜버른은 '디지털 노마드 비자 외에도 치안·의료·날씨 등에서 좋은 점수를 받았기 때문에 전 세계 1위 도시로 등극하게 된다. 참고로 아시아권에서는 일본 도쿄(6위), 싱가포르(7위), 홍콩(14위), 태국 치앙마이(34위), 인도네시아 발리(56위) 등 총 7개 도시만 선정되었는데, 아쉽게도 총 75개 도시 중 대한민국 내 도시는 단 한 개도 없었다.

그런데 대한민국 서울 혹은 부산이라는 제1도시, 제2도시 지자체 수장이 되겠다는 희망자가 이런 선진 도시를 적어도 일주일도 살아보지도 못한 채 후보로 등록한다면 여러분은 어떤 생각이 드는가?

그래서 나는 이런 제안을 하고 싶다. **누군가 인구 천만, 복합도시인 서울의 수장이 되려면 혹은 부산의 수장이 되려고 한다면 적어도 세계에서 살기 좋은 도시 10대 도시 중에 3개 이상의 도시에서 적어도 한 달 이상 살아봐야 하지 않을까 제안하고 싶다.** 세계에서 살기 좋은 도시의 수장이 되고 싶다면서 벤치마킹할 도시에 대해서도 모르면서 어떻게 수장이 되겠다고 할 수 있을까? 선진 도시 체험을 하지도 않은 사람이 대한민국 제1도시, 제2도시의 수장이 되겠다고 나선다면 여러분의 생각은 어떤가? 서울뿐만 아니라 부산 등 5대 광역도시 수장 희망자도 마찬가지다.

지구에 태어난 이상, 태어난 도시에 너무 연연하지 말자.

이제부터 세계에서 가장 살기 좋은 도시에서 한 달 살기라도 해봐야겠다.

세계에서 살기 좋은 1위 도시의 남다른 라이프

자주 오기 어렵지만 세계에서 살기 가장 좋은 도시에 온 이상 여러 체험을 해 보았다. 동시에 우리네 생활과 다른 점을 기록했다. 이제부터 새로운 사업으로 적합한 곳인지 여러분이 판단해 보기를 바란다. 그럼 지금부터 우리네 삶과 다른 점을 Q&A 방식으로 나열해 보겠다. 일부 질문에 대한 답변은 실제 멜버른에 15년 이상 거주하면서 장사를 하시는 한인 사장님 도움을 통해 자료를 정리하게 되었다. 만약 여러분 중에 해당 도시인 호주 멜버른에 가서 한 달 살기를 마음먹은 분이 있다면 참고하기를 바란다. 필자가 멜버른에 도착한 때는 10월 중순이었다. 날씨와 온도는 멜버른 10월 중순을 참고해 주기를 바란다.

Q1. 멜버른 주민들은 평상시 무슨 옷을 입고 다닐까?

멜버른 주민들이 입는 옷이 다양하다. 반팔에, 긴팔에 오리털 잠바에 다양하게 입고 다닌다. 왜 그럴까? 바로 하루에도 날씨가 조

변석개하기 때문이다. 아침에는 추웠는데, 점심때는 너무 더워서 반팔로 다녀야 할 날씨가 되기도 한다. 그러다가 저녁때는 쌀쌀한 날씨로 확 변한다. 정말 하루에도 봄, 여름, 가을이 혹 지나간다. 겨울까지는 안 가서 다행이다. 정말 재미난 도시다. 그래서 그런지 이곳 현지인들은 추위에 강한 민족인 듯 보인다. 더군다나 날씨가 추워도 비가 솔솔 내려도 이들은 굉장히 느긋한 민족인 듯, 바쁜 게 없어 보인다. 웬만한 비는 그냥 맞고 다닌다. 우산도 안 쓰고 다닌다. 느긋하게 움직인다. 마치 코알라가 움직이듯 말이다.

Q2. 대한민국 서울처럼 시내에 나이 든 사람들이 많은가?

노인들을 시내에서 거의 찾기가 힘들어 보인다. 잘 보이지 않는다. 젊은 친구들만 정말 많이 보인다. 대한민국 서울 시내엔 노인들이 시내 중심가에 정말 많은데 말이다. 너무 다른 풍광이다. 멜버른 CBD(도심의 중앙지역)에는 20대가 대부분이다. 그중에서 현지인보다는 타국 출신이 훨씬 많아 보인다.

중국인, 인도인, 한국인이 약 80%를 차지하고, 나머지 20%가 호주인인 듯하여 주객이 완전 전도된 느낌이다. 이곳 멜버른 도심에서 노인을 찾기가 정말 힘든 이유는 무엇일까? 그 이유는 더 알아봐야겠지만, 도심은 거의 사무공간이 많기 때문이라 생각된다. 반면에 서울 시내는 너무 많은 노인들 풍광과 비교하면 이곳은 거의 자취를 찾을 수 없다. 마치 우주인들이 노인들만 다 데려간 듯 횡한 느낌이랄까.

Q3. 멜버니안(멜버른에 사는 주민들)들은 하루에 얼마만큼 일할까?

대부분의 멜버른 사람들은 오전 8시~오후 3시까지 근무하는 경향이다. 누구든 오후 4시가 넘으면 친구들과 자유시간을 갖는다. 아웃도어 스포츠가 정말 많이 발달한 도시이므로 도시에서 혹은 바닷가 근처로 가서 바로 해양스포츠를 즐긴다. 정말 부러운 일상생활이다. **대한민국은 주 52시간 때문에 말도 많고 탈도 많은데, 이곳은 주 38시간이 법정 근로시간이라 한다.** 대한민국은 너무 일에 매몰된 삶이 아닐까 싶다. 대한민국의 2023년 개인당 국민소득이 33,000달러임에도 불구하고, 너무 긴 시간 일을 한다. 일하러 태어난 것인지 모를 정도로 일에 매몰되어 살아가고 있다. 죽어라 일만 해도 집 한 채 사기 힘들고 결혼도 쉽지 않은 대한민국에서 어떻게 평생 살아가야 할지 막막한 청춘들이 늘어나고 있다. 우리가 지구에 태어난 것은 일만 하기 위해서는 절대 아니다. 선진국 시민들의 라이프 스타일의 공통점은 일과 휴식 혹은 취미활동의 발란스가 정말 잘 되어 있다는 공통점을 가지고 있다. 그야말로 '워라밸'을 교과서처럼 실천하는 삶이 선진국 국민에게만 주어지는 것은 아니다.

Q4. 모든 건물과 길이 너무 예쁜 이유가 있을까?

이곳, 멜버른은 정말 멋진 건물이 넘치고 넘친다. 멜버른은 스토리텔링 도시라 생각된다. 1900년대 지은 건물을 부수고 새로 짓는 것이 아니라, 가장 현대식 건물을 전통 건물에 더하는 방식을 채택했다. 고민을 참 많이 해서 기존 역사적 건물과 현대식 건물을 합해 더하는 방식을 채택한 셈이다. 잘 이해가 되는가? 기존 역사적 건물을 그대로 두면서 이 건물과 가장 첨단 공법의 건축물을 더한다. 그래서 건축물의 우수성은 세계 최고 수준이다.

멜버른에 있는 건물 중 하나도 같은 건물이 없다. 이곳에서는 건축법으로 아에 같은 건물을 짓지 못하도록 못 박았다. **멜버른 의회는 똑같은 디자인의 건축물이 없도록 법을 제정했다니 존경스럽기까지 하다.** 대한민국과 너무 비교되지 않는가? 즉, 100년 된 건축물이 아주 탄탄하게 건설된다. 느긋하게 건설한다는 이야기다. 옛것과 현대 건축물이 합해져서 합체가 된다. 빼는 방식이 아니라 더하기 방식(콜라보 방식)을 채택했다. 필자가 묵었던 호텔 근처에 있던 '멜버른 센트럴(Melbourne Central)' 복합쇼핑몰은 200여 개의 숍과 극장, 레스토랑이 모인 대규모 쇼핑몰인데, 쇼핑몰 내부 중앙에 50여m 높이의 벽돌건물이 제일 먼저 발견된다. 이곳이 바로 19세기 산탄총 탄환 공장터 였던 것이다. 그런데 이 공장의 일부인데 허물지 않고 원추형의 유리지붕을 씌우는 방식으로 보존하면서 복합쇼핑몰을 만들었다.

'멜버른 센트럴(Melbourne Central)'은
예전에 산탄총 제조공장에서 큰 역할을 했던 굴뚝을 그대로
보존하면서 복합쇼핑몰을 지었다

호주는 대한민국과 많이 다르다. 대한민국은 모든 일이 행정중심으로 일사천리로 진행된다. 행정가 출신의 서울 시장 시절, 모든 역사적 건물과 가게들을 다 밀어 없애 버린 적이 있었다. 역사 의식 없이 집행되어 부숴져 버린 옛 건물과 가게들은 흔적도 없다. 그리고 대한민국의 관광업무를 관장하는 한국관광공사 대표 및 직원들은 외국에 나가 무엇을 배울까 항상 궁금하다. 공항에서 무료 배포하는 도시 소개 잡지, 무료 시티투어(걷기 그리고 무료 트램을 타고 여행하는 무료 투어 방식)를 한 번이라도 경험했다면 지금과 같은 서울 관광 시스템은 절대 아닐 듯싶다. 그래서 여러분에게 묻고 싶다. 과연 누가 한국관광공사 사장 및 부사장이 되어야 할까?

그리고 한국관광공사 사장 선출방식이 공개채용이라 말이라도 하지 않았으면 좋겠다. 대통령과 정치색이 같은 사람 중에서 선정하는 방식을 변경해야만 한다. 진정 선진 도시의 핵심 시스템과 여행, 건축, 유통, 커머스, 경제, 경영, 문학, 예술 등 다방면으로 조예가 깊은 사람이 그 자리에 앉아야 관광이라는 업무가 제대로 돌아갈 것이다. 단지 영어만 잘하는 사람을 앉히는 것이 아님에도 불구하고 귀화한 외국인이 영어를 잘하고 대통령과 친하다는 이유로 한국관관공사 사장이 된 적도 있었다. 당연히 업무가 제대로 돌아갈 수가 없다. 나라든지, 기업이던지, 단체든지, 리더의 역할을 수행할 자격있는 전문가가 수장이 되어야 발전할 수 있지 않겠는가!

Q5. '호주는 따라쟁이'라는 말이 무슨 말인가?

멜버른의 여기저기 쇼핑몰을 조사하다 보니 미국의 여러 브랜드를 살짝 바꾼 미투형 브랜드가 참 많이 보였다. 예를 들면, 이렇다. T.J Max → T.K Max, Bed Bath & Beyond → Bed Bath & TABLE, Forever21 → Forever 등을 발견하고 실소를 머금었다. 미국에서 유명한 브랜드를 살짝 비틀어 만든 따라쟁이 브랜드들이 많이 보인다. 아직까지 자체 브랜드를 만들어 세계적인 브랜드로 키울만한 능력은 안 되는 듯 보인다. 하지만 이 또한 마케팅 전략이란 생각도 들었다. 자체 개발할 능력이 안 되면 벤치마킹해서 약간 비틀어서 시장에 런칭하는 방법도 쉽게 브랜드를 기억하게 만드는 방법 아닌가! 마치 '나훈아'가 아니라 '너훈아'처럼 말이다.

Q6. 거의 모든 가게의 종업원들은 아래, 위 검은색 옷을 입는다. 왜일까?

옷을 파는 가게, 음식을 파는 식당 모두 아래, 위 검정색 반팔 티셔츠와 검은색 진(Jean)+반스(Vans) 운동화를 신는다. 반스(Vans)는 그냥 브랜드가 아니라 호주를 대표하는 국민 브랜드라는 생각이 든다. 종업원들의 옷에는 티셔츠의 뒷목 혹은 왼쪽 가슴부위에 해당 가게의 이름과 로고를 인쇄해 놓았다. 이런 점은 상당히 인상적이었다. 최근에 대한민국 음식점에서 일하는 종업원들의 의상도 검은 티셔츠에 청바지를 입은 분들이 많아지는 트렌드를 볼 수 있다.

그리고 이제부터 필자가 호주 멜버른에서만 체험한 '다름'을 열거해 본다. 무엇이 다른지 체크해 보고, 이를 통해 본인 업무에 적용 가능한지 점검하는 시간이 되길 희망한다.

① 쇼핑몰을 조사하다가 시내에서 대형 서점 '다이목(DYM

OCKS)'을 발견한다. 대한민국과 다른 서점 마케팅을 살펴보았다. 대한민국으로 치면 교보문고 정도의 급이다. 여러 장르의 책을 쭉 보다가 '비즈니스' 코너로 간다. 대한민국은 '부동산' 관련 책이 정말 많은데, 이곳에는 단 한 권도 없다. 경제와 마케팅 관련 책은 상당히 많은 편이다. 필자가 생각컨데, 대한민국은 출판사나 서점이 부동산 혹은 주식으로 인생 한방을 유혹하는 것이 아닌가 싶다. **아무래도 대한민국은 대형 서점과 대형 출판사가 경영 분야 책의 주제를 오로지 짧은 시간에 많은 돈을 버는 것에 두었기 때문인지도 모르겠다.** 조금은 왜곡된 출판문화가 문제라 생각된다. 국내 출판사는 부동산 혹은 주식으로 돈을 많이 번 저자 발굴에 더 집중하는 경향이 있어 보인다. 당연히 부동산 관련 책과 주식 관련 책이 넘쳐나게 되는 왜곡된 출판문화로 변질이 된 것이 아닐까 싶다. 정말 졸부경제를 부추기는 출판문화가 걱정된다.

그리고 호주 서점에서는 일반 책 사이즈 보다 조금 작은 책이 많이 출간된 것을 발견한다. 페이지 수도 120페이지 정도다. 그런데 책값은 $20 수준이다. 반드시 200페이지 넘는 책만을 고집할 필요는 없어 보인다. 그리고 디자인도 아주 단순한 책들이 많다. 이에 비해 대한민국의 책 커버는 정말 화려한 것이 대세인 것과 비교된다.

② 호주의 이발소(Barbershop)는 약 5~10평 정도의 크기가 대부분인데 상당히 눈에 많이 띈다. 고객용 의자 3개 정도 있고, 이곳에서는 거품 면도와 바리깡을 이용한 이발 방식을 진행하는 것이 특색이다. 대한민국도 앞으로 남성들이 미용실이

아닌 바버숍에서 머리를 깎아야 할 시간이 다가온다. 남성의 성 정체성 회복을 위해서라도 영국이나 호주의 바버숍을 본 뜬 이발소 문화가 새롭게 전개될 수도 있어 보인다.

③ 고가 제품만을 파는 스트리트는 별도로 있다. 일반 복합쇼핑 몰에는 고가 브랜드 보다는 호주 고유의 브랜드들이 상당히 많다.

④ 호주 신사복 입은 남자들의 양말은 형형색색이다. 너무 화려 해서 눈이 부실 정도다. 그래서 그런지 양말 전문숍들이 상 당히 눈에 띈다.

⑤ 호주 슈퍼마켓에서는 판매하는 비닐봉투의 색상이 모두 회 색이다. 대한민국은 검정 비닐봉투를 주로 무료로 주는데 말 이다. 하지만 이런 회색 비닐봉투도 2023년 7월부터 판매하 지 않는다고 '시드니모닝헤럴드' 신문이 발표했다. 호주의 양 대 슈퍼마켓 업체 중 하나인 '콜스' 그룹에 의하면 이번 조치 를 통해 연간 비닐 봉투 2억 3천만 개가 유통되는 것을 막을 수 있다고 한다.

⑥ TV에서는 그들의 국민 스포츠인 '호주식 축구' 뉴스가 계속 나온다. 호주식 축구는 상당히 남성적 운동으로서 축과 럭비 를 섞은 듯한 터프한 스포츠다. 도전적이고 전투적인 스포츠 로서 최근에는 여성도 많이 참가한다. 호주식 축구(Australian football)은 타원형의 잔디구장에 18명의 선수가 2팀으로 나

누어 경기를 치루는 풋볼의 한 종류다. 멜버른에서 탄생해서 그런지 멜버니안들의 열광도는 정말 최고중의 최고다. 호주식 축구를 푸티(Footy)라 불리기도 한다. 주로 금요일 저녁에 경기가 진행되는데, 응원팀의 팀복과 모자를 갖춘 관람객들로 거리를 다 메꾼다. 걸어다니기 힘들 정도로 아빠, 엄마, 아들, 딸까지 온가족 모두가 경기장에 모여 자신의 팀 응원가를 부르며 응원하면서 주말을 보낸다.

⑦ 커피의 도시다. 미국 스타벅스가 울고 간 도시가 바로 멜버른이다. 동시에 커피 매니아가 참 많은 도시다. 커피의 이름도 미국과 다르다. 에스프레소에 따뜻한 우유를 섞은 것을 '플랫 화이트'라 불리는데, 호주 커피의 시그니처다. 에스프레소의 호주 이름은 '숏블랙'이고, 아메리카노와 비슷한 호주 커피의 이름은 '롱블랙'이다. 아메리카노보다 약간 진하다. 필자는 멜버른에 체류하는 동안 '롱블랙'을 주로 마셨다. 그렇다면 커피 사업이 잘되면 그 이후의 사업은 뭘까?

⑧ 20대를 위한 사업은 상당히 잘될 듯싶다. 이곳 멜버른 CBD는 젊은이들의 소비의 용광로다. 20대 유학생을 위한 뉴 비즈니스는 상당히 발달할 가능성이 높아 보인다. 특히 이들 대학생들의 하교 시간대를 노려라. 현재의 쇼핑몰은 의+식+주, 모두 잘 MD 되어 있다. '다이소'가 있지만 아직 힘을 발휘하지 못하고 있는 듯 보인다. 신발 전문점은 아직 괜찮아 보인다. 각종 신발을 파는 신발 종합 전문점은 눈에 잘 안 보인다.

⑨ 캡 모자를 쓴 사람들을 보기 힘들다. 왜 이들은 캡 모자를 안 쓸까. 심지어 대머리에 가까운 사람들도 그냥 다닌다. '도리 구찌' 모자는 더더욱 못 보았다. 이들은 남자모자에 관심이 없는 걸까 궁금하긴 하다.

⑩ 멜버른은 지역신문이 잘 발달된 도시다. 어느 지역을 가더라 도 지역신문이 보인다. 도크랜드 신문, 세인트킬다 신문 등. 대한민국은 지역신문이 힘을 못 받고 있는데 말이다. 앞으로 백화점 등 오프라인 중심 유통업체의 홍보수단은 신문이라 는 생각이 든다. 경제적 소비자, 합리적 소비자를 양산하려 면 지역신문 같은 백화점 신문이 필요해 보인다.

호주 멜버른에서 시작할 만한 소자본 비즈니스는 무엇일까?

여러분이 만약 호주 멜버른에서 한 달 살기를 한다면 소자본으로 장사를 하면서 살고 싶어 질지도 모르겠다. (물론 경제 활동이 가능한 비자를 받아야만 장사를 통해 돈을 벌 수 있다) 그래서 준비했다. 멜버른에서 소자본 창업으로 가능한 사업은 무엇이 있을까 말이다. Q&A 방식으로 쉽게 이해하도록 준비해 봤다.

Q1. 멜버른에서 카페 사업이 가능할까?

커피의 도시, 스타벅스가 울고 간 도시, 커피 매니아가 참 많은 도시, 바로 멜버른을 칭하는 다른 말이다. 커피를 정말 좋아하는 주민이 많기 때문에 커피 사업은 가능성이 높은 사업 중의 하나라고 보인다.

과연 무엇이 스타벅스가 자리를 못 잡고 시장에서 환영을 받지 못했을까? 그 이유를 알아내는 것이 중요하다. 전 세계에서 스타벅스를 찾아볼 수 없는 도시가 된 이유를 찾아낸다면 멜버른에서 멋진 카페 비즈니스를 진행할 수 있으리라 본다. 그야말로 '나만의 독특한 카페' 경영 기법이 없이는 생존하기가 쉽지 않아 보인다.

또한 '커피 사업이 잘되면 그 이후의 사업은 무엇이 있을까'라고 또 다른 연관 비즈니스를 생각해야 한다. 멜버른에서 잘 되는 카페를 시장 조사하면서 '커피는 무엇과 궁합을 이루는가?'라고 계속 머리를 굴려야 한다. 커피와 정말 궁합이 맞는 '디저트 케이크' 말고 또 무엇이 있을까? 멜버른 카페 시장 조사와 함께 조사를 하면 좋겠다.

Q2. 스니커즈(신발) 사업을 하고 싶은데, 이곳에서 가능할까?

멜버른에는 유명한 슈즈 브랜드로 '반스'가 있다. 왜 호주인들이 반스(Vans)를 좋아하는지 아는가? 반스(Vans)와 스케이트보드는 불가분의 관계다. 호주 젊은이들은 스케이트 보드 타기를 너무 좋아하니까 호주인들이 반스(Vans)를 신는 것이다. 미끄러지지 않는 찰고무 밑창으로 만든 운동화니까 말이다. 필자도 반스 운동화를 주로 신고 다니지만, 호주인들의 반스 사랑은 정말 못 말릴 듯 보인다.

그리고 우선 이곳, 멜버른의 신발값이 너무 비싸다. 반스(Vans)의 기본형이 $100이고, 나이키는 $150~$200다. 기본형의 가격이 이 정도니까 조금 특이한 모델은 더 비싸다. 신발은 대한민국이 절대적으로 싸 보인다.

그렇다면 신발 중에서 MZ세대가 좋아할만한 제2의 반스 슈즈는 무엇일까? 그 브랜드를 찾아내면 돌파구가 보일 것이다. 참고로 멜버른에서는 대한민국처럼 슈즈를 모두 모은 신발 백화점은 보질 못했다. 대한민국 ABC마트처럼 모든 유명 브랜드 슈즈들을 모아서 파는 신발백화점 사업은 고려해 볼만 해 보인다.

Q3. 글쓰기를 좋아하는 사람이 할 만한 사업이 있을까?

멜버른은 지역신문이 잘 발달된 도시였다. 어느 지역을 가더라도 지역신문이 보인다. 도크랜드 신문, 세인트킬다 신문 등. 이 신문들이 주로 비치된 곳은 지역 도서관이었다. 지역 도서관이 발달되어 있으니 지역신문 발행업도 고려 대상이 될 듯싶다.

필자가 방문한 주말, 도크랜드에 있는 도서관은 지역 주민들의 사랑방이었다. 특히 시니어들과 어린이들이 많이 참가하는 프로그램이 참 많았다. 지역문화센터 역할과 지역주민들이 만나서 소통하는 장소로 도서관이 활용된다. 뿐만아니라 지역에서 무슨 일이 있고, 있을 예정인지를 알려주는 지역 소식지인 지역신문이 있다. 지역신문을 보면서 선진국, 선진 도시와 후진 도시의 차이점을 여실히 느끼게 된다. 지역주민을 위한 공간 그리고 지역신문(Docklands News)를 보면서 한참을 부러워지게 될 것이다.

해당 도서관 1층에 있는 카페에서 '롱블랙'을 시켜 마시면서, 여러 잡지와 신문도 보고, 화장실도 이용하고, 지역주민들의 반상회 같은 모임도 구경해 본다. 나이 든 어르신들이 각자 신문을 보거나 잡지를 보면서 주말을 소일하는 모습도 보게 된다. 풍광도 너무 좋아서 시간 가는 줄 모르고 이곳에 머물게 된다. 근처에 고급 빌라와 아파트가 있는 것을 보면 이곳이 분명 신흥 부촌임에 틀림없어 보인다.

사실 대한민국도 지역신문이 있지만, 거의 활용도가 떨어지고 있다. 하지만 이곳 멜버른에는 지역신문이 활성화 되어있기 때문에 지역 상권 관련 신문은 어떨까 싶다. 예를 들어, 지역 상업의 중심인 백화점 등 오프라인 유통업체의 홍보수단으로 활용하는 방법을 생각해 보자. 경제적 소비자, 합리적 소비자를 양산하려면 지역신문은 유통 중심, 소비 중심의 신문으로 거듭나는 방법도 있다.

Q4. 이발, 미용 관련 비즈니스는 없을까?

멜버른에는 남성을 위한 이발소가 참 많이 보였다. 손님용 이발의자 3개 정도만 비치한 약 6평 정도의 바버숍(Barbershop, 남성용 이발소)이 많이 보였다. 이곳에서는 거품 면도와 바리깡을 이용해서 남성들 머리를 아주 멋지게 다듬어 준다. 그러므로 여성 소비자를 대상으로 하는 미용실을 특화하는 방법도 있어 보인다. 이곳에 와서 바버숍 시장 조사를 하면 그 방법이 보일 것으로 예측된다.

이외에도 여러분이 직접 멜버른에 와서 한 달 살기를 하고 나면 아마 더 많은 소자본 창업 아이템이 보일 수도 있다.

143년 역사의 호주 전통 시장은 달라도 많이 다르다

**사람 냄새나는 전통 시장의 모범사례,
호주 멜버른 '퀸 빅토리아 마켓(Queen Victoria Market)'**

대한민국 전통 시장이 활력을 잃어가고 있다. 복합쇼핑몰이나 백화점, 할인점이 절대 줄 수 없는 뭔가를 만들어 내지 않는다면 생존 자체가 위태로워질 수도 있는 지경이다. 하지만 겉으로 봐서는 비슷해 보이는 전통 시장이지만, 호주 멜버른에 있는 '퀸 빅토리아 마켓'은 대한민국 시장과 상당히 다르다. 이곳에서 대한민국 전통 시장 부활의 해법을 찾아본다.

필자는 대한민국 전통 시장 관련 국가기관인 '소상공인시장진흥공단'의 전신인 '시장진흥원' 시절부터 전통 시장 관련 강의와 경영 컨설팅을 상당히 오랫동안 진행한 경험이 있었다. 그래서 호주 멜버른에 갔을 때, 이곳의 자랑거리인 전통 시장을 방문하지 않을 수 없었다. 이곳 멜버른 주민들의 사랑을 듬뿍 받고있는 전통 시장인 '퀸 빅토리아 마켓'을 2회에 걸쳐 방문해서 속속 시장 조사를 한 결과 대한민국 전통 시장과 상당히 다르게 운영됨을 발견하게 되었다. 그 다른 점들 위주로 마켓 리서치 보고서를 제출하려 한다. (첫 번째 방문은 매주 수요일 밤에만 개장하는 '나이트 마켓'을 직접 경험하기 위해 밤에 방문했고, 두 번째는 평일 오전 일찍 방문해서 상품군별로 나눠진 마켓 전체를 세밀히 점검하기 위해 방문한 바 있다) 이제부터 퀸 빅토리아 마켓이 대한민국 전통 시장과 다른 점 그리고 배울 점을 하나씩 소개하겠다.

① **브랜딩**: 전통 시장 이름에 영국 여왕의 이름을 가져왔다. 서민들이 주로 이용하는 시장 브랜딩에 여왕의 이름을 가져왔다는 것이 정말 특이하지 않은가! 만약 대한민국에 왕의 이름을 시장 브랜드로 가져오는 것이 가능할까 생각하게 만든다.

② **넓은 넓이에 모든 상품의 카테고리 보유**: 멜버른의 보물창고라고 불리는 호주 전통의 마켓이다. 식재료, 농산물, 공예품, 의류 등 육,해,공에서 나오는 거의 모든 의식주 상품을 보유하고 있다. 여러 종류의 상품을 카테고리별로 크게 나눈 여러 블록(조닝: Zoning)으로 이루어진 이 시장은 자그만치 2만 1천평의 넓이를 자랑한다.

③ **역사와 전통**: 1878년 3월, 시장이 문을 연 이래 140년 가까이 1천여 상인들이 대부분 '스톨(Stall)'이라고 불리는 재래식 매

대를 사용한다. 또한 1970년대 멜버른시 당국에서 도심 재개발을 추진하려 했으나 시민들이 문화유산을 지키겠다는 반대에 밀려 시 정책이 물러선 사례가 있다. 이 당시 당국은 육류관 등 일부 매장 부분만 현대식으로 부분적인 보수 공사를 하는 것으로 물러섰다고 한다. 만약 대한민국에서 같은 일이 벌어진다면 결과는 어땠을까?

④ **영업일과 영업시간**: 시장 개점 이래 140여 년간 이어져 내려오는 개장시간과 휴점일 전략을 고수 중이다. 매주 월요일과 수요일은 휴장한다. 그리고 봄과 가을 수요일 저녁 5시부터 밤 10시까지 '나이트 마켓'이 열린다.

⑤ **색다른 분위기를 연출하는 '나이트 마켓'**: 나이트 마켓에서는 60여 개 나라의 대표 음식들과 현지인을 비롯하여 전 세계 관광객들이 모두 모인다. 각국 나라를 대표하는 음식을 현장에서 직접 만들기 때문에 음식들 냄새와 사람들의 소음들이 뒤섞여 그야말로 정신이 하나도 없게 만드는 장소로 변신한다. 신선한 과일과 코코넛 주스는 물론 호주의 맥주와 와인, 각국 문화를 담은 작품들과 오래된 서적, LP는 물론 직접 만든 오가닉 향초와 비누, 보디 제품도 등장하는 등 복고풍 상품과 이국적 제품들이 뒤섞인 그야말로 지구촌 마켓이 된다. 시장 한편에는 공연장이 마련되어서 음식을 나눠 먹는 참가자들에게 라이브 밴드 음악을 들려준다. 해당일, 해당시간에만 평상시 마켓의 풍경과는 전혀 다른 분위기를 만끽하게 된다.

⑥ **마켓 내 미니 마켓**: 퀸 빅토리아 마켓에는 마켓 내 마켓 시스템을 운영하고 있다. 일명 '미니 마켓(Mini Market)'이라 불리는데, 예를 들어, 과일 전문 마켓, 책 전문 마켓, 장난감 전문 마켓, 애견전문용품 마켓, 아트상품 전문 마켓 등 고객들이 관심있는 제품군을 전문으로 취급하는 미니 마켓 전략을 구축하고 있다.

⑦ **시그니처 푸드가 너무 많다**: 퀸 빅토리아 시장에 가면 반드시 취식해야 하는 음식이 몇 가지 있다. 시장 한쪽에 있는 푸드트럭에서 판매하는 도넛은 정말 예술이다. 호주의 커피인 '롱블랙'과 함께 먹는 도넛의 맛은 아직도 필자 뇌리에 남아있다. 또한 점심시간, 수제 햄버거 가게에는 유기농 햄버거를 먹기 위해 사람들로 장사진을 이룬다.

⑧ **마켓 투어**: 퀸 빅토리아 마켓에는 매일 오전, 전문 가이드가 시장 전체를 소개해 주는 마켓 투어 프로그램이 있다. 2시간 동안 진행되며, 신청자들과 함께 시장을 돌면서 햄이나 수제 빵과 커피 등을 먹기도 한다.

⑨ **온라인, 모바일 시스템 구축에 집중**: 코로나19 이후에는 온라인으로 주문이 가능토록 시스템을 구축해 놓아 소비자는 집이나 직장에서 편하게 배달받을 수 있다.

이상은 퀸 빅토리아 마켓이 대한민국 전통 시장과 다른 점을 정리해 보았다. 다만 한 가지 불편한 현상은 전통 시장 상인들이 중국인으로 교체되고 있는 느낌이었다. 호주 원주민이 아니라 중국인들이 상점을 매입하고 있는 중이었다. 얼마 안 가서 중국인 상인들이 이 전통 시장의 주류가 될 것 같아 우울해 보인다. 만약 대한민국에서 장사가 잘되는 전통 시장에 같은 현상이 발생할 가능성도 있어 보이는 대목이다. 미리 대비를 해 놓아야 할 것이다.

초현대식 백화점이나 복합쇼핑몰로 몰리는 도시 소비자들, 하지만 퀸 빅토리아 마켓에서는 지구상에서 볼 수 있는 엄청나게 많은 다양한 상품군과 즉석에서 값을 홍정할 수 있는 자유가 넘치는 분위기 등 풍성한 볼거리와 쇼핑의 재미를 선사해 주어 전통 시장 존재의 의미를 알게 해준다.

※ https://qvm.com.au/

세상의 변화가 정말 빠르다고 느끼는가?

세월이 빨리 가는 것은 정말 맞
다. 옆 사진을 찍은 게 엊그제 같은
데 벌써 30여 년이 지났으니 말이
다. 1989년, 유럽 배낭여행 때는 한
국인이 해외여행 나가는 것이 처음
이었기에, 대부분의 유럽 사람들은
한국이란 나라 자체를 몰랐던 시절
이었고, 나 또한 유럽의 새로운 문
물을 처음 접했기에 모든 것이 신기
했던 시절이었다.

1989년 7월, 스위스 융프라우 정상에서

여러분이 세상의 변화를 몸으로 느끼기에는 세상은 아주 천천
히 움직이는 듯 보여질 것이다. 그래서 세상이 변하고 있다는 사
실을 몸으로 체험하지 못하는 경우가 많을 것이다. 하지만 세상은

보이지 않는 세상을 항상 예의주시해야 한다. 눈에 보이지는 않지만 존재하는 세상을 관찰하고 그 변화를 기억해야 할 것이다. 온라인과 오프라인의 융합적 사고만이 문제를 제대로 해석하고 새로운 기획을 할 수 있는 세상임에는 틀림없다. 당연히 거시경제와 미시경제를 모두 볼 수 있어야 할 것이다.

대부분의 사람들은 '유통은 미시경제'의 일환이라 이야기 한다. 하지만 유통9단인 내가 단언컨대, **'유통은 미시경제가 아니다. 유통은 거시경제'다.** 만약 유통을 단기적이고 미시적으로 해석하는 사람이 있다면 분명 얼치기 전문가거나 내공이 없는 입만 살은 사람일 가능성이 높다. 절대 이런 부류 사람들의 말에 귀 기울이지 마라. **유통은 마켓의 아주 큰 흐름을 모르면 제대로 된 전략을 수립할 수 없을뿐더러, 새로운 비즈니스를 창조해 낼 기획조차 절대 할 수 없는 거시경제의 일환임을 다시 한번 강조하고 싶다.**

여러분은 이 책을 통해 최신의 세계 곳곳에서 진행 중인 마켓의 변화들을 보셨을 것이다. 이 내용 속에는 30년간 세계 여러 곳에서 본 것과 느낀 것을 현재의 시점에서 풀어서 설명한 것이다.

즉, **이 책은 유통9단 김영호 대표의 30년 글로벌 리테일 마켓 관찰기다.** 나는 약 30년이 넘도록 거의 매년 해외를 나가서 선진 문물을 먼저 보고 국내에 들어와 해당 정보를 정리해서 알려 드리려 노력했다. 책으로, 칼럼으로, 방송으로, 기사로, 강연으로 등 다양한 매체를 통해 귀중한 세계 마켓 정보를 전달했다. 30여 년간 세계 비즈니스 여행을 통해 향후 10년 앞 미래 마켓의 변화를 예측해 본다.

아무리 세상이 AI, Chat Bot과 로봇이 발달한다 해도 모든 IT 기술의 결합체들은 인간(소비자)을 위해 존재해야만 한다. 만약 이를 거부하거나 인간 중심이 아닌 기계 중심으로 바뀐다면 새로운 시스템이 거꾸로 소비자를, 인간을 해칠 수도 있을지 모른다. 혹은 인류를 재앙으로 몰고 갈지도 모른다.

내가 이런 무서운 기우를 하는 이유는 대부분 세계 각국의 최고 지도자로 선출된 사람들이 제대로 실력을 갖춘 인물이 아닐 가능성이 너무 높기 때문이다. 대부분 포퓰리즘을 잘 이용해서 대권의 권좌를 차지하고 있다. 즉, 준비 안 된 대통령의 등장으로 인해 지구촌은 커다란 위기에 봉착할지도 모른다. 아시다시피 지구상에는 한 국가만 있는 세계가 아니다. 하나의 지구촌인 세상이다. 한 나라의 상식 밖의 의사결정이 옆 나라 혹은 지구 반대편 나라까지 아주 나쁜 피해를 줄 수 있는 서로 연결이 된 네트워크 글로벌 지구촌이기 때문이다.

날이 갈수록 세계 각국 지도자들이 10년 후, 미래 인류의 복지와 파괴되고 있는 지구환경 보호 나아가 후세를 위한 사회 시스템 구축 등에 얼마나 진지하게 함께 준비를 할지 해당 능력에 대한 의구심이 커진다. 어느 나라든지 딱 해당 국가 혹은 도시의 낮은 민도에 맞는 리더가 최고 지도자가 되고 있다. 그래서 지구의 미래가 그렇게 밝지만은 않아 보인다.

사실 내가 선진국 중심 비즈니스 여행을 통해 알게 된 사실은 차고 넘친다. 세계여행을 많이 한 경험자들은 내가 이야기하는 내용의 핵심을 잘 알 것이다. 대한민국이 하루 빨리 선진국 대열에 안착하려면 우선 기초질서 부분에 집중관리를 하면 좋겠다. 공동체 사회생활의 뿌리가 되는 기본이 튼튼해야 다른 연관 산업이 제대로 돌아가게 된다. 선진국에 진입하는 것은 단지 1인당 GNP가 높다고 되는 것이 절대 아니다. 그래서 내가 선진사회 조성에 관한 몇 가지 수정, 보완사항에 대해 이야기하고 싶다.

- 새로운 신업태가 빠른 시간 내 론칭 할 수 있는 시스템이 구축되면 좋겠다. 현재는 신업태 추진을 하려면 너무 힘들고 오래 걸린다. 신속성이 절대 요구되는 신업태의 탄생이야 말로 대한민국의 새로운 먹거리를 창출할 수 있다.
- 거의 모든 선진 도시의 거리 통행이 편안하고 물 흐르듯 막힘이 없듯이 모든 법규의 운용이 물 흐르듯이 자유롭게 진행되기를 바란다. 기초질서가 사회 근간을 지켜주므로 이에 대한 벌칙도 강해야 할 것이다.
- 선진국 공중파처럼 매주 30대~60대 각 분야 전문가가 모여 한 주간의 경제, 문화, 사회 뉴스를 알려주고 해석해 주는 시간을 정규 프로그램으로 하나라도 제대로 있으면 좋겠다. 아무리 짧은 즐거움을 주는 프로그램이 대세라도 말이다.
- 선진국일수록 엄격한 법규가 있듯이, 벌에 대한 처벌이 엄격했으면 좋겠다. 대한민국 전 산업 분야에서 진행되어왔던 나쁜 습관과 전관예우 등 과거와의 결별을 위한 엄한 벌칙을 수립해 주기를 바란다. 돈으로 법망을 우습게 도망갈 수 없도록 말이다.
- 선진국 시민들의 높은 신고의식이 작동되듯이 신고자 혹은 내부 고발자에 대한 보호조치를 잘 해주면 좋겠다. 이를 통해 경찰력 가지고 못 막는 여러 사건, 사고를 미연에 방지할 수 있게 된다.

30여 년 선진국 세계여행을 경험하고, 마켓을 세밀히 관찰한 관찰자로서 제안하고 싶다. 우선 미래 세상 발전에 일조하고픈 혁신의 도전자들은 먼저 이 책을 2~3번 정도 열심히 읽고 기억하기를 바란다. 앞으로 10년간 변할 세상의 흐름을 기억하기를 바란다. 단계별로 어떤 준비를 해야 몸담고 있는 산업분야에서 혁신을 가져올 수 있는지 연구하기를 바란다.

그리고 대한민국 수많은 여행 유튜버들에게 제안하고 싶다. 오로지 재미난 해외 영상만 제작하지 말고, 인생 후배들을 위해 그대들이 보고 배운 것을 글로 정리해서 책으로 전달해 주기를 바란다. 그대들의 고생과 노력으로 알게 된 현장의 목소리를 제발 일정 주제를 가지고 책으로 출간해 주기를 바란다. 그것이야말로 역사의 한 페이지를 스스로 만드는 일이면서 동시에 먼저 초행길을 간 선배로서의 의무임을 기억하라.

마지막으로 사회 초년생인 젊은 청춘들에게 제안하고 싶다. 필자가 30여 년간, 세계 여러 나라 중에서 선진국 도시를 조사한 이유가 있다. 선진국, 선진 도시에 가면 배울 점이 너무 많기 때문이다. 그래서 후진국이나 개발도상국보다는 선진국, 선진 도시 위주로 비즈니스 여행을 기획했고, 그곳에서 새로운 시스템과 마켓 변화를 배운 것이다. 무려 30여 년을 투자한 결과가 바로 이 책인 셈이다. 결코 쉽게 나온 자료는 아니다. 또한 필자가 심사숙고해서 선택한 자료들만 책으로 옮겼다. 그래서 만약 도전적인 새로운 창업을 원한다면, 외국에 가서 시작하는 방법도 고려해 보기를 바란다. 전 세계 정말 갈 곳도 많고, 생각만 잠깐 바꾸면 당신의 세상은 아름답고 편안해 질 것이다.

당신의 도전은 이곳, 대한민국이 전부가 아님을 다시 한 번 강조하고 싶다. 여러분의 도전은 대한민국 후배, 후손들에게 귀감이 될 것이고, 나아가 좀 더 행복한 나라, 좀더 진취적인 국가를 만든 선조로, 변화에 기여하는 도전자로 기억될 것임에 틀림없다.

당신의 눈은 하늘 위로, 꿈은 전 세계로 향하라!
당신의 인생은 당신이 만들어 간다!

Life is What you make!

[책 말미에 적어보는 30년 비즈니스 여행가의 바람]

나의 30년 글로벌 마켓 관찰기가 앞으로 전개될 10년 후의 소비자 라이프 스타일을 연구하는 분들에게 큰 도움을 주는 책으로 기억되기를 희망해 본다. 물론 이 책에 실린 콘텐츠 중에 일부는 나의 편견 혹은 편향이 조금 들어갈 확률이 있음을 양해 바란다.

부록
_____

마켓워칭 투어 소개

유통9단 김영호와 함께하는
'마켓워칭' 연수 안내

연수 목표

본 연수 프로그램은 유통9단 김영호 대표가 새로운 마켓의 변화를 찾아내서 새로운 사업의 비즈니스 모델로 승화시키고자 하는 분, 히트예감 상품을 찾아내고자 하는 분들과 함께 떠나는 아웃도어 연수 프로그램입니다. 해외 선진 도시에서 가져와 사업으로 성공한 사례분석과 해당 국가의 유통 현장 연수를 통해 마켓워칭 및 히트 아이템 개발을 할 수 있는 능력을 배양합니다. '따로 똑같이' 전략을 채택하여 함께한 연수원들의 소통과 능력을 배가시켜 승수효과를 냅니다. 혼자 떠나서 찾아내는 정보의 양과 질에서 비교가 되지 않을 것입니다.

□ 연수 프로그램 일정

'마켓워칭' 연수단은 출발하기 전에 국내에서 먼저 전반적인 동선 및 해당 마켓 발상지에서 주로 어떤 활동을 해야 하는지에 관한 교육 시행 후에 함께 출발하도록 세밀하게 프로그램을 기획합니다.

국내 교육내용

1교시: 마켓워칭과 히트상품 발굴 개요

- 왜 우리는 마켓의 변화를 읽고 그 속에서 진주를 찾아야만 하는가?
- 왜 우리는 해당 도시를 집중해서 관찰해야 하는가?
- 마켓워칭을 통한 새로운 사업발굴의 방법
- 21세기형 히트상품 발굴법
- 마켓워칭과 히트상품

2교시: 해외에서 가져올 보석 같은 소자본 신규아이템 워칭 방법론

- 아이스 브레이킹 & 팀 빌딩
- 마켓워칭의 일정별 방문지에 관한 정보
- 머스트 해브(Must Have) 방문지와 해설
- 마켓워칭 핫플레이스(Hot Place)와 해당 장소별 중점 체크사항

단체 연수 문의	tigerhi@naver.com 031-969-8532

특강 안내 — Market Watching in the World

□ **강의 기획의도**

종신고용제가 무너진 대한민국에서 점점 왜소화 되어 가는 개인들에게 경쟁력 강화를 위해 새로운 패러다임을 제시해 보고 싶습니다. 지금부터라도 세상 마켓 변화를 미리 반보 정도 앞선 방향을 향해 도전해 보십시오. 언제나 도전하는 삶에 불을 붙여 보시죠. 그런 의미에서 글로벌 선진국, 선진 도시의 새로운 마켓의 빈틈을 제대로 미리 이해하는 시간을 갖도록 합니다. 공식적인 콘텐츠보다 비공식적인 콘텐츠를 더 알고자 하는 분들과 함께 즐거운 시간을 갖도록 하겠습니다.

□ **강의 목표**

금융대란의 시기입니다. 대기업들도 살아남기 위해 좀 더 몸집을 키우기 위해 혈안인데, 아무것도 없는 당신은 무엇을 준비하고 있습니까. 그래서 제2의 인생을 새롭게 설계하기 위한 새로운 제안을 하고 싶습니다. 하루라도 빨리 나만의 사업거리를 찾아 독립을 하고자 하는 사업 도전자들에게 희망의 메시지를 전하고 싶습니다. 세상의 변화가 시작되는 마켓 변화의 발상지 know-where을 통해 know-what을 깨닫게 될 것이고, 이를 통해 자신만의 know-how로 발전되기를 바랍니다.

□ **강의 내용**

21세기, 우선 여러분께 마켓 변화의 발신지로 함께 여행을 제안 드립니다. 마켓 변화의 발상지를 지목하고, 그곳에서 중점적으로 관찰하고 미래 마켓의 변화를 미리 알아내는 방법 등에 대해 집중적으로 강의합니다.

□ **교육 대상**

- 베이비부머 중에서 새로운 창업을 기획 중인 분
- 청년창업가를 꿈꾸는 분
- 글로벌 마켓 변화에 많은 관심이 있는 분
- 새로운 비즈니스를 선진국에서 진행하려는 분

강의 시간	2시간
강의료	개별문의
단체 특강 문의	kimncommerce@naver.com 031-969-8532